Christiane Kürth:
In den Zeiten, in denen meine Kinder bei allem, was knackig und grün ist, Rot sehen, püriere ich das Gemüse zu einer Nudelsauce. Tobias (2 1/2 Jahre) findet dann, daß es »dut« schmeckt und Annika (4 1/2 Jahre) sagt, »Mami, das kannst Du in Dein Kochbuch schreiben«.

Martina Kittler:
»Von wegen Gemüsemuffel! Wenn Janina und Laurens beim Vorbereiten mit Hand anlegen dürfen, essen sie selbstgeschnitzte Möhren und Kartoffeln mit Begeisterung.«

»Unter dem Deckmäntelchen einer goldbraunen Käsekruste essen Janina und Laurens sogar Spinatgerichte ohne Murren.«

DAS GROSSE GU
FAMILIEN
KOCHBUCH

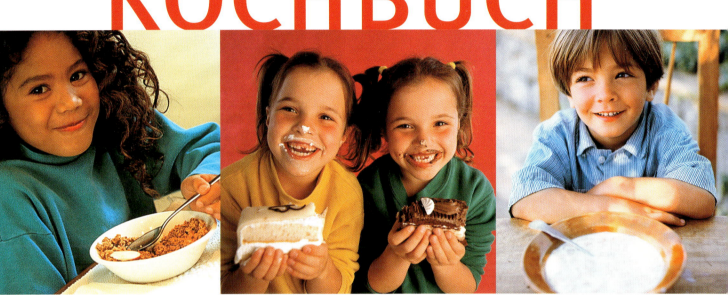

Frische Jahreszeitenküche aus dem Supermarkt

**REZEPTFOTOS: MICHAEL BRAUNER
SERVICESEITEN: DAGMAR V. CRAMM
REZEPTE: SUSANNE BODENSTEINER,
DAGMAR V. CRAMM, MARTINA KITTLER,
CHRISTIANE KÜHRT**

Auf einen Blick: Das steckt

INHALTSVERZEICHNIS 4

4 Mütter, 9 Kinder und 4 Väter

Das sind wir 6

Zu diesem Buch – was dieses Buch kann 7

Wieso, weshalb, warum – Wissen rund um die Ernährung kurz und knapp 8

Mein Kind ist unkonzentriert, ist oft erkältet und schläft schlecht – was hilft? Die ultimative Tabelle 9

Die Milch macht's – und das Brot, die Nudeln, die Eier … 10

Keine Panne ohne Hilfe und eine Schatzkiste der Tips 11

Wann gibt's was? – Ein Saisonkalender 12/13

Zeit im Griff – so managen Sie Ihre Zeit 14

Preiswert einkaufen und Spartips für die Küche 15

Basis-Vorratsliste 15

Rezepte, Rezepte für Frühling, Sommer, Herbst und Winter 16

Frühlingsrezepte

Was koche ich, wenn …? 18

Fit und vital im Frühling – Drinks, Tips und Hausrezepte 20

Frühstücksideen 22

Snackig – Snacks und andere Kleinigkeiten 24

Knackig und nicht immer grün – Salate 26

Für den kleinen Hunger – Kleine Gerichte 30

Nichts für Suppenkasper, oder doch? – Suppen 34

Alles in einem Topf – Eintöpfe 36

Hauptsache Gemüse – Gemüsegerichte 38

Für den Bärenhunger – Hauptgerichte 40

Etwas Süßes für die Süßen 64

Heute back' ich – Backrezepte 66

Sommerrezepte

Was koche ich, wenn… 70

Fit und vital im Sommer – Drinks, Tips und Hausrezepte 72

Frühstücksideen 74

Snackig – Snacks und andere Kleinigkeiten 76

Knackig und nicht immer grün – Salate 78

Für den kleinen Hunger – Kleine Gerichte 82

Nichts für Suppenkasper, oder doch? – Suppen 86

Alles in einem Topf – Eintöpfe 88

Hauptsache Gemüse – Gemüsegerichte 90

Für den Bärenhunger – Hauptgerichte 92

Etwas Süßes für dieSüßen 114

Heute back' ich – Backrezepte 118

in diesem Buch

Herbstrezepte

Was koche ich, wenn …?   122

Fit und vital im Herbst –
Drinks, Tips
und Hausrezepte   124

Frühstücksideen   126

Snackig – Snacks
und andere Kleinigkeiten   128

Knackig und nicht
immer grün – Salate   130

Für den kleinen Hunger –
Kleine Gerichte   134

Nichts für Suppenkasper,
oder doch? – Suppen   138

Alles in einem Topf –
Eintöpfe   140

Hauptsache Gemüse –
Gemüsegerichte   142

Für den Bärenhunger –
Hauptgerichte   144

Süßes für die Süßen   166

Heute back' ich –
Backrezepte   168

Winterrezepte

Was koche ich, wenn …?   172

Fit und vital im Winter –
Drinks, Tips
und Hausrezepte   174

Frühstücksideen   176

Snackig – Snacks
und andere Kleinigkeiten   178

Knackig und nicht
immer grün – Salate   180

Für den kleinen Hunger –
Kleine Gerichte   182

Nichts für Suppenkasper,
oder doch? – Suppen   186

Alles in einem Topf –
Eintöpfe   188

Hauptsache Gemüse –
Gemüsegerichte   190

Für den Bärenhunger –
Hauptgerichte   192

Süßes für die Süßen   214

Heute back' ich –
Backrezepte   216

Kinder, Kinder

Der kleine Kranke   224

Kochen für
kranke Kinder   225

Darf's ein bißchen mehr
sein? – Kochen für
die Kindergruppe   226

So klappt der
Kindergeburtstag   227

Happy Birthday –
Piraten- und Feenfest   228

… und noch viel mehr
Geburtstagsrezepte   230

Rezeptregister von A – Z   234

Sachregister   238

Rezeptregister nach
Kapiteln   238

Impressum   240

4 Mütter, 9 Kinder, 4 Väter

Unsere Autorinnen und Familien

Familie v. Cramm

Familie Kürth

Familie Bodensteiner

Familie Kittler

Was dieses Buch kann

Liebe Eltern, also liebe Mütter und Väter,

kommt Ihnen Spaghetti bolognese auch schon zu den Ohren heraus? Und finden Sie Pizza aus dem Eis auch auf die Dauer öde? Stehen Sie manchmal etwas ratlos in der Gemüseabteilung und kaufen dann doch wieder Kopfsalat und Möhren? Möchten Sie, daß es allen schmeckt – und die Gesundheit trotzdem nicht zu kurz kommt? Ist es bei Ihnen auch immer kurz vor zwölf? Und hat sich der Hunderter im Portemonnaie schon wieder in Kleingeld aufgelöst?

Dann geht es Ihnen nicht anders als dem Autorenteam dieses Buches. Wir haben alle eine Familie zu bekochen – und wünschten uns ein Kochbuch, das speziell auf Familien-Bedürfnisse ausgerichtet ist. Das auch einem schmalen Geldbeutel gerecht wird, die knappe Zeit berücksichtigt und gleichzeitig anregt und Spaß macht, ohne ausgeflippt zu sein.

Und hier ist es nun:
das große GU-Familienkochbuch, das Standardwerk für junge Familien – gegen die Langeweile in der Alltagsküche.

So kochen Sie mit diesem Buch:

- 330 Rezepte warten auf Sie – allesamt getestet und für »familientauglich« befunden. Viel mehr als sieben Zutaten und eine halbe Stunde Zeit brauchen Sie nicht!
- Bei jedem Rezept sehen Sie unter dem Titel, was dieses Rezept auszeichnet: schnell, (gut) vor(zu)bereiten und preiswert wird von 1 (wenig) bis 3 (sehr) gepunktet. Daneben finden Sie die Zubereitungszeit; Sonderzeiten und lange Garzeiten sind extra angegeben.
- In diesem Buch gibt's vier große Kapitel: eines für jede Jahreszeit. Denn wir richten uns nach dem Obst- und Gemüseangebot der Saison, wie im Supermarkt.
- Jedes Kapitel beginnt mit einer »Fit und vital«-Seite. Dort finden Sie Rezepte für Drinks, Tips für Gesundheit und Wohlbefinden sowie Hausrezepte, die Appetit auf die Jahreszeit machen!
- Frühstücksideen und Rezepte für Snacks stehen am Anfang jedes Saison-Rezeptteils. Danach folgen Salate, kleine Gerichte, Suppen, Eintöpfe, Hauptgerichte, Süßes und Backen. Diese Rubriken finden Sie immer unter den Seitenzahlen.
- Wenn bei den Hauptgerichten nicht spezielle Beilageempfehlungen angegeben sind, servieren Sie die normalen Familien-Lieblingsbeilagen: Nudeln, Reis, Kartoffeln in jeder Form oder Bulgur, Polenta, Couscous, Brot ...
- Dazu gibt's noch jede Menge Tips:

Beilage: Was zum Rezept paßt und schmeckt: Leichtes und Frisches oder Sättigendes.

Blitzvariante: Na was wohl: noch schneller!

Resteküche: Was tun, wenn was übrig bleibt?

Gemüse/Obst austauschen: Jede Menge Alternativen, damit's auch schwierigen Essern schmeckt.

Extra gesund: Was das Gericht noch gesünder macht.

Kraft und Power: Extra viel Energie – vor allem Fleisch – für die ganz Hungrigen!

Aus dem Vorrat: Wenn mal was Frisches fehlt ... (siehe Vorratsliste S.15)

Mit Pep: Für Feinschmecker und Gäste – jede Menge pfiffige Variationen.

- In unserem Sonderteil »Kinder, Kinder« gibt's Komplettideen, um Kindergeburtstage erfolgreich zu feiern. Zusätzlich finden Sie Ratschläge, wenn die Kindergruppe zu versorgen ist, und Hilfe, wenn Ihr Kind mal krank ist und Schonkost braucht.

Guten Appetit!
Wenn Sie mit unserem großen GU-Familienkochbuch kochen, garantiere ich Ihnen, daß Sie unsere Rezepte einfach und schnell zubereitet haben. Sicher wird manches für Ihre Kinder neu sein. Nehmen Sie es gelassen, wenn mal gemeckert wird – nur durch Ausprobieren können Vorlieben entstehen.

Mit einer abwechslungsreichen Küche der Saison legen Sie die Grundlage für Gesundheit und ein natürliches Eßverhalten Ihrer Kinder. Schließlich gilt immer noch der Spruch: »Liebe geht durch den Magen«.

In diesem Sinne viel Liebe und viel Freude an der Familienküche wünscht Ihnen

Ihre

Dagmar v. Cramm

Wieso, weshalb, warum...

Ernährungswissen kurz und knapp

Essen ist Energie – und die bekommen wir in Form von Eiweiß, Fett und Kohlenhydraten. Dabei spielen jedoch die Mengenverhältnisse in der täglich aufgenommenen Nahrung eine entscheidende Rolle.

Kohlenhydrate ... gut die Hälfte der Tageskalorien sollte aus Kohlenhydraten stammen. Zusätzlich zu schneller Energie liefern die Hauptvertreter dieses Nahrungsbausteines – Getreide, Gemüse, Kartoffeln, Obst – den Löwenanteil an Vitaminen, Mineral- und Ballaststoffen. Doch die Hälfte der Kohlenhydrate essen Kinder heute leider als Zucker in Süßigkeiten, Limonade und Gebäck. Das bringt außer Kohlenhydraten gar nichts und führt zu einem insgesamt niedrigen Gehalt an wertvollen Nährstoffen im Essen.

Eiweiß ... ist der Stoff, aus dem die Zellen sind. Im Wachstum ist der Eiweißbedarf besonders hoch: Kinder brauchen 12–15 % der Energie in Form von Eiweiß, für Erwachsene genügen bereits 11 %. Das erreichen wir locker. Am wertvollsten ist die Kombination aus pflanzlichem Eiweiß (Kartoffeln, Getreide, Hülsenfrüchte, Nüsse und Samen) und tierischem Eiweiß (Milchprodukte, Eier, Fisch, Fleisch).

Fett ... liefert doppelt soviele Kalorien wie Eiweiß und Kohlenhydrate. Etwa ein Drittel der täglichen Energie dürfen Kinder als Fett zu sich nehmen – etwas mehr als Erwachsene. Doch Achtung: Insgesamt essen wir eher zu fett. Kommt zu wenig Bewegung dazu, läßt das viele schon im Kindesalter übergewichtig werden. Ganz ohne Fett geht's natürlich nicht: Fett ist Träger der Vitamine A, D und E und der mehrfach ungesättigten Fettsäuren. Am besten, Sie bringen eine Mischung aus tierischen Fetten (Butter, Käse, Sahne, Fleisch) und pflanzlichen Fetten (Öle, Nüsse) auf den Tisch.

Vitamine ... sind der zündende Funke für Stoffwechselprozesse in unserem Körper. Wir können sie nicht selber bilden und sind auf eine ausreichende Versorgung durch die Nahrung angewiesen.

Die fettlöslichen Vitamine A, D, K und E können lange gespeichert werden – sie müssen nicht täglich im Essen enthalten sein. Dagegen ist bei den wasserlöslichen Vitaminen eine regelmäßige Versorgung wichtig. Wenn Kinder Getreide, ab und zu auch Volllkorn, sowie Gemüse und Obst, Milchprodukte, Pflanzenöle, Fisch und Fleisch aufgetischt bekommen, ist kein Vitaminmangel zu befürchten.

Mineralstoffe ... sind Bestandteil der Körpersubstanz, z. B. Eisen im Blut, Calcium in Knochen und Zähnen, Fluor in den Zähnen, Jod in der Schilddrüse. Zudem sind sie an Stoffwechselprozessen beteiligt. Da Kinder ständig Zellsubstanz aufbauen, ist die Mineralstoffversorgung sehr wichtig. Besonders kritisch ist die Calcium- und Jodversorgung. Auch Eisen, Zink und Selen kann knapp werden. Sicherer Schutz vor Mangel: 1/2 l Milch am Tag, fluoridiertes Jodsalz, mäßig Fleisch und Fisch sowie viel Gemüse und Kartoffeln.

Ballaststoffe ... sind die unverdaulichen Bestandteile von Obst, Gemüse und Getreide. Sie sorgen dafür, daß die Verdauung zügig funktioniert, nehmen Stoffwechselschlacken auf und entgiften den Darm. Eine gesunde Mischkost mit ausreichend Gemüse, Kartoffeln, Obst, Sauermilchprodukten und Vollkorn ist dafür ideal.

Ziel	Das hilft	Worin Sie es finden
... Vitalität, Tatkraft und Ausdauer 	Eisen, Vitamin B 12, Folsäure sorgen für ausreichend rote Blutkörperchen, die für die Sauerstoffversorgung im Körper zuständig sind. Komplexe Kohlenhydrate stabilisieren den Blutzuckerspiegel. Eiweiß in Maßen aktiviert den Stoffwechsel. Regelrechte Vitalstoffe sind die Antioxidantien. Vitamin C, E, Beta-Carotin. Jod sorgt für eine gesunde Funktion der Schilddrüse.	Die Vitalspender sind vor allem Obst und Gemüse. Roh und gegart sollten sie täglich verzehrt werden. Getreide wie Hirse (paraboiled) Reis, Weizenvollkorn und Hafer(flocken) liefern Kohlenhydrate, Eiweiß und Mineralstoffe. Nüsse und Samen sorgen für Folsäure, Seefisch für Jod, mageres Fleisch und Blattgemüse für Eisen.
... bessere Konzentration	Botenstoffe wie Acetylcholin und Serotonin fördern die Konzentration. Diese Stoffe, spielen bei der Übertragung von Signalen im Gehirn eine wichtige Rolle. Außerdem sind eine leichtverdauliche kohlenhydratreiche Kost und B-Vitamine förderlich.	Getreide(produkte) beinhalten leicht verdauliche Kohlenhydrate, B-Vitamine und Bausteine für Serotonin und Acetylcholin. Weitere Bausteine dafür sind in Leber, Eigelb, Käse, Nüssen, Bananen, Feigen, Ananas, Kartoffeln, Gemüse, Hülsenfrüchten enthalten.
... gute Laune	Die Glückshormone Serotonin und Noradrenalin vermitteln Hochstimmung. »Weckamine« im Hafer wirken ebenfalls stimmungsaufhellend.	Eine kohlenhydratreiche, fettarme und ausreichend eiweißhaltige Ernährung begünstigt die Bildung von Serotonin und Noradrenalin.
... ein gesunder Schlaf	Melatonin, das Schlafhormon, entsteht aus Serotonin. Abends ein leichter kohlenhydratreicher Imbiß mit wenig Eiweiß erleichtert das Einschlafen. Außerdem sorgen Vitamin C, B 6, und Mangan für guten, regelmäßigen Schlaf. 	Bausteine für Melatonin sind in Bananen, Feigen, Ananas, Vollkornprodukten, Nüssen, Naturreis, Kartoffeln, Nudeln, Gemüse und Hülsenfrüchten. Zitrusfrüchte, Kiwis, Beeren und Kartoffeln sind Vitamin-C-Quellen. Vitamin B 6 ist in Geflügel, fettem Fisch, Innereien, Spinat, Rote Bete und Kopfsalat, Mangan in allen pflanzlichen Lebensmitteln enthalten.
... ein widerstandsfähiges Immunsystem 	Vitamin A, E, C und Beta-Carotin wehren freie Radikale (Schadstoffe, die die Körperzellen angreifen, z. B. Ozon) ab. Eisen und Zink sind wichtige Bestandteile der Abwehrzellen und stärken so das Immunsystem. Ballaststoffe regen den Darm an und kräftigen die Darmschleimhaut, sie fangen Giftstoffe ab. Milchsäure und Milchsäurebakterien stärken die natürliche Darmflora. Alle pflanzlichen Bioaktivstoffe erhöhen die Abwehr, wirken antimikrobiell und gegen Zellschäden.	Vitamin A ist in Leber enthalten, seine Vorstufe, das Beta-Carotin, findet man in Möhren, Tomaten, Aprikosen, Paprika und grünem Gemüse. Öle, v. a. aus Weizenkeim und Sonnenblumenkernen sowie alle Nüsse enthalten viel Vitamin E. Sehr gute Eisenlieferanten sind Fleisch, v. a. dunkles, aber auch Hirse, Spinat und Hülsenfrüchte. Zink ist in Fisch, Fleisch, Milch(-produkten) und Ei enthalten. Ballaststoffe und Bioaktivstoffe sind in Getreide, Hülsenfrüchten, Obst, Gemüse, v. a. in den Schalenteilen.
... gesunde Zähne und gesundes Knochenwachstum	Calcium, Vitamin D und Fluor härten die Zahnsubstanz und festigen die Knochen. Gerade wachsende Knochen brauchen davon genügend, sonst kommt es zu Fehlbildungen. Aber auch ausgewachsene Knochen brauchen ausreichende Mengen dieser Stoffe. Vitamin K, das von Darmbakterien gebildet wird, fördert die Knochenfestigkeit.	Milchprodukte und grünes Gemüse (Kohl) sorgen für Calcium; Hirse und schwarzer Tee für Fluor. Doch Achtung: Sobald die Zähne sichtbar sind, kann diesen nur noch durch Putzen mit fluorhaltiger Zahnpasta Fluor zugefügt werden. Vitamin D ist in Eigelb, Butter und fetten Fischen enthalten.

Die Milch macht's

Milch und Milchprodukte

Frischmilch hält sich gekühlt ca. 3–5 Tage. H-Milch dagegen ist ca. 3 Monate haltbar und braucht nicht gekühlt werden. Sie ist in puncto Inhaltsstoffen der Frischmilch ebenbürtig. Neuerdings gibt es im Kühlregal auch Milch, die im Kühlschrank 14 Tage hält und so gut schmeckt wie frische Milch.
Sauermilchprodukte wie Quark, Joghurt, Buttermilch, Kefir können Milch ersetzen, wenn diese nicht so gut vertragen wird. Probiotische Joghurts enthalten noch aktive Bakterienkulturen, die die Verdauungsarbeit im Darm unterstützen. Wer insgesamt genug Milchprodukte ißt, kann sich diesen teuren Luxus aber sparen.
Käse ist ein wertvoller Milchersatz. Achten Sie hier auf den Fettgehalt: Unter 40 % Fett i(n) Tr(ockensubstanz) sind ideal.

Eier

Im Kühlschrank halten sich Eier ca. 4–5 Wochen. Bis zu 10 Tage nach Abpackdatum sind Eier »extra-frisch«, bis zu 14 Tage noch »frisch«. Seit im Handel neue Kühlvorschriften bestehen, ist die Salmonellengefahr entschärft. Dennoch: Achten Sie bei Gerichten mit rohem Ei auf ständige Kühlung. Garen Sie gekochte Eier und Spiegeleier durch.

Fleisch und Geflügel

Fleisch und Geflügel frisch einkaufen und bald verzehren. Schweinefleisch und Geflügel hält sich ca. 2 Tage locker abgedeckt in einer Schüssel im Kühlschrank. Rindfleisch und Wild kann gut 1 Woche ruhen – und wird dabei sogar noch zarter. Hackfleisch noch am selben Tag verbrauchen.

Luftgetrocknete und geräucherte Fleischwaren können Sie bis zu 4 Wochen im Kühlschrank lagern – sind sie angeschnitten, tut ihnen eine nicht ganz luftdichte Verpackung gut.

Brot und Backwaren

Brot und Brötchen halten sich am längsten frisch, wenn sie in einer Brotdose, in einer locker verschlossenen Plastiktüte oder im Brotkasten aufbewahrt werden – nicht im Kühlschrank: da trocknet Brot aus. Alle Sorten von Brot lassen sich sehr gut einfrieren; wenn Sie es vorher in Scheiben schneiden, haben Sie immer portionsweise frisches Brot im Haus. Ist Brot von Schimmel befallen, auf jeden Fall den ganzen Laib wegwerfen.

Obst und Gemüse

Die meisten Gemüsesorten gehören in den Kühlschrank: Bewahren Sie Radieschen, Bundmöhren, Rettich, Kohlrabi ohne Blattgrün und Blattsalate (in Zeitungspapier eingewickelt) im Gemüsefach auf. Frische Kräuter nie wie ein Sträußchen ins Glas stellen, sondern luftdicht verschlossen in den Kühlschrank legen. Für Kartoffeln, Zwiebeln, Melonen, Äpfel, Birnen und Zitrusfrüchte suchen Sie den kühlsten Ort in Küche, Keller oder Speisekammer – Tomaten und Gurken gehören sowieso dorthin.

Öl

Raffiniertes Öl hält sich am längsten, sollte aber zumindest kühl stehen. Kaltgepreßtes Öl enthält die meisten wertvollen Inhaltsstoffe, es ist aber anfällig für Oxidation, d. h. es wird schnell ranzig. Sie sollten es für die kalte Küche (Salatsaucen, Rohkostdips, kalte Suppen etc.) verwenden und am besten im Kühlschrank aufbewahren.

Keine Panne ohne Hilfe

Pannenhilfe in der Küche

A – anbrennen: Bei angebrannten Speisen den Topfinhalt umfüllen. Curry überdeckt gut einen leicht brenzligen Geruch.

E – Eiweiß wird nicht steif: 1 Prise Salz oder 1 Spritzer Zitronensaft zugeben und weiterschlagen.

F – Fleisch zieht Saft beim Anbraten: Das Fleisch herausnehmen und den Saft durch Einkochen reduzieren.

G – Gerüche: Offen kochendes Essigwasser läßt unangenehme Essensgerüche (z. B. von Fisch, Braten oder Kohl) verschwinden. Manchmal hilft Kaffeekochen.

H – hart: Hart gewordene Brötchen mit Wasser einpinseln und im Ofen aufbacken. Hartes, trockenes Bratenfleisch in dünne Scheiben schneiden und in Sahnesauce ziehen lassen.

H – Haut auf dem Pudding: Vorher auf die noch warme Oberfläche Zucker streuen.

K – Klümpchen: Saucen oder Puddings mit Klümpchen durch ein Sieb streichen oder pürieren.

S – Salz: Versalzene klare Suppen durch Zugabe von Wasser retten. Bei Saucen rohe Kartoffelscheiben bzw. Milch oder Honig zugeben.

S – Sauce zu dünn: Etwas Kartoffelpüreepulver unterrühren.

S – sauer: Zu saures Dressing durch 1 Prise Zucker, etwas Kondensmilch oder 1 TL süßen Senf verbessern.

S – schlaff: Schlaffen Salat für einige Minuten in mit 1 Spritzer Zitronensaft oder Essig versetztes kaltes Wasser legen.

W – weich: Zu weich gekochtes Gemüse mit Kochwasser pürieren, abschmecken und als Suppe oder Sauce servieren.

Küchen-Hygiene

Durch unhygienische Behandlung in der Küche und bei Tisch können Keime ins Essen gelangen bzw. sich dort vermehren. Die beste Vorbeugung:
➤ Vor dem Kochen und Essen Händewaschen nicht vergessen!
➤ Kindern nie rohe Eier, Rohmilch, rohes Fleisch oder rohen Fisch geben.
➤ Auftauwasser von tiefgekühltem Geflügel, Fleisch und Gemüse immer weggießen.

Tod der Mehlmotte

Die häufigsten Küchenschädlinge sind die Mehlmotte in Getreideprodukten, Milben und Dörrobstmotten in Nüssen und Trockenfrüchten sowie Mehl- und Kornkäfer. Erkennbar sind sie an Spinnfäden, Larven bzw. Raupen, und an den Fraßschäden.

Was tun?

➤ Regelmäßige Kontrolle der Vorräte. Nicht zuviel lagern.
➤ Befallene Packungen 10 Tage einfrieren, dann wegwerfen – so verbreiten sich die Schädlinge nicht weiter.
➤ Alle Schränke mit einer Speziallösung aus dem Bioladen auswischen. Alle 2 Wochen wiederholen.

Tricks aus der Schatzkiste: die wunderbare Essensvermehrung

Familien sind oft sehr gastfreundlich, denn auf einen mehr kommt es meist nicht an. So zaubern Sie schnell 1 oder 2 Portionen dazu:
➤ Eintöpfe oder Suppen mit Wasser und gekörnter Brühe verlängern, mit Sahne, gemahlenen Nüssen oder Reibekäse üppiger machen. Brot oder mit Käse überbackene Brotscheiben dazureichen. Würstchenstücke in den Eintopf geben. Oder Eier kochen.
➤ Ragouts durch mehr Sauce verlängern: Sahne, Crème fraîche oder Doppelrahm-Frischkäse zugeben und/oder Tomatenmark, Saucenpulver (ausnahmsweise), Tomatenpüree, Möhrensaft, Dosensuppe.
➤ Eine weitere schnelle Beilage zaubern: Nudeln, Püree aus der Tüte, Gemüse aus dem Tiefkühlfach, Gurkenscheiben, Tomatensalat, Brot, ...
➤ Das Essen mit einem Nachtisch – Eiscreme oder Kuchen – erweitern.

Wann gibt's was – Saisonkalender

Gemüse	Jan	Febr	März	April	Mai	Juni	Juli	Aug	Sept	Okt	Nov	Dez	besonders reich an	Dafür hilft's (Auswahl)
Artischocken	○	○	○	○	●	●	●	●	●	●	○	○	Fe, Cu	blutreinigend, entwässernd
Auberginen	○	○	○	○	○	●	●	●	●	●	○	○	K, Fols.	erhöhen die Abwehrkräfte
Blumenkohl	○	○	○	○	●	●	●	●	●	●	●	○	Vit. K, C, Fols.	gut für die Zellbildung
Bohnen, grün	○	○	○	○	○	●	●	●	●	●	○	○	Fe, Mn	bei Nieren- und Blasenleiden
Broccoli	○	○	○	○	●	●	●	●	●	●	●	○	Fe, Ca, I, Vit. C, Fols.	unterstützt die Abwehrkraft
Champignons	●	●	●	●	●	●	●	●	●	●	●	●	K, Fe, Cu, F	liefern viel pflanzliches Eiweiß
Chicorée	●	●	●	●	○	○	○	○	○	●	●	●	K, Vit. C	regt den Stoffwechsel an
Chinakohl	●	●	●	○	○	○	○	○	●	●	●	●	Na, K, Ca, Mg, Vit. C	fördert die Abwehrkräfte
Eichblattsalat	○	○	○	●	●	●	●	●	●	●	○	○	Vit. C, Fols.	bei Schlafstörungen
Eisbergsalat	○	○	○	○	●	●	●	●	●	●	○	○	Vit. B, Vit. C, Fols.	für gute Nerven
Endiviensalat	○	○	○	○	○	○	●	●	●	●	●	○	Fe, K, Vit. A, B_2, C, Fols.	wirkt harntreibend
Erbsen	○	○	○	○	○	●	●	●	●	○	○	○	Fe, Zn, Cu, Mn, Vit. B_1	senken den Cholesterinspiegel
Feldsalat	●	●	●	○	○	○	○	○	○	●	●	●	Fe, F, I, Fols., Vit. A	blutbildend, vitalitätssteigernd
Fenchel	○	○	○	○	●	●	●	●	●	●	●	○	Fe, Vit. A, C, Fols.	bei Verstopfungen, Blähungen
Friséesalat	○	○	○	○	○	●	●	●	●	●	●	○	Ca, K, Na, Vit. B, C, Fols.	bei Nervosität
Frühlingszwiebel	○	○	○	●	●	●	●	●	●	●	○	○	Fe, Mg, Vit. C, B	verdauungsfördernd
Grünkohl	●	●	○	○	○	○	○	○	○	●	●	●	K, Ca, I, Vit. A, C, K, Fols.	stärkt die Schleimhäute
Gurken	○	○	○	○	●	●	●	●	●	●	○	○	K, Mg	bei Nierenbeschwerden
Kartoffeln	●	●	●	●	●	●	●	●	●	●	●	●	K, Cu, Vit. C, B, Fols.	regen Hormonproduktion an
Knoblauch	●	●	●	●	●	●	●	●	●	●	●	●	K, Fe, Mn	bei Bluthochdruck, bei Husten
Kohlrabi	○	○	●	●	●	●	●	●	●	●	○	○	Fe, Vit. C	kräftigt Herz, Haut und Haare
Kopfsalat	○	○	○	○	●	●	●	●	●	●	○	○	Mn, Vit. A	bei Schlafstörungen
Kürbis	○	○	○	○	○	○	○	●	●	●	●	○	Fe, K, Mn, Carotin	verdauungsfördernd
Lauch (Porree)	●	●	●	●	●	●	●	●	●	●	●	●	Ca, Vit. C, Fols.	bei (bakt.) Darmerkrankungen
Lollo Rosso	○	○	○	●	●	●	●	●	●	●	○	○	Na, K, Mg, P, Vit. B	bei Schlafstörungen, Nervosität
Mangold	○	○	○	○	●	●	●	●	●	●	○	○	Ca, Fe, F, Vit. A	festigt Knochen und Zähne
Möhren	●	●	●	●	●	●	●	●	●	●	●	●	Fe, Carotin	beugen Wurmerkrankungen vor
Paprikaschoten	○	○	○	○	○	●	●	●	●	●	○	○	K, Fe, Vit. C	bei Durchblutungsstörungen
Radieschen	○	○	●	●	●	●	●	●	●	●	○	○	Fe, K, F, Vit. C	bei Schnupfen
Rosenkohl	●	●	●	○	○	○	○	○	○	●	●	●	Zn, Vit. C	entschlackend
Rote Bete	●	●	●	○	○	○	○	●	●	●	●	●	Cu, Mn, Carotin	stärkt das Immunsystem
Rotkohl	●	●	●	○	○	○	○	○	●	●	●	●	Vit. B, C	aktiviert die Schilddrüse
Rucola	○	○	○	●	●	●	●	●	●	●	○	○	Vit. A, C	beruhigt die Nerven
Schwarzwurzel	●	●	●	●	○	○	○	○	○	●	●	●	Fe, Cu, M, Vit. E	fördert die Wundheilung
Sellerie	●	●	●	○	○	○	○	●	●	●	●	●	Mn, F	bei Blähungen und Durchfall
Spargel	○	○	○	●	●	●	●	○	○	○	○	○	Vit. K, Fe, I	bei Sehschwäche, entwässert
Spinat	○	○	○	●	●	●	●	●	●	●	○	○	Fe, Mn, I, Fols.	aktiviert die Knochenbildung
Spitzkohl	○	○	○	○	●	●	●	●	●	○	○	○	Ca, K, P, Fe, Vit. B, C	gut für Herz- und Kreislauf
Staudensellerie	○	○	○	○	○	●	●	●	●	●	●	○	Vit. C	stärkt das Verdauungssystem
Tomaten	○	○	○	○	○	●	●	●	●	●	○	○	K, Vit. C	kräftigen das Herz
Weißkohl	●	●	●	○	○	○	○	○	●	●	●	●	Vit. C, Ca, K	stärkt die Konzentration
Wirsing	●	●	●	○	○	○	●	●	●	●	●	●	Mn, Vit. A, C, Fols.	als Wickel schmerzlindernd
Zucchini	○	○	○	○	●	●	●	●	●	●	○	○	Fe, Carotin	stärkt das Immunsystem
Zuckerschoten	○	○	○	○	○	●	●	●	○	○	○	○	K, P, Vit. B, Carotin	hoher Mineraliengehalt
Zwiebeln	●	●	●	●	●	●	●	●	●	●	●	●	K, Ca, P	bei Halsentzündungen

kalender

Obst	Jan	Febr	März	April	Mai	Juni	Juli	Aug	Sept	Okt	Nov	Dez	besonders reich an	Dafür hilft's (Auswahl)
Ananas	●	●	●	●	○	○	○	●	●	●	●	●	Mn, Vit. B1, C	bei Verdauungsschwäche
Äpfel	●	●	●	●	○	○	○	●	●	●	●	●	P, S, Vit. C	fördern die Verdauung
Aprikosen	○	○	○	○	○	●	●	●	○	○	○	○	Mn, K, Fe, Carotin	Zellschutzfunktion
Avocados	●	●	●	●	●	○	○	○	●	●	●	●	K, Mg, Cu, Vit. C, E	bei Schlafstörungen
Bananen	●	●	●	●	●	●	●	●	●	●	●	●	Mg, K, Mn, Vit. B6	machen gute Laune
Birnen	●	●	○	○	○	○	●	●	●	●	●	●	K, Vit. B, C, Carotin	gut für Gehirn und Nerven
Brombeeren	○	○	○	○	○	○	●	●	●	○	○	○	Fe, Mn	bei Zahnfleischentzündung
Erdbeeren	○	○	○	●	●	●	●	○	○	○	○	○	Fe, Vit. C, Fols.	stoffwechselanregend
Grapefruits	●	●	●	●	○	○	○	○	○	○	○	●	Vit. C, Carotin, K, Mg	Zellschutzwirkung
Heidelbeeren	○	○	○	○	○	●	●	●	●	○	○	○	Fe, Carotin, Vit. C	bei Durchfall
Himbeeren	○	○	○	○	○	●	●	●	●	○	○	○	Mg, Fe, Vit. C	festigen die Blutgefäße
Holunderbeeren	○	○	○	○	○	○	○	●	●	●	○	○	Vit. A, B, C	bei Husten und Heiserkeit
Honigmelonen	○	○	○	○	○	●	●	●	●	●	○	○	K, Vit. A, C	harntreibend
Johannisbeeren	○	○	○	○	○	●	●	●	○	○	○	○	Mn, Fe, Vit. C	regen die Verdauung an
Kiwi	○	○	○	○	○	○	○	●	●	●	●	●	Mg, Vit. C, K	stärkt die Abwehrkräfte
Kirschen	○	○	○	○	○	●	●	●	○	○	○	○	Fols.	blutbildend
Mandarinen	●	●	●	○	○	○	○	○	○	○	●	●	Vit. C, B, Carotin	stärken Leistungsfähigkeit
Mangos	○	○	○	○	●	●	●	●	●	○	○	○	Carotin, Vit. B	lindern Nierenentzündung
Melonen	○	○	○	○	○	●	●	●	●	○	○	○	K, Ca, Mg, P	harntreibend, entgiftend
Mirabellen	○	○	○	○	○	○	●	●	●	○	○	○	Carotin, Vit. B, Fe, K, Na	appetitanregend
Nektarinen	○	○	○	○	●	●	●	●	○	○	○	○	Carotin	harntreibend, blutreinigend
Orangen	●	●	●	●	○	○	○	○	○	○	●	●	Vit. C	stärken die Abwehr
Pfirsiche	○	○	○	○	○	●	●	●	●	○	○	○	Carotin, Vit. A, B, C	appetitanregend
Pflaumen	○	○	○	○	○	○	●	●	●	●	○	○	Carotin, Vit. B	steigern Speichelproduktion
Preiselbeeren	○	○	○	○	○	○	○	●	●	●	○	○	K, Na, Fe, Vit. B, C	appetitanregend
Quitten	○	○	○	○	○	○	○	○	●	●	●	○	K, Ca, Mg, P, Vit. C	Herz-und Darmschutz
Rhabarber	○	○	○	●	●	●	●	○	○	○	○	○	K, Ca	wirkt milde abführend
Sauerkirschen	○	○	○	○	○	○	●	●	○	○	○	○	K, Vit. C	entwässern
Stachelbeeren	○	○	○	○	○	●	●	●	○	○	○	○	Vit. C	bei Verstopfung
Wassermelonen	○	○	○	○	○	●	●	●	●	○	○	○	K, Ca, P, Mg, Fe, Zn	enthält viele Mineralien
Weintrauben	○	○	○	○	○	○	●	●	●	●	●	○	Glukose	gut für das Gehirn
Zitronen	●	●	●	●	●	●	●	●	●	●	●	●	Cu, Mg, Vit. C	gegen Sodbrennen
Zwetschgen	○	○	○	○	○	○	●	●	●	●	●	○	Carotin, Vit. B	Darmschutzwirkung

Abkürzungen:
Ca = Calcium, Cu = Kupfer, F = Fluor, Fe = Eisen, Fols. = Folsäure, I = Jod,
K = Kalium, Mg = Magnesium, Mn = Mangan, Na = Natrium, P = Phosphor,
S = Schwefel, Vit. = Vitamin, Zn = Zink

So managen Sie Ihre Zeit

Einen Familienhaushalt zu führen – das ist auch heute noch ein Full-Time-Job. Dennoch müssen viele Frauen Haushalt, Kinder und Beruf unter einen Hut bringen. Das geht nur mit einer guten Portion Planung und Organisation und natürlich technischen Küchenhelfern, wie sie jeder kennt.

Das Zauberwort: Strukturieren

Denken Sie nicht, Planung und Erfolgskontrolle hätten nur im Berufsbereich etwas zu suchen. Professionalität im Haushalt war immer schon ein dickes Plus: Nehmen Sie sich konsequent morgens oder abends eine Viertelstunde Zeit, den vergangenen Tag zu überdenken und den bevorstehenden zu planen. Natürlich wird trotzdem immer etwas dazwischenkommen – mit Kindern ganz normal – aber Sie leben organisatorisch dann nicht mehr von der Hand in den Mund. Schaffen Sie sich simple Hilfsmittel, um den Alltag zu erleichtern.

➤ Ein Familienkalender beim Telefon ist Gold wert. Tragen Sie hier zu Jahresbeginn feststehende Termine ein: Ferien, Geburtstage, geplante Arztbesuche ...

➤ Verzichten Sie auf Zettelwirtschaft: Einen Spiralblock mit Stift am besten beim Telefon festbinden – dann wird Ihnen nie eine Notitz verlorengehen.

➤ Machen Sie einen Speiseplan – dann können Sie für etwa 3 Tage im voraus einkaufen.

➤ Schreiben Sie eine Einkaufsliste. Dann kann auch einmal der Partner die Besorgungen machen. Was an Frischem gerade Saison hat, dazu gibt Ihnen unser Saisonkalender für Obst und Gemüse (Seite 12/13) Anhaltspunkte.

➤ Gewöhnen Sie sich einen Einkaufsrhythmus an: einmal im Vierteljahr Großeinkauf für Dauerwaren; einmal monatlich haltbare Lebensmittel wie z. B. Gewürze, TK-Ware und Getränke kaufen. Dann reicht zweimal die Woche Frische-Einkauf: z. B. Milchprodukte, Obst/Gemüse, Fleisch ...

➤ Versuchen Sie »antizyklisch« einzukaufen – wenn nicht alle anderen auch gehen.

➤ Entscheiden Sie bewußt, ob es sinnvoller ist, mit oder ohne Kind einzukaufen. Wenn Sie mit Kind einkaufen gehen, seien Sie geduldig, und planen Sie mehr Zeit ein.

➤ Gehen Sie nie hungrig einkaufen – auch Ihr Kind sollte eine Banane oder ein Brötchen zum Knabbern haben, sonst geht Ihre Planung den Bach herunter.

➤ Regional gibt es verschiedene Möglichkeiten, beim Bio-Bauern oder Naturkostladen eine Abokiste zu bestellen – nur mit Obst und Gemüse darin oder aber auch mit Milchprodukten, Eiern oder sogar Fleisch. Die Frischauswahl ist immer saisonal, harmoniert also sicher mit unseren Rezepten. Sie kaufen allerdings die Katze im Sack – die Abokiste ist also nur etwas für flexible Naturen. Und ganz billig ist der Einkauf auch nicht - aber garantiert gesund und natürlich zeitsparend.

Spartips und Vorrat

Preiswert einkaufen – Tips & Tricks

➤ In Tageszeitungen und Anzeigenblättern finden Sie oft Sonderangebote. Der Einkauf lohnt aber nur, wenn Sie ausschließlich diese Angebote kaufen. Wenn Sie ein Netzwerk von Familien haben – meist ergibt sich das automatisch über Kindergarten und Schule – kann sich ein Großeinkauf für alle lohnen.

➤ Auch der Einkauf direkt beim Bauern rechnet sich nur im Verbund, denn Sie müssen Fahrtkosten und Zeit berücksichtigen. Vielleicht läßt sich auch eine Lieferung aushandeln, wenn Sie sich zu mehreren zusammentun.

➤ Beim ganz normalen Großeinkauf sollten Sie immer den Preis pro Gewichtseinheit ausrechnen – oft täuscht eine Großpackung einen günstigen Preis vor, den sie gar nicht hat. Also: Taschenrechner nicht vergessen!

➤ Wenn Sie kurz vor Schluß auf dem Markt einkaufen, können Sie immer niedrigere Preise aushandeln. Das gilt auch für Bäckereien. Vielerorts wird dort zudem Brot und Gebäck vom Vortag zum reduzierten Preis angeboten.

➤ Tiefkühl-Heimdienste bieten Ware oft preiswerter als der Handel – in gleicher Qualität. Weiterer Vorteil: Sie können sich die Ware nach Hause liefern lassen.

Spartips für die Küche

Alle wirklich großen Köche kennen keinen Abfall – jedes Fitzelchen wird verwertet. Wir sollten es ihnen nachtun.

➤ Altbackenes Brot ist Grundlage für leckere Gerichte: Knödel, Suppen oder süße Aufläufe. Sie können daraus auch Croûtons für Suppen und Salate oder einfach als Knabberei rösten – Kinder lieben das. Letzte Rettung: In der Küchenmaschine zu Bröseln reiben.

➤ Kohlblätter, -strunk, Zwiebelschalen und andere, saubere Gemüseabfälle lassen sich zu einer schmackhaften Gemüsebrühe auskochen, Lorbeerblatt und Liebstöckel geben zusätzliches Aroma.

➤ Essensreste können Sie am nächsten Tag aufwärmen oder in neuen Gerichten verarbeiten, wenn Sie sie gleich nach dem Abkühlen in den Kühlschrank stellen und nicht bei Zimmertemperatur herumstehen lassen oder gar warm halten.

➤ Kleingehackte Fleischreste und etwas übrige Sauce können Sie unter Hackfleisch mengen – das ergibt besonders würzige Buletten.

Basis-Vorratsliste

Ein gutsortierter Vorrat macht unabhängig von Tageseinkäufen und fit für Überraschungsgäste. Mit dieser Vorratsliste können Sie alle Gerichte in diesem Buch »aus dem Vorrat« (mit Dosensymbol) kochen – und sind unabhängig vom Einkaufen.

Das sollten Sie im Schrank haben:

Mehl · Reis · Nudeln · Polenta · Kartoffelpüreepulver · Knödelpulver halb und halb · rote Linsen · getrocknete (Stein-)Pilze · Trockenpflaumen · Rosinen · Kakao · Kaffee · Tee · Haselnußkerne · ganze Mandeln · Vanillepuddingpulver · Knäckebrot · Zwieback · Butterkekse · Honig · Konfitüre · Apfelmus · Sauerkirschen · Zwetschgen · Ananas · Mandarinchen · Pfirsiche · Sauerkraut · geschälte Tomaten · Mais · Bohnen, rot und weiß · saure Gurken · passierte Tomaten · Thunfisch im eigenen Saft · Wiener Würstchen · gekörnte Brühe · Tomatenmark · Senf · Oliven · Kapern · H-Milch · H-Sahne

Zum Frische-Vorrat gehören:

Kartoffeln · Zwiebeln · Äpfel · Zitronen

In der Tiefkühltruhe sollten sich finden:

Brot · Toastbrot · Butter · Vanilleeis · Beerenmix · Kräuter · Blätterteig · Rahmspinat · Broccoli · grüne Bohnen · Fischstäbchen · Fischfilet · Hackfleisch · marinierte Steaks · Hähnchen

Rezepte, Rezepte

für Frühling, Sommer, Herbst und Winter

Frühling

was koche ich, wenn ...

... es superschnell gehen soll:

Ananas-Salat mit Kokosraspeln 64
Brot mit Tomaten-Kräuter-Rührei 25
Früchtespieße mit Joghurtdip 24
Frühlingsfrischer Obatzter 32
Gemüse mit Basilikumdressing 28
Linsen-Gemüse-Suppe 36
Nudeln mit Räucherlachs 52
Salate mit Radieschenvinaigrette 26
Spargel mit Schinken 30
Thunfisch-Sandwich Downunder 25
Wurzelchips mit Avocadodip 30

... Erdbeeren, Spargel, Kräuter locken:

Ausgebackener Kohlrabi mit Dip 60
Erdbeerbowle 21
Erdbeer-Quark-Torte 68
Feine Kohlrabisuppe 34
Frühlingsgemüse-Eintopf 36
Frühlingskräuter-Süppchen 34
Frühlingssalat mit Hähnchenfilet 26
Gemüsesticks mit Zitronendip 32
Grüne Spargelpizza 58
Kohlrabi-Spitzkohl-Eintopf 36
Rhabarber-Bananen-Konfitüre 22
Rhabarber-Cooler 20
Rhabarber-Erdbeer-Grütze 64
Rhabarber-Erdbeer-Kuchen 66

Rhabarber-Milchreis 62
Rhabarber-Pfannkuchen 62
Saftige Erdbeer-Charlotte 64
Salate mit Radieschenvinaigrette 26
Sauerampfer-Flip 20
Spargel-Garnelen-Pfanne 60
Spargel-Kartoffel-Salat 26
Spinat-Frittata mit Möhrenrohkost 60
Tortellini mit grünem Spargel 52

... es aus dem Vorrat sein soll:

Bratkartoffeln mit Petersilienschmand 58
Brot mit Tomaten-Kräuter-Rührei 25
Frikadellen mit Thymiankartoffeln 46
Gefüllter Quark-Osterkranz 66
Gemüse-Reisfleisch 48
Hähnchen auf Oreganokartoffeln 48
Hamburger hausgemacht 30
Kaiserschmarren mit Apfelmus 62
Klare Gemüsesuppe mit Nocken 34
Linsen-Gemüse-Suppe 36
Orientalischer Hackfleisch-Reis 46
Polenta-Gnocchi mit Tomatensauce 56
Spinat-Kartoffel-Gratin 58
Süßes Osterlämmchen 66

... es besonders preiswert sein soll:

Bratkartoffeln mit Petersilienschmand 58
Feine Kohlrabisuppe 34
Frikadellen mit Thymiankartoffeln 46
Frühlingsfrischer Obatzter 32
Gemüse-Reisfleisch 48
Hamburger hausgemacht 30
Hühnerbrüstchen in Kerbelsauce 48

Kaiserschmarren mit Apfelmus 62
Kartoffel-Quarkkeulchen 56
Klare Gemüsesuppe mit Nocken 34
Kohlrabi-Hackfleisch-Gratin 46
Kopfsalat mit Senfvinaigrette 28
Linsen-Gemüse-Suppe 36
Möhren-Kerbel-Omelett 32
Orientalischer Hackfleisch-Reis 46
Polenta-Gnocchi mit Tomatensauce 56
Rhabarber-Erdbeer-Grütze 64
Rhabarber-Pfannkuchen 62
Salate mit Radieschenvinaigrette 26
Spinat-Frittata mit Möhrenrohkost 60

... es gut vorzubereiten sein soll:

Bunter Gemüsekuchen 38
Erdbeer-Quark-Torte 68
Feine Kohlrabisuppe 34
Gefüllte Hähnchenbrust 40
Gemüse mit Basilikumdressing 28
Gemüsesticks mit Zitronendip 32
Hähnchen auf Oreganokartoffeln 48
Hamburger hausgemacht 30
Lammbraten mit Honig und Mandeln 40
Linsen-Gemüse-Suppe 36
Mangoldquiche mit Schinken 42
Orientalischer Hackfleisch-Reis 46
Polenta mit Frühlingsgemüse 38
Saftige Erdbeer-Charlotte 64
Spargel mit Schinken 30
Spinat und Tomaten auf Mozzarella 28
Überbackener Tomaten-Fenchel 38

... nur ein kleiner Imbiß gefragt ist:

Brot mit Tomaten-Kräuter-Rührei 25
Ei-Toast mit Kerbelcreme 23
Frühlingsfrischer Obatzter 32
Frühlingssalat mit Hähnchenfilet 26
Gemüsesticks mit Zitronendip 32
Käse-Sesam-Bauernbrot 23
Klare Gemüsesuppe mit Nocken 34
Krabbenquark-Sandwich 25
Kräuter-Spiegelei mit Bacon 23
Möhren-Kerbel-Omelett 32
Spargel-Kartoffel-Salat 26
Thunfisch-Sandwich Downunder 25
Wurzelchips mit Avocadodip 30

... es etwas Besonderes sein soll:

Forelle in Pergament 52
Lammbraten mit Honig und Mandeln 40
Saftige Erdbeer-Charlotte 64
Schnitzelchen mit Honigmöhren 42
Spargel-Garnelen-Pfanne 60

... es was für's Kinderfest geben soll:

Bunter Gemüsekuchen 38
Erdbeerbowle 21
Feine Erdbeermuffins 68
Früchtespieße mit Joghurtdip 24
Hamburger hausgemacht 30
Pellkartoffeln mit buntem Quark 56
Rhabarber-Milchreis 62
Schoko-Erdbeer-Brötchen 22

Fit und vital: Drinks, Tips

Drink 1: Sauerampfer-Flip – frisch von der Wiese
Für 4 Gläser 1 Handvoll Sauerampfer waschen, Stiele entfernen, die Blätter hacken. Den Saft von 1/2 Zitrone mit Sauerampfer, 2–3 EL Agavendicksaft und 1/2 l Buttermilch fein pürieren. Pur trinken oder als Durstlöscher auf große Gläser verteilen und mit Mineralwasser aufgießen.

Drink 2: Rhabarber-Cooler – sauer macht lustig ...
... und regt die Verdauung an. Für 4 Gläser 300 g rosa Rhabarber schälen, kleinschneiden und mit 1/2 l Wasser und 1 Zimtstange 20 Min. köcheln, in den letzten 5 Min. 2 TL Malvenblüten zugeben. Durch ein feines Sieb gießen und nach Geschmack mit Kleehonig süßen.

Drink 3: Möhren-Mandel-Milch – die baut auf
Für 2 große Gläser 100 g junge Möhren waschen, schrappen und mit 8 geschälten Mandeln, 2 TL Honig und 1/4 l fettarmer Milch fein pürieren, dann mit Mineralwasser aufgießen. Für kleine Zappelphilipps 1 TL Hefeflocken zugeben – die liefern Nervenvitamine der B-Gruppe.

Familienspaß im Frühling

Radieschen selber pflanzen
Nichts ist aufregender für Kinder, als im Gartenbeet oder Balkonkasten die eigene Ernte wachsen zu sehen.
Radieschen sind dabei die Renner: Sie können schon im März ausgesät werden und sind bereits nach 3–4 Wochen reif. Pflanzen Sie sie in 1–1,5 cm tiefen Rillen im Reihenabstand von ca. 15 cm. Regelmäßiges Gießen nicht vergessen! Radieschen regen die Verdauung an, sanieren die Darmflora und wirken entwässernd. Radieschensaft wirkt Wunder gegen Husten: einfach Radieschen pürieren, in einem Sieb abtropfen lassen und den Saft 1:1 mit Honig mischen.
Und wer keine Grünflächen hat: Kresse-, Sonnenblumenkern- oder Rettichsprossen lassen sich toll in der Keimbox ziehen!

Auf Entdeckungsreise in Feld und Wald

Nur Spazierengehen ist langweilig. Aber wenn dabei Eßbares zu entdecken und zu sammeln ist, macht es einen Riesenspaß. Jetzt wachsen z. B. Sauerampfer, Wiesenschaumkraut, Gänseblümchen, Löwenzahn. Sie können von all diesen Kräutern die zarten Blatttriebe verwenden oder später die Blüten. Allerdings sollten Sie nur dort sammeln, wo weder Autoabgase noch Hunde Rückstände hinterlassen. Und vor dem Essen die Ernte immer gründlich waschen. Vorschläge dazu, was sich daraus zaubern läßt, finden Sie auf diesen Seiten. Wildkräuter schmecken außerdem auch roh in Salaten und Saucen oder warm im Kräutersüppchen.

und Hausrezepte

Drink 4: Verbenatee – für fleißige Schulkinder
Die getrockneten Verbenablätter (Eisenkraut), ergeben einen erfrischenden Tee, der die Stimmung aufhellt, konzentrationsfördernd und anregend auf den Magen wirkt. 1 EL Verbenablätter mit 1/4 l Wasser überbrühen, 10 Min. ziehen lassen und mit Agavendicksaft oder Löwenzahnsirup süßen.

Drink 5: Orangenschaum – für Milchallergiker
Diesem Drink geben Datteln seine Cremigkeit und Süße, die frischen Früchte liefern reichlich Vitamin C. Für 2 Gläser 1 Saftorange bis aufs Fruchtfleisch schälen, halbieren; das Weiße in der Mitte entfernen. Mit 1 Handvoll Erdbeeren, 4 entkernten Datteln und etwas Wasser pürieren.

Drink 6: Erdbeerbowle – zum Kinderfest
1/4 l schwarzen Johannisbeersaft im Eiswürfelbereiter einfrieren. 500 g Erdbeeren mit 3–4 EL Vollrohrzucker bestreuen. 1 Beutel Früchtetee und 1/2 Vanillestange mit 1/2 l Wasser überbrühen, 10 Min. ziehen und abkühlen lassen. Beeren, Saftwürfel und 3/4 l Mineralwasser zugeben.

Hausrezepte

Löwenzahn bei Bauchweh und Verstopfung
Auf französisch heißt er »Pissenlit«, d. h. »mach' ins Bett« – Löwenzahn wirkt entwässernd. Seine Bitterstoffe regen alle Verdauungs- und Entgiftungsorgane an. Die zarten Blätter werden vor der Blüte gepflückt. Sie können sie feingehackt in den Salat oder den Kräuterquark mischen. Aus den Blüten kann man Sirup kochen, der Kindern gut schmeckt: 1 Litermaß Löwenzahnblüten ohne Stengel bei Sonnenschein ernten, waschen und mit 1 l Wasser, 3 Zitronenscheiben und 1 aufgeschnittenen Vanillestange aufkochen. Die Mischung zugedeckt bei kleiner Hitze 30 Min. ziehen lassen. Durch ein Mulltuch gießen, mit 1 kg Zucker mischen und zu einem dickflüssigen Sirup einkochen. Schmeckt toll in Tee und Joghurt oder mit Mineralwasser gemischt als Limo!

Brennessel gegen Frühlingsmüdigkeit
Brennesseln wirken blutreinigend, entwässernd und schleimlösend. Sie sind ungeheuer reich an Eisen, Calcium, Vitamin C, Enzymen und Gerbstoffen. Brennesseln fehlen in keiner Frühjahrskur – und schmecken! Haben Sie keine Angst vor dem Ernten, zarte Brennesselsprossen brennen kaum – vor allem, wenn Sie beim Pflücken fest zupacken! Pflücken Sie noch vor der Blüte die ersten Triebe. Sie können Brennesselblätter wie Spinat dünsten und unter Kartoffelpüree oder -klöße ziehen. Sie können die Blätter auch als Tee zubereiten: einfach mit Wasser überbrühen und 10 Min. ziehen lassen. Oder Sie pürieren die gebrühten Blätter, passieren das Mus und genießen diesen Brennesselsaft löffelweise zur Frühjahrskur. Kindern schmecken Brennesseln versteckt in Kräuterquark, Nudelteig oder Kartoffelpuffern.

Statt Mittagsschlaf eine Sauerstoffdusche
Eine richtige, tiefe Atmung läßt Ihre Zellen aufleben! In der Geburtsvorbereitung haben Sie gelernt, in den Bauch zu atmen: Dabei atmen Sie, die Hände auf dem Bauch, gegen diesen Druck durch die Nase ein, und pusten die Luft langsam durch den Mund aus. Versuchen Sie diese Art der Atmung jeden Tag mehrmals zwischendurch zu praktizieren – und lassen Sie Ihre Familie mitmachen. Wer den Bauch am weitesten aufblähen kann, hat gewonnen!

Frühstücksideen

Mango-Müsli mit Kokosraspeln

ZUTATEN FÜR 4 PORTIONEN:
60 g Kokosraspel
100 g Backpflaumen
140 g kernige Haferflocken
1 große Mango
200 g Dickmilch · 1/8 l Milch
3–4 TL Zitronensaft
4 EL Apfeldicksaft oder 2 EL Honig

Zubereitungszeit: 30 Min.

Pro Portion ca. 380 kcal
9 g Eiweiß · 15 g Fett · 50 g Kohlenhydrate

1 Die Kokosraspel goldbraun rösten. Die Pflaumen in sehr feine Würfel schneiden, mit den Haferflocken und der Hälfte der Kokosraspel mischen.

2 Die Mango schälen, Fruchtfleisch vom Stein schneiden und klein würfeln. Dickmilch, Milch, Zitronensaft und Apfeldicksaft oder Honig verrühren.

3 Die Getreidemischung auf Schälchen verteilen. Mangowürfel bis auf 1 EL daraufgeben, mit Dickmilch begießen. Übrige Kokosraspel und Mangowürfel darüberstreuen.

Obst austauschen: Statt Mango Papaya oder – im Sommer – Nektarinen nehmen.

Schoko-Erdbeer-Brötchen

ZUTATEN FÜR 4 PORTIONEN:
50 g Zartbitter-Schokolade
150 g Ricotta oder Quark (s. Tip)
2 EL Orangensaft
1 EL Honig
200 g Erdbeeren
4 Vollkornbrötchen

Zubereitungszeit: 20 Min.

Pro Portion ca. 280 kcal
10 g Eiweiß · 9 g Fett · 38 g Kohlenhydrate

1 Die Schokolade hacken. Den Ricotta mit Orangensaft und dem Honig geschmeidig rühren. Die Schokoladenstücke untermischen.

2 Die Erdbeeren waschen, putzen und in dünne Scheiben schneiden.

3 Die Brötchen halbieren. Alle Hälften mit der Ricottacreme bestreichen und mit den Erdbeerscheiben belegen.

Aus dem Vorrat: Falls Sie Ricotta, den quarkähnlichen italienischen Frischkäse, nicht extra besorgen wollen, nehmen Sie für die Creme stattdessen Speisequark mit 20 % Fett, den Sie bestimmt im Kühlschrank haben.

Rhabarber-Bananen-Konfitüre

ZUTATEN FÜR CA. 400 g:
250 g Rhabarber · 1 Banane
100 g Gelierzucker 3:1
1/2 unbehandelte Zitrone

Zubereitungszeit: 30 Min.

Pro Portion (10 g) ca. 13 kcal
1 g Eiweiß · 0 g Fett · 3 g Kohlenhydrate

1 Den Rhabarber putzen und in dünne Scheibchen schneiden. Die Banane schälen und kleinschneiden. Die Früchte in einer Rührschüssel pürieren.

2 Den Gelierzucker zu den Früchten geben und die Fruchtmasse mit den Quirlen der Küchenmaschine oder des Handmixers 10 Min. rühren.

3 Die Zitrone heiß abwaschen. Die Schale in feinen Spänen abziehen, 2 EL Saft auspressen. Zitronensaft und -schale mit der Konfitüre verrühren; in kleine Twist-Off-Gläser füllen. Die Gläser gut verschließen und bis zum Verzehr mindestens 3 Std. kalt stellen.

Resteküche: Kaltgerührte Konfitüren immer im Kühlschrank aufbewahren und bald verbrauchen.

Käse-Sesam-Bauernbrot

ZUTATEN FÜR 4 PORTIONEN:
2 EL Sesam oder feingehackte Nüsse
1 Handvoll Kerbel- oder Petersilienblättchen
4 Zweige Basilikum
50 g weiche Butter
Salz · Pfeffer · 1–2 TL Zitronensaft
4 Scheiben kräftiges Bauernbrot
125 g Brie

Zubereitungszeit: 20 Min.

Pro Portion ca. 310 kcal
11 g Eiweiß · 20 g Fett · 20 g Kohlenhydrate

1 Sesam oder Nüsse ohne Fett goldbraun rösten. Die Kräuterblättchen bis auf einige zum Garnieren fein hacken, mit der Butter und zwei Drittel des Sesams bzw. der Nüsse vermischen. Mit Salz, Pfeffer und Zitronensaft abschmecken.

2 Die Brote mit der Sesam-Butter bestreichen. Den Käse in Scheiben schneiden und darauf verteilen. Mit dem übrigen Sesam bestreuen und mit den Kräutern garnieren.

Blitzvariante: Schneller geht's, wenn Sie statt der Sesamsamen oder Nüsse Tahini (Sesampaste) verwenden (gibt's im Bioladen).

Kräuter-Spiegelei mit Bacon

ZUTATEN FÜR 4 PORTIONEN:
1 Bund Schnittlauch
1 Handvoll Kerbelblättchen oder 1/2 Beet Kresse
1 Bund Petersilie
2 Schalotten (oder 1 kleine Zwiebel)
100 g Bacon (Frühstücksspeck)
1 EL Butter
4 Eier
Salz · Pfeffer

Zubereitungszeit: 30 Min.

Pro Portion ca. 260 kcal
16 g Eiweiß · 21 g Fett · 2 g Kohlenhydrate

1 Die Kräuter waschen und fein schneiden, die Kresse vom Beet schneiden. Die Schalotten schälen und fein würfeln.

2 Die Speckstreifen kroß ausbraten. Auf Küchenpapier kurz abtropfen lassen.

3 Die Butter zum Speckfett geben und die Schalotten darin glasig dünsten. Die Kräuter bis auf etwas für die Garnitur dazugeben und im Fett schwenken.

4 Die Eier daraufschlagen, stocken lassen, leicht salzen und pfeffern. Die Kräuter aufstreuen und die Spiegeleier mit dem Bacon anrichten.

Ei-Toast mit Kerbelcreme

ZUTATEN FÜR 4 PORTIONEN:
100 g Doppelrahm-Frischkäse
2 TL Senf · 5 EL Milch
20 g Kerbel (alternativ Petersilie)
1–2 TL Zitronensaft
Salz · Pfeffer
8 Scheiben Vollkorntoast
3 hartgekochte Eier

Zubereitungszeit: 25 Min.

Pro Portion ca. 230 kcal
10 g Eiweiß · 13 g Fett · 19 g Kohlenhydrate

1 Frischkäse und Senf in der Milch zerdrücken und damit verrühren. Den Kerbel waschen, die Blätter von den Stielen zupfen. Einige zum Garnieren beiseite legen, den Rest fein hacken und unter die Käsemasse rühren. Mit Zitronensaft, Salz und Pfeffer abschmecken.

2 Die Toastbrote goldbraun rösten und mit der Kerbelcreme bestreichen. Die Eier pellen und in Scheiben schneiden, auf die Brote legen. Die Toasts mit den zurückgelegten Kräutern garnieren.

Extra gesund: Statt mit Eischeiben können Sie die Toasts auch mit Tomatenscheiben belegen.

snackig – Snacks und and

Früchtespieße mit Joghurtdip

ZUTATEN FÜR 4 PORTIONEN:
2 Äpfel
1 Baby-Ananas
1 Banane
2 Kiwis
4 Becher Joghurt (je 150 g, im Lieblingsgeschmack)

Zubereitungszeit: 15 Min.

Pro Portion ca. 180 kcal
6 g Eiweiß · 6 g Fett · 25 g Kohlenhydrate

1 Die Äpfel nach Belieben schälen, vierteln, entkernen und in Würfel schneiden. Die Ananas schälen, längs vierteln, den Strunk entfernen und das Fruchtfleisch würfeln. Die Banane schälen und in Scheiben schneiden. Die Kiwis schälen und in Stücke schneiden.

2 Die Fruchtstücke abwechselnd auf kleine Holz- oder Metallspieße stecken und auf eine Platte legen. Jeder bekommt dazu ein Schälchen mit seinem Lieblingsjoghurt und dippt die Früchte darin ein.

Aus dem Vorrat: Statt frischer Ananas können Sie auch Ananasstücke aus der Dose verwenden, das spart zudem Zeit bei der Vorbereitung.

Grüner Spargel in Blätterteig

ZUTATEN FÜR 4 PORTIONEN:
4 Scheiben TK-Blätterteig (ca. 300 g)
8 Stangen grüner Spargel · Salz
2 Frühlingszwiebeln
4 Scheiben gekochter Schinken (ca. 125 g)
100 g geriebener Emmentaler
1 Eigelb, mit 2 EL Wasser verquirlt
Mehl zum Ausrollen

Zubereitungszeit: 30 Min.
(+ 20 Min. Backzeit)

Pro Portion ca. 500 kcal
20 g Eiweiß · 34 g Fett · 29 g Kohlenhydrate

1 Den Blätterteig auftauen lassen. Den Backofen auf 225° vorheizen. Den Spargel nur im unteren Drittel schälen, in Salzwasser bißfest garen. Die Frühlingszwiebeln in Ringe schneiden.

2 Die Teigplatten auf bemehlter Arbeitsfläche dünn auf ca. 30 x 20 cm ausrollen. Mit je 1 Scheibe Schinken belegen. Zwiebeln und Käse aufstreuen. In die Mitte je 2 Spargelstangen legen. Teig an den Breitseiten darüber klappen und längs aufrollen.

3 Die Päckchen auf ein kalt abgespültes Blech legen, mit Eigelb bestreichen. Im Ofen (Mitte, Umluft 200°) 20–25 Min. backen.

Frühlings-Tacos mit Hähnchen

ZUTATEN FÜR 4 PORTIONEN:
300 g Hähnchenbrustfilet
2 Frühlingszwiebeln
1 EL Öl
4 EL Tacosauce
Salz · Pfeffer
8 Tacoschalen
4 Kopfsalatblätter
1 Möhre
100 g geriebener Cheddar oder Emmentaler

Zubereitungszeit: 30 Min.

Pro Portion ca. 320 kcal
26 g Eiweiß · 16 g Fett · 16 g Kohlenhydrate

1 Das Fleisch sehr klein würfeln. Die Frühlingszwiebeln putzen und in feine Ringe schneiden.

2 Das Fleisch im Öl braun anbraten. Die Frühlingszwiebeln dazugeben und 2 Min. dünsten. Die Tacosauce und 3 EL Wasser einrühren, die Mischung salzen und pfeffern, dann dick einkochen lassen.

3 Die Salatblätter waschen, aufrollen und in feine Streifen schneiden. Die Möhre schälen und grob raspeln. Jede Tacoschale mit 2 EL Fleischmischung füllen, mit Salat, Möhrenraspeln und geriebenem Käse bedecken.

ere Kleinigkeiten

Brot mit Tomaten-Kräuter-Rührei

ZUTATEN FÜR 4 PORTIONEN:
4 Eier
1 Tomate
4 Scheiben Brot nach Wahl
2 EL Crème fraîche
1 EL Butter
1–2 EL gehackte Kräuter (frisch oder TK; z. B. Schnittlauch, Petersilie oder italienische Kräuter)
Salz

Zubereitungszeit: 15 Min.

Pro Portion ca. 210 kcal
9 g Eiweiß · 12 g Fett · 19 g Kohlenhydrate

1 Die Eier verquirlen. Die Tomate waschen, halbieren, entkernen und das Fruchtfleisch in kleine Würfel schneiden. Die Brote mit der Crème fraîche bestreichen.

2 Die Butter in einer Pfanne zerlassen, das Ei hineingießen und bei mittlerer Hitze stocken lassen. Immer wieder vorsichtig rühren, damit das Ei sich nicht am Pfannenboden festsetzt. Sobald das Ei nicht mehr flüssig ist, die Tomatenwürfel unterheben und kurz erwärmen.

3 Das Rührei auf den Broten verteilen und mit den Kräutern und etwas Salz bestreuen.

Thunfisch-Sandwich Downunder

ZUTATEN FÜR 4 PORTIONEN:
1 Handvoll Feldsalat
1 Dose Thunfisch naturell (150 g Abtropfgewicht)
8 Scheiben Sandwichtoast oder Kastenweißbrot
4 EL Crème fraîche
16 Scheiben rote Bete (aus dem Glas)
4 EL gemischte Sprossen (s. Tip)

Zubereitungszeit: 10 Min.

Pro Portion ca. 210 kcal
11 g Eiweiß · 10 g Fett · 21 g Kohlenhydrate

1 Den Feldsalat waschen und abtropfen lassen. Den Thunfisch ebenfalls abtropfen lassen.

2 Alle Brote mit Crème fraîche bestreichen. 4 Scheiben mit Feldsalat, Thunfisch, roten Beten und Sprossen belegen. Restliche Scheiben darauflegen, die Sandwiches diagonal durchschneiden.

!! Mit Pep: So ziehen Sie Sprossen selbst: Kresse-, Alfalfa- und Senfsamen oder gemischte Getreidekörner (aus dem Bioladen) in ein großes Glas geben, mit Gaze und einem Gummi darum verschließen. Das Glas schräg auf den Kopf stellen und die gewässerten Samen 1–2 Tage keimen lassen, regelmäßig spülen.

Krabbenquark-Sandwich

ZUTATEN FÜR 4 PORTIONEN:
150 g Magerquark
50 g Frühlingszwiebeln
80 g Nordseekrabben
1/2 Bund Dill
1–2 TL Zitronensaft
Salz
Pfeffer
4 große Scheiben Vollkornbrot
30 g Butter

Zubereitungszeit: 25 Min.

Pro Portion ca. 190 kcal
12 g Eiweiß · 7 g Fett · 19 g Kohlenhydrate

1 Vom Quark die Molke abgießen. Die Frühlingszwiebeln putzen und in sehr feine Ringe schneiden. Die Krabben in einem Sieb kurz abbrausen und gut abtropfen lassen. Den Dill waschen, die Blättchen abzupfen, einige zum Garnieren beiseite legen, den Rest fein hacken.

2 Krabben, Frühlingszwiebeln und Dill unter den Quark mischen. Mit Zitronensaft, Salz und Pfeffer abschmecken. Die Brotscheiben mit der Butter bestreichen und quer halbieren. 4 Hälften mit Quarkmischung bestreichen, jeweils die zweite Brothälfte darauflegen und leicht andrücken. Die Sandwiches mit Dill garnieren.

Spargel-Kartoffel-Salat

Schnell	●	30 Min.
Vorbereiten	●●	
Preiswert	●	

Pro Portion ca. 270 kcal
7 g Eiweiß · 18 g Fett · 20 g Kohlenhydrate

ZUTATEN FÜR 4 PORTIONEN:
500 g Kartoffeln · Salz
500 g grüner Spargel
3 Tomaten
150 g Crème fraîche
100 g saure Sahne
4 TL Zitronensaft · Pfeffer
1 Bund Schnittlauch

1 Die Kartoffeln in Salzwasser 20 Min. kochen; noch heiß pellen. Den Spargel waschen, im unteren Drittel schälen, schräg in breite Stücke schneiden. 5 Min. in Salzwasser garen, abschrecken und abtropfen lassen. Die Tomaten in Spalten schneiden.

2 Crème fraîche, saure Sahne und Zitronensaft verrühren, salzen und pfeffern. Den Schnittlauch in Röllchen schneiden und untermischen.

3 Die Kartoffeln in Scheiben schneiden und salzen. Spargel und Tomaten unterheben. Die Sauce darübergießen, den Salat umwenden und abschmecken.

⏱ Blitzvariante: Kartoffeln vom Vortag verwenden oder 1 Dose Mais abgießen und anstelle der Kartoffeln zum Spargel geben.

Salate mit Radieschenvinaigrette

Schnell	●●●	15 Min.
Vorbereiten	●●	
Preiswert	●●●	

Pro Portion ca. 140 kcal
2 g Eiweiß · 15 g Fett · 1 g Kohlenhydrate

ZUTATEN FÜR 4 PORTIONEN:
1 Ei
1/2 grüner Salat (z. B. Novita, Batavia, Kopfsalat, Lollo bianco)
1/2 kleiner Eichblattsalat
8 Radieschen
1/2 Bund Kräuter (z. B. Petersilie, Schnittlauch und Zitronenmelisse)
5 EL kaltgepreßtes Olivenöl
3 EL Aceto balsamico · Salz

1 Das Ei hart kochen. Den Salat putzen, waschen und in mundgerechte Stücke zupfen. Die Radieschen fein würfeln, die Kräuter fein hacken.

2 Öl, Essig, etwas Salz und die Kräuter zu einer Vinaigrette rühren, die Radieschenwürfel unterheben. Die Salate mit der Vinaigrette mischen und auf Teller verteilen. Das Ei pellen, fein würfeln und darüberstreuen.

🥣 Beilage: Ein paar Scheiben Brot gehören zu jedem Salat. Auch lecker: mit Kräuterpaste bestrichene Brote.

‼ Mit Pep: Schmecken Sie die Vinaigrette statt mit Salz mit 1–2 TL Sojasauce ab. Geben Sie hauchdünn gehobelte Champignons auf den Salat.

Frühlingssalat mit Hähnchenfilet

Schnell	●	30 Min.
Vorbereiten	●●	
Preiswert	●●	

Pro Portion ca. 220 kcal
24 g Eiweiß · 15 g Fett · 28 g Kohlenhydrate

ZUTATEN FÜR 4 PORTIONEN:
200 g Zuckerschoten
Salz · 300 g Kohlrabi
1 kleiner Kopf Bataviasalat
1 Handvoll Kerbel oder Petersilie
3 EL Essig · Pfeffer · 6 EL Öl
200 g Hähnchenbrustfilet

1 Die Zuckerschoten putzen und in Salzwasser 2 Min. blanchieren. Abschrecken und gut abtropfen lassen.

2 Die Kohlrabi schälen, vierteln und in dünne Scheiben schneiden. Den Salat putzen, waschen; die Blätter mundgerecht zerpflücken. Den Kerbel abbrausen, die Blättchen abzupfen. Essig, Salz, Pfeffer und 4 EL Öl zu einer Vinaigrette rühren.

3 Das Hähnchenfilet in mundgerechte Stücke schneiden, im übrigen Öl anbraten; salzen und pfeffern.

4 Gemüse, Salat und Kerbel in der Sauce marinieren. Mit dem Hähnchen anrichten.

🥕 Gemüse austauschen: Zuckerschoten und Kohlrabi durch blanchierte grüne Spargelstücke und Frühlingszwiebeln ersetzen.

🚀 Kraft und Power: Dazu nebenbei TK-Geflügel-Nuggets brutzeln.

‼ Mit Pep: Das Hähnchen mit Sesam bestreuen oder statt Hähnchen Garnelen braten.

Bild: Frühlingssalat mit Hähnchenfilet

Gemüse mit Basilikumdressing

Schnell	●●	20 Min.
Vorbereiten	●●●	
Preiswert	●●	

Pro Portion ca. 260 kcal
14 g Eiweiß · 22 g Fett · 30 g Kohlenhydrate

ZUTATEN FÜR 4 PORTIONEN:
200 g Zuckerschoten
(ersatzweise TK-Erbsen)
200 g Möhren · Salz
200 g Champignons
Pfeffer
4 EL Zitronensaft
1 Bund Basilikum
75 g Joghurt
150 g Salatmayonnaise (50 % Fett)

1 Die Zuckerschoten putzen, die Möhren schälen und in dünne Scheiben schneiden. Beides zusammen in Salzwasser 2 Min. blanchieren, abschrecken und abtropfen lassen.

2 Die Pilze putzen, abreiben und ebenfalls in Scheibchen schneiden. Das Gemüse salzen, pfeffern und in 3 EL Zitronensaft wenden.

3 Basilikum abbrausen, einige Blätter zum Garnieren zurückbehalten. Die übrigen Blätter grob hacken. Mit dem restlichen Zitronensaft und dem Joghurt pürieren. Die Mayonnaise untermischen, salzen und pfeffern.

4 Das Gemüse auf Tellern anrichten, die Sauce darüber verteilen und mit dem übrigen Basilikum garnieren.

 Extra gesund: 30 g Alfalfasprossen bereichern den Salat mit Vitaminen und Mineralstoffen.

Kraft und Power: Der Salat wird zum Mittagessen, wenn Sie 200 g Puten- oder Kalbfleischwurst in Scheiben und Brot dazugeben.

Kopfsalat mit Senfvinaigrette

Schnell	●●	20 Min.
Vorbereiten	●●●	
Preiswert	●●●	

Pro Portion ca. 130 kcal
2 g Eiweiß · 13 g Fett · 4 g Kohlenhydrate

ZUTATEN FÜR 4 PORTIONEN:
1 Kopfsalat
1 Bund Radieschen
1 Salatgurke · 2 Frühlingszwiebeln
4 EL Essig · 2 TL süßer Senf
Salz · Pfeffer
6 EL kaltgepreßtes Öl

1 Den Salat putzen, waschen, und trockenschleudern; Blätter in mundgerechte Stücke zupfen. Die Radieschen waschen, putzen und in dünne Scheiben schneiden. Die Gurke schälen, längs halbieren, entkernen und in Scheiben hobeln. Die Frühlingszwiebeln waschen, putzen und in feine Ringe schneiden.

2 Aus Essig, Senf, Salz und Pfeffer mit dem Öl eine Vinaigrette rühren. Die Salatzutaten untermischen.

 Aus dem Vorrat: Wer nicht extra süßen Senf kaufen will, rührt das Dressing mit 2 TL mittelscharfem Senf und 1/2 TL Zucker an.

Kraft und Power: Mischen Sie je 200 g Streifen von geräucherter Hähnchenbrust und Emmentalerstreifen unter den Salat.

Spinat und Tomaten auf Mozzarella

Schnell	●●	25 Min.
Vorbereiten	●●●	
Preiswert	●●	

Pro Portion ca. 300 kcal
15 g Eiweiß · 25 g Fett · 2 g Kohlenhydrate

ZUTATEN FÜR 4 PORTIONEN:
600 g Blattspinat · Salz
100 g Kirschtomaten
2 Schalotten oder kleine
Zwiebeln
2 EL Essig
1 EL Aceto balsamico
Pfeffer · 6 EL Olivenöl
250 g Mozzarella

1 Den Spinat waschen, verlesen, in Salzwasser 1 Min. blanchieren, kurz abschrecken und gut abtropfen lassen; etwas ausdrücken. Tomaten waschen und halbieren. Schalotten schälen und würfeln.

2 Beide Essigsorten, etwas Salz und Pfeffer verquirlen, das Öl unterschlagen. Mit Spinat und Schalotten vermischen.

3 Den Mozzarella in dünne Scheiben schneiden, auf Tellern leicht überlappend anrichten. Den Spinatsalat daraufgeben und mit den Tomaten garnieren.

Blitzvariante: Statt frischem Spinat TK-Spinat auftauen lassen, abgießen und wie beschrieben marinieren.

Bild: Gemüse mit Basilikumdressing

Hamburger hausgemacht

Schnell	●	30 Min.
Vorbereiten	●●●	
Preiswert	●●●	

Pro Portion ca. 510 kcal
27 g Eiweiß · 28 g Fett · 36 g Kohlenhydrate

ZUTATEN FÜR 4 PORTIONEN:
1 Brötchen (ruhig auch vom Vortag)
1 Zwiebel
1/2 Bund Petersilie
400 g Hackfleisch · 1 Ei
Salz · Pfeffer
2 EL Butterschmalz
4 Hamburgerbrötchen (Backregal)
4 Salatblätter
einige Essiggurkenscheiben
4 Tomatenscheiben

1 Das Brötchen ca. 5 Min. in Wasser einweichen. Die Zwiebel schälen und fein würfeln. Petersilienblättchen fein hacken.

2 Hackfleisch mit dem ausgedrückten Brötchen, Zwiebel, Petersilie, Ei, etwas Salz und Pfeffer verkneten. Aus der Masse 4 Frikadellen formen.

3 Das Butterschmalz erhitzen und die Frikadellen darin von jeder Seite ca. 8 Min. braten.

4 Die Hamburgerbrötchen halbieren, die unteren Hälften mit Salat, Gurken- und Tomatenscheiben belegen, die Frikadellen und die übrigen Brötchenhälften daraufsetzen.

Beilage: Zum Burger gehören natürlich Ketchup und Pommes!

Mit Pep: Für eine Hamburger-Party stellen Sie zu den gebratenen Frikadellen in Schüsseln Salatblätter, Gurken, Tomaten, Paprika, Zwiebeln, verschiedene Brötchen, verschiedene Tomaten- oder Würzsaucen ... So kann jeder seinen eigenen Burger kreieren.

Wurzelchips mit Avocadodip

Schnell	●●●	15 Min.
Vorbereiten	●	
Preiswert	●●●	

Pro Portion ca. 240 kcal
5 g Eiweiß · 21 g Fett · 9 g Kohlenhydrate

ZUTATEN FÜR 4 PORTIONEN:
1 reife Avocado
1 EL Zitronensaft
1 EL Sonnenblumenöl
1/2 Bund Petersilie
Salz
Cayennepfeffer
1 Prise Zucker
600 g Petersilienwurzeln
(oder Pastinaken)
2 EL Butter

1 Für den Dip die Avocado halbieren, das Fruchtfleisch mit einem Löffel aus den Hälften kratzen und sofort mit Zitronensaft, Öl und den Petersilienblättchen pürieren. Den Dip mit Salz, Cayennepfeffer und Zucker abschmecken.

2 Die Petersilienwurzeln schälen und in 2–3 mm dünne Scheiben schneiden. Butter in einer großen Pfanne erhitzen. Die Wurzelscheiben darin in 5–7 Min. bei schwacher bis mittlerer Hitze goldbraun braten; mehrmals wenden, sie dürfen nicht verbrennen. Die Chips auf Küchenpapier abfetten, leicht salzen und noch heiß mit dem Dip servieren.

Resteküche: Übriggebliebene Wurzelchips im Backofen aufwärmen, dazu gibt's eine Tomatensauce, den Zitronendip von Seite 32 – oder einfach Ketchup.

Gemüse austauschen: Auch Knollensellerie läßt sich gut ausbacken.

Mit Pep: Kürbiskernöl verleiht dem Avocadodip eine mild-nussige Note.

Spargel mit Schinken

Schnell	●●	20 Min.
Vorbereiten	●●●	
Preiswert	●	

Pro Portion ca. 260 kcal
10 g Eiweiß · 22 g Fett · 6 g Kohlenhydrate

ZUTATEN FÜR 4 PORTIONEN:
600 g weißer Spargel
Salz
200 g Schmand (24 % Fett)
6 EL Milch
1 TL mittelscharfer Senf
1 Bund Schnittlauch
1 EL Zitronensaft · Pfeffer
100 g milder roher Schinkenaufschnitt

1 Vom Spargel die holzigen Enden abschneiden, die Stangen schälen und in Salzwasser in 10 Min. bißfest garen.

2 Inzwischen Schmand, Milch und Senf verrühren. Schnittlauch waschen und in Röllchen schneiden. Mit Zitronensaft, Salz und Pfeffer unter die Sauce rühren.

3 Den Spargel abschrecken und gut abtropfen lassen. Große Schinkenscheiben längs halbieren. Jeweils einige Spargelstangen locker mit 1 Schinkenscheibe umwickeln und auf einem Teller anrichten. Kalt oder lauwarm mit der Schnittlauchsauce servieren.

Blitzvariante: Wer es eilig hat, nimmt weißen Spargel aus dem Glas – abtropfen lassen, einwickeln, fertig!

Gemüse austauschen: Eine bunte Abwandlung sind zarte blanchierte Bundmöhren im Schinkenmantel.

Bild oben: Wurzelchips mit Avocadodip
Bild unten links:
Hamburger hausgemacht
Bild unten rechts:
Spargel mit Schinken

Frühlingsfrischer Obatzter

Schnell	●●	20 Min.
Vorbereiten	●●●	
Preiswert	●●●	

Pro Portion ca. 300 kcal
13 g Eiweiß · 27 g Fett · 3 g Kohlenhydrate

ZUTATEN FÜR 4 PORTIONEN:
200 g reifer Camembert
200 g Doppelrahm-Frischkäse
2 TL Öl · Salz · Pfeffer
2 TL Obstessig
3 Frühlingszwiebeln
6 Radieschen · 1/2 Bund Basilikum

1 Den Camembert entrinden und mit einer Gabel zerdrücken. Frischkäse und Öl untermischen; mit Salz, Pfeffer und Obstessig würzen.

2 Frühlingszwiebeln und Radieschen klein würfeln. Einige Basilikumblätter zum Garnieren beiseite legen, den Rest in feine Streifen schneiden. Alles unter die Käsemasse heben. Den Obatzten abschmecken und mit Basilikum garnieren.

Resteküche: Übriggebliebenen Obatzten kühl stellen und auf Cracker gestrichen zu Bier oder Wein reichen.

Extra gesund: Zusätzliche Vitamine liefern gehackte Kräuter wie Petersilie, Schnittlauch und Dill.

Mit Pep: Gehackter Rucola gibt eine leichte Schärfe.

Möhren-Kerbel-Omelett

Schnell	●	30 Min.
Vorbereiten	●	
Preiswert	●●●	

Pro Portion ca. 170 kcal
8 g Eiweiß · 13 g Fett · 5 g Kohlenhydrate

ZUTATEN FÜR 4 PORTIONEN:
300 g Möhren
100 g Frühlingszwiebeln
30 g Kerbel (alternativ 1 Handvoll Petersilienblättchen)
2 EL Butter · 4 Eier
4 EL Sahne · Salz · Pfeffer

1 Die Möhren putzen, schälen und schräg in Scheiben hobeln. Die Frühlingszwiebeln in feine Ringe schneiden. Den Kerbel abbrausen und bis auf einige Blättchen zum Garnieren hacken.

2 Die Möhren in der Butter 3 Min. dünsten. Frühlingszwiebeln dazugeben und 2 Min. mitbraten. Kerbel hinzufügen.

3 Die Eier mit Sahne, Salz und Pfeffer verquirlen, über das Gemüse gießen; zugedeckt bei schwacher Hitze in 5–7 Min. stocken lassen. Das Omelett in vier Stücke teilen und auf vorgewärmten Tellern anrichten. Mit dem Kerbel garnieren.

Resteküche: Übriggebliebenes Omelett können Sie kalt als leichtes Abendessen reichen. Dazu gibt's Salat.

Gemüse austauschen: Auch mit Blattspinat, Champignons oder Zuckerschoten ist das Omelett ein Genuß.

Kraft und Power: Geben Sie 50 g kroß gebratene Baconwürfel obenauf.

Aus dem Vorrat: Statt frischer Kräuter können Sie auch eine beliebige TK-Kräutermischung nehmen.

Gemüsesticks mit Zitronendip

Schnell	●●	25 Min.
Vorbereiten	●●●	
Preiswert	●●●	

Pro Portion ca. 160 kcal
3 g Eiweiß · 14 g Fett · 6 g Kohlenhydrate

ZUTATEN FÜR 4 PORTIONEN:
150 g junge Möhren · 150 g Kohlrabi
je 1/2 gelbe und rote Paprikaschote
3–4 Chinakohlblätter
125 g Crème double · 100 g Joghurt
Saft und Schale von 1/2 unbehandelten Zitrone
Salz · Pfeffer

1 Möhren und Kohlrabi in Stäbchen, Paprika in schmale Streifen, die Chinakohlblätter in breite Streifen schneiden.

2 Crème double, Joghurt und Zitronensaft verrühren; mit Salz, Pfeffer und etwas Zitronenschale würzen. Den Dip zum Gemüse servieren.

Resteküche: Ist etwas vom Dip übriggeblieben? Er paßt auch gut zu den Wurzelchips von Seite 30.

Gemüse austauschen: Dippen Sie doch auch mal mit Zucchini oder Fenchel.

Mit Pep: 1–2 TL Senf oder Sardellenpaste im Dip bringen zusätzliche Würze.

Bild: Möhren-Kerbel-Omelett

Frühlingskräuter-Süppchen

Schnell	●	30 Min.
Vorbereiten	●	
Preiswert	●●●	

Pro Portion ca. 560 kcal
26 g Eiweiß · 30 g Fett · 47 g Kohlenhydrate

ZUTATEN FÜR 4 PORTIONEN:
2 Bund Petersilie (oder je 1 Bund Petersilie und Kerbel)
1 Bund Frühlingszwiebeln
2 EL Butter
2 EL Mehl
gut 3/4 l Hühnerbrühe
2 EL Crème fraîche
Salz · Pfeffer
4 Eier

1. Die Kräuter waschen, trockenschütteln und ohne grobe Stiele sehr fein hacken. Die Frühlingszwiebeln klein hacken.

2. Die Frühlingszwiebeln in der Butter andünsten. Kräuter ganz kurz mitdünsten. Das Mehl kurz anschwitzen und die Brühe unter Rühren aufgießen. Die Suppe aufkochen, Crème fraîche unterrühren. Die Suppe salzen und pfeffern; 10 Min. bei schwacher Hitze mehr ziehen als köcheln lassen.

3. Die Eier wachsweich kochen, abschrecken, pellen, halbieren und in die Suppe geben.

Extra gesund: Geben Sie die Hälfte der Kräuter erst zum Schluß dazu. Dann haben sie noch etwas Biß. 1 EL Hefeflocken macht die Suppe noch sämiger und liefert zusätzlich eine Portion Vitamin B.

Mit Pep: Sprießen jetzt im Frühling die ersten Kräuter auf Ihrer Fensterbank oder in Ihrem Garten? Dann nur hinein damit ins Süppchen. Gut passen z. B. Sauerampfer, Brunnenkresse oder Zitronenmelisse. Mischen Sie nach Lust und Gusto – Sie brauchen ca. 2 Handvoll Kräuter.

Feine Kohlrabisuppe

Schnell	●	30 Min.
Vorbereiten	●●●	
Preiswert	●●●	

Pro Portion ca. 90 kcal
3 g Eiweiß · 2 g Fett · 14 g Kohlenhydrate

ZUTATEN FÜR 4 PORTIONEN:
2 große Kohlrabi
3 große Kartoffeln
1 1/2 Würfel klare Gemüsebrühe
2 EL Schmand (24 % Fett)
1/2 Bund Schnittlauch

1. Kohlrabi und Kartoffeln schälen und in kleine Würfel schneiden. Mit 1/2 l Wasser sowie dem Brühwürfel aufkochen und 15–20 Min. garen.

2. Den Schmand zugeben und das Gemüse nur grob pürieren, so daß noch Stücke zu sehen sind. Den Schnittlauch in Röllchen schneiden und die Suppe damit bestreuen.

Kraft und Power: Diese Suppe wird zum Hauptgericht, wenn Sie Garnelen, Räucherlachsstreifen oder Würstchen mit hineingeben.

Mit Pep: Extra fein sind Ziegenkäsenocken in der Suppe: Ziegenfrischkäse mit Kräutern nach Geschmack verrühren. Mit Hilfe von zwei Löffeln zu Nocken formen und in die Suppe setzen. Sofort servieren und nicht mehr erhitzen, sonst schmelzen die Nocken.

Klare Gemüsesuppe mit Nocken

Schnell	●	30 Min.
Vorbereiten	●	
Preiswert	●●●	

Pro Portion ca. 440 kcal
13 g Eiweiß · 25 g Fett · 14 g Kohlenhydrate

ZUTATEN FÜR 4 PORTIONEN:
300 g Möhren
2 EL Olivenöl
900 ml kräftige Gemüsebrühe
300 g TK-Erbsen
Salz · Pfeffer
200 g Doppelrahm-Frischkäse
2 Eier · 120 g Hartweizengrieß

1. Die Möhren schälen, in dünne Scheiben schneiden und im heißen Öl andünsten. Brühe und Erbsen hinzufügen. Alles aufkochen und zugedeckt 5 Min. köcheln lassen. Die Suppe salzen und pfeffern.

2. Frischkäse, Eier, Grieß, Salz und Pfeffer vermischen. Mit zwei nassen Teelöffen aus der Masse 20 Nocken abstechen, in kochendem Salzwasser in ca. 5 Min. garziehen lassen; herausnehmen. Die Suppe abschmecken und mit den Nocken servieren.

Resteküche: Übrige Nocken auf einer Platte verteilt gefrieren lassen, dann in Gefrierbeutel abpacken. Die Nocken unaufgetaut in der heißen Suppe 5 Min. ziehen lassen.

Bild: Frühlingskräuter-Süppchen

Linsen-Gemüse-Suppe

Schnell	●●	20 Min.
Vorbereiten	●●●	
Preiswert	●●●	

Pro Portion ca. 130 kcal
7 g Eiweiß · 3 g Fett · 19 g Kohlenhydrate

ZUTATEN FÜR 4 PORTIONEN:
1 kleine Stange Lauch
1 EL Olivenöl
2 Dosen kleine Linsen mit Suppengrün (je 250 g Abtropfgewicht)
1/2 Würfel klare Gemüsebrühe
1 Tomate

1. Den Lauch putzen, längs vierteln und in kleine Stücke schneiden, waschen und kurz abtropfen lassen.

2. Das Olivenöl erhitzen und den Lauch darin 2 Min. andünsten, dann die Linsen mit dem Saft und den Brühwürfel zugeben. Die Suppe 5 Min. köcheln lassen.

3. Die Tomate waschen, den Stielansatz herausschneiden und das Fruchtfleisch würfeln. Zur Suppe geben und kurz mitköcheln lassen.

Kraft und Power: Wer sehr hungrig ist, kocht kleingewürfelte Kartoffeln in der Suppe mit. Dadurch verlängert sich jedoch die Garzeit. Auch Würstchen oder Räucherwurst machen die Suppe gehaltvoller. Oder Sie würfeln 100 g rohen durchwachsenen Bauchspeck, lassen ihn in einer Pfanne aus und streuen ihn über die Suppe. Noch schneller geht's mit Baconwürfeln aus der Kühltheke.

Mit Pep: Mit etwas gehacktem Koriandergrün, einem Schuß Kokosmilch und ein paar Spritzern Zitronensaft bekommt die Suppe einen exotischen Touch und wird zur pfiffigen Vorspeise. Wer's gerne scharf hat, würzt die Suppe mit Sambal oelek.

Frühlingsgemüse-Eintopf

Schnell	●	30 Min.
Vorbereiten	●●●	
Preiswert	●●	

Pro Portion ca. 450 kcal
27 g Eiweiß · 32 g Fett · 45 g Kohlenhydrate

ZUTATEN FÜR 4 PORTIONEN:
600 g kleine Kartoffeln
300 g Möhren
300 g grüner Spargel
150 g Zuckerschoten
1 1/4 l kräftige Fleischbrühe
400 g Lyoner
Salz · Pfeffer
1 Bund Basilikum

1. Kartoffeln und Möhren schälen. Kartoffeln in Würfel, Möhren schräg in Scheiben schneiden. Den Spargel waschen, nur im unteren Drittel schälen und schräg in Stücke schneiden. Die Zuckerschoten waschen, putzen und schräg halbieren.

2. Die Brühe aufkochen lassen. Das Gemüse bis auf die Zuckerschoten darin 10 Min. bei milder Hitze köcheln lassen.

3. Die Lyoner enthäuten, würfeln und mit den Zuckerschoten in den Topf geben; noch 5 Min. garen. Den Eintopf mit Salz und Pfeffer kräftig würzen. Basilikumblätter grob hacken und aufstreuen.

Blitzvariante: Nehmen Sie statt frischem Gemüse TK-Suppengemüse.

Gemüse austauschen: Nach persönlichem Geschmack können Sie die Anteile der Gemüse verändern oder gegen andere Sorten wie Kohlrabi, weißen Spargel und Wirsing austauschen.

Kraft und Power: Der Eintopf wird zum Sattmacher, wenn Sie 200 g weiße Bohnen (aus der Dose) dazugeben.

Kohlrabi-Spitzkohl-Eintopf

Schnell	●	30 Min.
Vorbereiten	●●●	
Preiswert	●●●	

Pro Portion ca. 420 kcal
20 g Eiweiß · 18 g Fett · 42 g Kohlenhydrate

ZUTATEN FÜR 4 PORTIONEN:
1 Zwiebel
400 g zarter Kohlrabi
500 g Spitzkohl
2 EL Butterschmalz
1 l kräftige Gemüsebrühe
Salz · Pfeffer
800 g Kidneybohnen (aus der Dose)
100 g geriebener Emmentaler

1. Die Zwiebel schälen und würfeln. Den Kohlrabi putzen, das zarte Grün beiseite legen, dann schälen und in 1 cm große Würfel schneiden. Den Spitzkohl waschen, putzen und in feine Streifen schneiden.

2. Zwiebel, Kohlrabi und Kohl im Butterschmalz 5 Min. dünsten. Die heiße Brühe angießen, mit Salz und Pfeffer würzen. Zugedeckt bei mittlerer Hitze 10 Min. köcheln lassen.

3. Die Bohnen abbrausen und abtropfen lassen, in den Eintopf geben und erwärmen. Den Eintopf abschmecken. Das Kohlrabigrün in feine Streifen schneiden und mit dem Käse vor dem Servieren aufstreuen.

Beilage: Dazu schmecken Brot-Chips sehr gut.

Gemüse austauschen: Den Spitzkohl durch Wirsing oder Chinakohl, den Kohlrabi durch Staudensellerie ersetzen.

Bild oben: Kohlrabi-Spitzkohl-Eintopf
Bild unten links:
Frühlingsgemüse-Eintopf
Bild unten rechts:
Linsen-Gemüse-Suppe

Überbackener Tomaten-Fenchel

Schnell ●	30 Min.
Vorbereiten ●●●	
Preiswert ●●	

Pro Portion ca. 380 kcal
23 g Eiweiß · 27 g Fett · 9 g Kohlenhydrate

ZUTATEN FÜR 4 PORTIONEN:
3 EL Olivenöl
4 Fenchelknollen (ca. 800 g)
1 Zwiebel, gewürfelt
1 große Dose Tomaten
Salz · Pfeffer · Thymian
50 g gemahlene Mandeln
300 g Mozzarella, gewürfelt

1 Den Backofen auf 200° vorheizen und eine Auflaufform mit 1 EL Olivenöl einpinseln.

2 Den Fenchel waschen und putzen, das Grün beiseite legen. Die Knollen längs halbieren und so aushöhlen, daß ein 1–2 cm breiter Rand stehen bleibt. Die Knollenhälften in der Auflaufform im heißen Ofen 20 Min. vorgaren.

3 Ausgehöhltes Fruchtfleisch und Grün hacken. Mit der Zwiebel im restlichen Öl anbraten, die Tomaten zugeben und würzen. Offen ca. 10 Min. sämig einkochen lassen, die Mandeln untermischen.

4 Die Fenchelknollen mit der Gemüsemischung füllen. Den Mozzarella darauf verteilen und den Fenchel im Ofen (Mitte, Umluft 180°) 10 Min. überbacken.

🥣 Beilage: Dazu paßt Polenta: 3/4 l Wasser mit etwas Salz und Pfeffer aufkochen. 250 g Polentagrieß einrühren und in ca. 5 Min. ausquellen lassen; öfter umrühren. Die Polenta in einer Schüssel warmstellen.

❗ Mit Pep: Für eine edle Vorspeise die Mengen halbieren und 150 g Krabben unter die Füllung mischen.

Bunter Gemüsekuchen

Schnell ●●	20 Min.
Vorbereiten ●●●	(+ 30 Min. Backzeit)
Preiswert ●●	

Pro Portion ca. 400 kcal
12 g Eiweiß · 30 g Fett · 23 g Kohlenhydrate

ZUTATEN FÜR 4 PORTIONEN:
250 g Croissant-Teig (Kühlregal)
2 Frühlingszwiebeln · 1 Tomate
1/2 orange oder gelbe Paprikaschote
150 g Egerlinge · Salz · Pfeffer
100 g geriebener Gratinkäse
2 Eier

1 Den Boden einer Auflaufform mit Backpapier auslegen. Vom Croissant-Teig 3 Rechtecke abtrennen, nebeneinander in die Form legen. Die Ränder aneinander drücken. Den Backofen auf 180° vorheizen.

2 Die Frühlingszwiebeln putzen und in Ringe schneiden. Die Tomate waschen und halbieren, Stielansatz, Kerne und Saft entfernen. Das Fruchtfleisch würfeln. Die Paprikaschote putzen und fein würfeln. Die Egerlinge putzen und in Scheiben schneiden.

3 Das Gemüse auf dem Teig verteilen, salzen und pfeffern. Die Hälfte vom Käse mit den Eiern verquirlen, leicht salzen und pfeffern; über das Gemüse gießen. Restlichen Käse darüberstreuen. Den Kuchen im Ofen (Mitte, Umluft 160°) ca. 30 Min. backen.

⏱ Blitzvariante: Keine Zeit zum Gemüseputzen? Verwenden Sie doch einfach TK-Gemüse Ihrer Wahl.

🍌 Extra gesund: Streuen Sie Cashewkerne, Walnußkerne oder Erdnüsse obenauf.

💪 Kraft und Power: Den Teig zusätzlich mit angebratenem Hackfleisch, Speck- oder Salamiwürfeln belegen.

Polenta mit Frühlingsgemüse

Schnell ●	30 Min.
Vorbereiten ●●●	
Preiswert ●●	

Pro Portion ca. 350 kcal
13 g Eiweiß · 18 g Fett · 33 g Kohlenhydrate

ZUTATEN FÜR 4 PORTIONEN:
Salz · 150 g Polentagrieß
3 Möhren · 1/2 Zucchino
1/2 Kohlrabi · 1 Frühlingszwiebel
3 EL Butter · 150 ml Brühe
150 g geriebener Gouda
2 EL gehackte Kräuter

1 600 ml Wasser zum Kochen bringen. 1 EL Salz und den Polentagrieß einrühren. Den Grieß etwa 20 Min. bei niedriger Hitze quellen lassen.

2 Alles Gemüse putzen, waschen und fein würfeln, die Frühlingszwiebel in dünne Ringe schneiden. Das Gemüse in 1 EL Butter andünsten. Mit der Brühe ablöschen und ca. 10 Min. zugedeckt köcheln lassen.

3 Den Gouda mit 1 EL Butter unter die Polenta rühren und nochmals 5 Min. quellen lassen.

4 Die restliche Butter unter das Gemüse rühren. Eventuell nachsalzen und die Kräuter unterheben. Aus der Polenta Nocken formen und auf Tellern anrichten. Das Frühlingsgemüse mit Sud darübergeben.

❗ Mit Pep: Frühlingskaninchen: 2 Kaninchenläufe salzen, pfeffern und in 2 EL Öl rundherum anbraten. Mit dem Gemüse und der Brühe ca. 40 Min. schmoren lassen.

Bild oben: Bunter Gemüsekuchen
Bild unten links:
Überbackener Tomaten-Fenchel
Bild unten rechts:
Polenta mit Frühlingsgemüse

Lammbraten mit Honig und Mandeln

Schnell	●●	25 Min.
Vorbereiten	●●●	(+ 1 1/2 Std. Backzeit)
Preiswert	●	

Pro Portion ca. 330 kcal
37 g Eiweiß · 14 g Fett · 15 g Kohlenhydrate

ZUTATEN FÜR 4 PORTIONEN:
700 g Lammschlegel ohne Knochen
Salz · Pfeffer
5 EL Honig
2 Knoblauchzehen
250 ml Gemüse- oder Fleischbrühe
20 g Mandelblättchen
2 EL Crème fraîche
2 EL Sahne

1 Den Backofen auf 200° vorheizen. Vom Lammschlegel Sehnen und Haut wegschneiden; den Schlegel kräftig salzen und pfeffern. Den Honig erhitzen, den Knoblauch dazupressen. Das Fleisch rundherum mit Knoblauchhonig einpinseln.

2 Den Lammschlegel im Ofen (Mitte, Umluft 180°) ca. 1 1/2 Std. braten. Nach 45 Min. zwei Drittel der Brühe angießen.

3 Den Braten dann in eine feuerfeste Form setzen, mit Knoblauchhonig bepinseln, mit den Mandelblättchen bestreuen. Den Backofen auf Grilleinstellung schalten und den Braten für 2–3 Min. in den Ofen schieben, bis die Mandeln angeröstet sind.

4 Den restlichen Knoblauchhonig in den Bratensatz im Bräter rühren; kurz aufkochen lassen, mit der restlichen Brühe ablöschen, mit Salz und Pfeffer würzen, mit Crème fraîche und Sahne verfeinern. Das Lammfleisch aufschneiden und mit der Sauce servieren.

Blitzvariante: Statt Schlegel ein großes Stück Steakfleisch vom Lamm nehmen – das ist in ca. 45 Min. gar.

Kalbsbrust mit Brötchenfüllung

Schnell	●	30 Min.
Vorbereiten	●●	(+ 1 1/2 Std. Backzeit)
Preiswert	●●	

Bei 8 Portionen pro Portion ca. 430 kcal
40 g Eiweiß · 24 g Fett · 15 g Kohlenhydrate

ZUTATEN FÜR 6–8 PORTIONEN:
ca. 1,3 kg Kalbsbrust, zum Füllen vorbereitet
Salz · Pfeffer · 5 Eier
200 g altbackene Laugenbrötchen
150 ml Gemüsebrühe
200 g saure Sahne
Muskatnuß
1 Bund Suppengrün · 20 g Butter
1 dicke Scheibe Schinken (100 g)

1 Die entbeinte, auf einer Seite aufgeschnittene Kalbsbrust mit Salz und Pfeffer einreiben. 2 Eier hart kochen und pellen. Den Backofen auf 200° vorheizen.

2 Laugenbrötchen in kleine Würfel schneiden. 100 ml Brühe mit 2 EL saurer Sahne, übrigen Eiern, Salz, Pfeffer und Muskat verschlagen, über die Würfel gießen; ziehen lassen. Das Suppengrün putzen und fein zerkleinern; in 1 EL Butter anbraten. Mit wenig Wasser ablöschen, salzen; zugedeckt 5 Min. dünsten. Den Schinken fein würfeln, mit dem Gemüse unter die Semmelfülle mischen.

3 Die Füllung in die Fleischtasche schieben, dann die gekochten Eier. Die Tasche zunähen und mit der übrigen Gemüsebrühe in einen Bratschlauch geben. Auf den kalten Rost setzen.

4 Das Fleisch im heißen Ofen (Mitte, Umluft 180°) 1 Std. braten. Den Beutel öffnen, den Fleischsaft auffangen. Den Braten mit der restlichen Butter bestreichen, auf dem Rost weitere 15 Min. braten, 15 Min. im abgeschalteten Ofen ruhen lassen. Den Fleischsaft mit der restlichen sauren Sahne erhitzen; abschmecken.

Gefüllte Hähnchenbrust

Schnell	●	30 Min.
Vorbereiten	●●	
Preiswert	●●	

Pro Portion ca. 410 kcal
41 g Eiweiß · 16 g Fett · 24 g Kohlenhydrate

ZUTATEN FÜR 4 PORTIONEN:
2 doppelte Hähnchenbrustfilets, von Haut, Knochen und Sehnen befreit (ca. 550 g)
Salz · Pfeffer · 4 EL gehackte Kräuter
100 g Feta, in dünnen Scheiben
2 EL Butterschmalz
1 Packung Spätzle (400 g; Kühlregal)
1 EL Butter

1 Das Fleisch salzen und pfeffern, auseinanderklappen, mit Kräutern bestreuen und mit Feta belegen. Zusammenklappen und mit Zahnstochern zustecken.

2 Die Hähnchenbrüste im Butterschmalz erst von beiden Seiten je ca. 5 Min. goldbraun anbraten, dann bei mittlerer Hitze in ca. 5 Min. fertigbraten.

3 Die Spätzle in der Butter erwärmen. Zahnstocher aus dem Fleisch ziehen, die Hähnchenbrüste in Scheiben schneiden. Zu den Spätzle servieren.

Extra gesund: Wer eine extra Portion Vitamine und Mineralstoffe dazu möchte, nimmt weniger Spätzle und serviert als Beilage Blattspinat.

Mit Pep: Füllen Sie das Fleisch zusätzlich mit Frühlingszwiebeln und getrockneten Tomaten. Statt Schafskäse schmeckt auch Ziegenfrischkäse.

Bild oben:
Kalbsbrust mit Brötchenfüllung
Bild unten links:
Lammbraten mit Honig und Mandeln
Bild unten rechts:
Gefüllte Hähnchenbrust

Spinat-Tomaten-Tarte

Schnell	●	30 Min.
Vorbereiten	●●	(+ 30 Min. Backzeit)
Preiswert	●●	

Bei 8 Stücken pro Stück ca. 240 kcal
13 g Eiweiß · 10 g Fett · 23 g Kohlenhydrate

ZUTATEN FÜR 1 SPRINGFORM (Ø 28 cm):
400 g Pizzateig (Kühlregal)
600 g Blattspinat
1 Zwiebel
1 EL Butter (+ Butter für die Form)
Salz · Pfeffer
200 g kleine Tomaten
125 g Mozzarella
100 g geriebener Parmesan

1 Die Springform einfetten und mit dem Teig auskleiden, dabei einen Rand von 2 cm hochziehen. Den Backofen auf 200° vorheizen. Den Spinat putzen, gut waschen, abtropfen lassen und grob hacken.

2 Die Zwiebel schälen, fein würfeln und in der Butter glasig dünsten. Den Spinat dazugeben und zugedeckt 2 Min. dünsten. Salzen und pfeffern; abgießen und gut abtropfen lassen.

3 Die Tomaten waschen und in Scheiben schneiden. Mozzarella in dünne Scheiben schneiden. Spinat und Parmesan vermischen und auf dem Teig verteilen. Mit Tomaten- und Käsescheiben belegen. Im heißen Ofen (Mitte, Umluft 180°) 30 Min. backen.

Kraft und Power: Für eine üppige Variante der Tarte 2 Eier mit 200 g Sahne, Salz und Pfeffer verrühren. Diese Mischung vor dem Backen auf den Belag gießen. Dann aber den Boden vorbacken, damit er nicht durchweicht.

Mit Pep: Etwas zerdrückten Knoblauch und 100 g Shrimps untermischen.

Mangoldquiche mit Schinken

Schnell	●	30 Min.
Vorbereiten	●●●	(+ 30 Min. Backzeit)
Preiswert	●●	

Bei 8 Stücken pro Stück ca. 400 kcal
14 g Eiweiß · 32 g Fett · 14 g Kohlenhydrate

ZUTATEN FÜR 1 TARTEFORM (Ø 28 cm):
300 g TK-Blätterteig
500 g Mangold (alternativ Spinat)
200 g gekochter Schinken
Mehl zum Ausrollen
2 EL Öl · Salz · Pfeffer
100 g geriebener Gouda
3 Eier · 250 g Sahne

1 Die Teigplatten auftauen lassen. Den Ofen auf 200° vorheizen. Den Mangold waschen und die Blätter grob hacken. Stiele und Schinken klein würfeln.

2 Die Teigplatten übereinanderlegen und auf wenig Mehl ausrollen. Die kalt ausgespülte Tarteform mit dem Teig auskleiden. Im heißen Ofen (unten, Umluft 180°) 10 Min. vorbacken. Inzwischen den Mangold im Öl 8 Min. dünsten; salzen und pfeffern. Den Schinken und die Hälfte vom Käse untermischen.

3 Eier und Sahne verquirlen, salzen und pfeffern. Die Mangoldmasse auf dem Teig verteilen, den Guß darübergießen. Mit Käse bestreuen und in 30 Min. (unten) fertigbacken.

Beilage: Dazu schmeckt ein Tomatensalat gut.

Schnitzelchen mit Honigmöhren

Schnell	●	30 Min.
Vorbereiten	●●	
Preiswert	●	

Pro Portion ca. 360 kcal
31 g Eiweiß · 12 g Fett · 33 g Kohlenhydrate

ZUTATEN FÜR 4 PORTIONEN:
450 g Schweinefilet, zu ca. 10 Schnitzelchen vorbereitet
Salz · Pfeffer
3–4 EL Mehl · 1 großes Ei
100 g Semmelbrösel
1 Bund junge Möhrchen
2 EL Butterschmalz · 1 EL Honig

1 Die Schnitzelchen salzen und pfeffern. In drei Tellern getrennt Mehl, das mit etwas Wasser verquirlte Ei und die Semmelbrösel bereitstellen.

2 Die Möhren schälen und in Scheibchen hobeln. 1 EL Butterschmalz und den Honig in einem breiten Topf schmelzen, die Möhrchen einrühren, salzen. Mit etwas Wasser zugedeckt bei schwacher Hitze in 5–7 Min. bißfest dünsten.

3 Die Schnitzel nacheinander in Mehl, Ei und Bröseln wenden; im restlichen Butterschmalz goldbraun braten.

Extra gesund: Mischen Sie die Brösel mit 2 EL gehackten Kräutern.

Bild: Spinat-Tomaten-Tarte

Möhrenrahm-Schnitzel

Schnell	●●	25 Min.
Vorbereiten	●	
Preiswert	●●	

Pro Portion ca. 470 kcal
23 g Eiweiß · 36 g Fett · 13 g Kohlenhydrate

ZUTATEN FÜR 4 PORTIONEN:
400 g Möhren · 1 kleiner Apfel
4 Kammschnitzel
Salz · Pfeffer
Mehl zum Wenden
1 EL Butterschmalz
1 EL Zitronensaft · 1 Prise Zucker
200 g Sahne

1 Möhren und Apfel schälen und beides grob raspeln. Die Schnitzel salzen, pfeffern und in Mehl wenden. Im Butterschmalz anbraten; herausheben.

2 Im Bratfond die Möhren-Apfel-Raspel anbraten. Mit Zitronensaft beträufeln, salzen, pfeffern und mit Zucker abschmecken. Die Sahne angießen und aufkochen lassen. Das Fleisch dazugeben und in 8–10 Min. gar schmoren.

Beilage: Maisreis: Gehackte Zwiebel in Butter anschwitzen, darin 150 g Parboiled Reis glasig braten. 150 ml Wasser angießen; 1 kleine Dose Mais samt Flüssigkeit und 2–3 EL Orangensaft zugeben und den Reis ausquellen lassen.

Mit Pep: Exotisch fein schmeckt's mit Ingwer und gemahlenem Zitronengras.

Minutensteaks mit Spinatgnocchi

Schnell	●	30 Min.
Vorbereiten	●●	
Preiswert	●●	

Pro Portion ca. 300 kcal
23 g Eiweiß · 16 g Fett · 18 g Kohlenhydrate

ZUTATEN FÜR 4 PORTIONEN:
400 g Gnocchi (Kühlregal) · Salz
450 g TK-Rahmspinat (gehackt)
50 g Sahne
5 Minutensteaks (300 g)
Pfeffer
1 EL Butterschmalz
4 EL geriebener Pastakäse (Kühlregal)
Zitronensaft

1 Die Gnocchi in Salzwasser ca. 20 Min. nach Packungsangabe garen.

2 Den Spinat in der Sahne ca. 15 Min. bei mittlerer Hitze auftauen lassen, dabei ab und zu umrühren.

3 Die Steaks abspülen, trockentupfen, mit Salz und Pfeffer würzen. Das Butterschmalz in einer Pfanne zerlassen und die Steaks darin von jeder Seite 2–3 Min. braten.

4 Die Gnocchi in einem Sieb abtropfen lassen und in dem Spinat wenden. Auf Teller verteilen und mit dem Käse bestreuen. Die Minutensteaks mit etwas Zitronensaft beträufeln und mit den Gnocchi servieren.

Kraft und Power: Fleischfreaks kochen etwas weniger Gnocchi und braten sich dafür ein Schweinerückensteak, ein Schnitzel oder ein Kalbskotelett dazu.

Mit Pep: Wer's etwas würziger mag, rührt 50 g geriebenen Parmesan unter die Spinatsauce und schmeckt sie mit etwas Muskat oder frisch gemahlenem Pfeffer ab.

Geschnetzeltes mit Rahmpilzen

Schnell	●●	25 Min.
Vorbereiten	●	
Preiswert	●●	

Pro Portion ca. 300 kcal
25 g Eiweiß · 21 g Fett · 4 g Kohlenhydrate

ZUTATEN FÜR 4 PORTIONEN:
150 g Schalotten (oder Zwiebeln)
250 g Egerlinge oder Champignons
3 frische Salbeiblätter
400 g Kalbsgeschnetzeltes
1 EL Butterschmalz
Kräutersalz · Pfeffer
200 g Sahne

1 Schalotten schälen und kleinwürfeln. Die Egerlinge putzen und feinblättrig schneiden. Die Salbeiblätter fein hacken. Egerlinge und Salbei mischen.

2 Das Geschnetzelte abtupfen, im heißen Butterschmalz in zwei Portionen goldbraun braten; aus der Pfanne nehmen. Schalotten und Salbei-Pilze 5–8 Min. anbraten. Mit Kräutersalz und Pfeffer kräftig würzen.

3 Die Sahne zu den Pilzen gießen; einmal aufkochen und sämig einköcheln lassen. Das Geschnetzelte dazugeben, unterrühren und servieren.

Mit Pep: Wenn Gäste zum Essen kommen, die Pilze mit etwas Cognac ablöschen.

Bild: Minutensteaks mit Spinatgnocchi

Frikadellen mit Thymiankartoffeln

Schnell ● 30 Min.
Vorbereiten ●●● (+ 12 Min. Grillzeit)
Preiswert ●●●

Pro Portion ca. 510 kcal
38 g Eiweiß · 24 g Fett · 36 g Kohlenhydrate

ZUTATEN FÜR 4 PORTIONEN:
1 kg kleine Kartoffeln
12 Zweige Thymian
3 EL Öl · Salz · Pfeffer
400 g mageres Rinderhackfleisch
200 g Magerquark
3 EL Semmelbrösel · 2 Eier
80 g Frühlingszwiebeln, gehackt

1 Die Kartoffeln abbürsten und längs vierteln. Die Thymianblättchen abstreifen. In einer großen Pfanne 2 EL Öl erhitzen und die Kartoffeln darin bei mittlerer Hitze 5 Min. anbraten. Mit Salz, Pfeffer und Thymian würzen. 4 EL Wasser angießen und die Kartoffeln zugedeckt 20 Min. garen.

2 Ein Backblech mit dem übrigen Öl einfetten. Den Backofengrill vorheizen. Hackfleisch, Quark, Semmelbrösel, Eier, Frühlingszwiebeln, etwas Salz und Pfeffer verkneten. Aus dem Teig 8 flache Frikadellen formen und auf das Blech legen.

3 Die Frikadellen auf jeder Seite ca. 6 Min. grillen. Mit den Kartoffeln anrichten.

Resteküche: Übriggebliebene Frikadellen können Sie portionsweise einfrieren. Sie können später einmal zu einem Hamburger-Pausenbrot oder zum Picknicksnack werden.

Gemüse austauschen: Je zur Hälfte Kartoffeln und Kohlrabischnitze braten.

Mit Pep: Hackmasse mit 2 TL Senf und 1/2 Bund geschnittener Petersilie würzen.

Kohlrabi-Hackfleisch-Gratin

Schnell ● 30 Min.
Vorbereiten ●●● (+ 10 Min. Backzeit)
Preiswert ●●●

Pro Portion ca. 670 kcal
44 g Eiweiß · 51 g Fett · 9 g Kohlenhydrate

ZUTATEN FÜR 4 PORTIONEN:
750 g Kohlrabi · Salz
500 g Rinderhackfleisch · 1 EL Öl
1 Zwiebel, fein gewürfelt
400 g pikante Pizza-Tomaten (aus der Dose)
Pfeffer · 200 g Crème fraîche
150 g geriebener Emmentaler

1 Den Backofen auf 250° vorheizen. Den Kohlrabi schälen, die zarten Blätter beiseite legen, die Knollen halbieren und in Scheiben schneiden. In wenig Salzwasser 4 Min. kochen, abschrecken und abtropfen lassen.

2 Das Hackfleisch im Öl bei starker Hitze in 5 Min. krümelig braten, die Zwiebel 3 Min. mitbraten. Tomaten und 1/8 l Wasser einrühren und aufkochen. Die Mischung salzen, pfeffern und 5 Min. garen, dann in eine Gratinform füllen und den Kohlrabi daraufgeben. Crème fraîche und Käse vermische, obenauf verteilen. Im Backofen (Mitte, Umluft 220°) 10 Min. überbacken.

3 Die Kohlrabiblätter in Streifchen schneiden. Zum Servieren über das Gratin streuen.

Blitzvariante: Den Kohlrabi durch 600 g tiefgekühltes italienisches Pfannengemüse ersetzen.

Gemüse austauschen: Nehmen Sie statt Kohlrabi Möhrenscheibchen oder Wirsingstreifen

Extra gesund: Vor dem Servieren reichlich gehackte Petersilie aufstreuen.

Orientalischer Hackfleisch-Reis

Schnell ● 30 Min.
Vorbereiten ●●●
Preiswert ●●●

Pro Portion ca. 420 kcal
16 g Eiweiß · 16 g Fett · 51 g Kohlenhydrate

ZUTATEN FÜR 4 PORTIONEN:
200 g Reis · Salz
30 g Cashewkerne (oder Mandeln)
200 g Hackfleisch · 1 EL Öl
1 dünne Stange Lauch
2 Möhren
9 getrocknete Aprikosen (ca. 60 g)
1 TL Currypulver · 1 Msp. Zimt

1 Den Reis mit ca. 600 ml Wasser und etwas Salz zum Kochen bringen. Bei milder Hitze ca. 20 Min. garen.

2 Die Cashewkerne in einer Pfanne hellbraun rösten. Das Hackfleisch im Öl braun braten. Lauch und Möhren putzen, längs vierteln und kleinschneiden. Die Aprikosen würfeln.

3 Das Hackfleisch mit Salz, Curry und Zimt würzen. Lauch, Möhren und Aprikosen untermischen, 10–15 Min. köcheln lassen, nach Belieben etwas Wasser angießen.

4 Die Cashewkerne grob hacken und unter das Hackfleisch mischen, eventuell noch etwas nachwürzen. Den Reis unterheben und sofort servieren.

Mit Pep: Versuchen Sie dieses Gericht mal mit Lammhack – das schmeckt sehr aromatisch. Wer's scharf liebt, würzt mit Cayennepfeffer.

Bild oben:
Frikadellen mit Thymiankartoffeln
Bild unten links:
Kohlrabi-Hackfleisch-Gratin
Bild unten rechts:
Orientalischer Hackfleisch-Reis

Gemüse-Reisfleisch

Schnell	●	30 Min.
Vorbereiten	●	
Preiswert	●●●	

Pro Portion ca. 760 kcal
40 g Eiweiß · 11 g Fett · 123 g Kohlenhydrate

ZUTATEN FÜR 4 PORTIONEN:
400 g Putenbrustfilet
400 g Möhren · 250 g TK-Erbsen
2 EL Olivenöl
Salz · Pfeffer
300 g 8-Minuten-Kurzzeitreis
1 Dose Mais (ca. 300 g)
600 ml Gemüsebrühe

1 Das Fleisch in dünne Streifen schneiden. Die Möhren schälen und in dünne Scheiben schneiden, die Erbsen antauen lassen.

2 Das Fleisch im Öl 3 Min. anbraten, salzen und pfeffern. Die Möhren 3 Min. mitbraten. Reis, Erbsen und abgetropften Mais untermischen; mit der heißen Brühe ablöschen. Mit Salz und Pfeffer würzen. Aufkochen und den Reis offen in 8 Min. ausquellen lassen; öfters umrühren, nochmal abschmecken.

Blitzvariante: Noch schneller geht's, wenn Sie statt frischem Gemüse 700 g tiefgekühltes Pfannen- oder Suppengemüse verwenden.

Kraft und Power: 50 g durchwachsenen Speck fein würfeln, knusprig braten, dann das Gemüse mitbraten.

Hühnerbrüstchen in Kerbelsauce

Schnell	●●	25 Min.
Vorbereiten	●	
Preiswert	●●●	

Pro Portion ca. 640 kcal
53 g Eiweiß · 24 g Fett · 49 g Kohlenhydrate

ZUTATEN FÜR 4 PORTIONEN:
4 kleine Hühnerbrustfilets (600 g)
ca. 4 EL Mehl
1 EL Butter
1/2 l Hühnerbrühe
gut 3 EL Zitronensaft
750 g TK-Mischgemüse
1 Bund Kerbel (oder Petersilie)
100 g Crème fraîche
Salz · Pfeffer

1 Die Hühnerbrüstchen in Mehl wenden, dann in der Butter gut anbraten. 200 ml Brühe und 3 EL Zitronensaft angießen. Das TK-Gemüse zum Fleisch geben, den Deckel auflegen und alles ca. 15 Min. schmoren lassen. Den Fond in eine Pfanne abgießen.

2 Die Kerbelblättchen mit der restlichen Hühnerbrühe und der Crème fraîche im Mixer aufschlagen und zum Fond in die Pfanne geben; erhitzen. 1 EL Mehl mit etwas Wasser anrühren, in die kochende Sauce rühren und diese mit Salz, Pfeffer und eventuell noch etwas Zitronensaft abschmecken. Zu Fleisch und Gemüse servieren.

Extra gesund: Mischen Sie 1–2 frische feingeraspelte Möhren unter das fertige Gericht.

Hähnchen auf Oreganokartoffeln

Schnell	●●●	15 Min.
Vorbereiten	●●●	(+ 25 Min. Backzeit)
Preiswert	●●	

Pro Portion ca. 400 kcal
29 g Eiweiß · 21 g Fett · 23 g Kohlenhydrate

ZUTATEN FÜR 4 PORTIONEN:
4 Hähnchenschenkel (je ca. 180 g)
1 TL Honig
1 EL Zitronensaft
2 TL getrockneter Oregano
2 EL Olivenöl (+ Öl für die Form)
1 Knoblauchzehe
Salz · Pfeffer
750 g Kartoffeln

1 Den Backofen auf 200° vorheizen. Die Hähnchenschenkel waschen, trockentupfen und an den Gelenken durchschneiden. Honig, Zitronensaft, 1 TL Oregano und 1 EL Olivenöl verrühren. Die Knoblauchzehe dazupressen und alles mit Salz und Pfeffer würzen. Die Hähnchenschenkel mit dieser Marinade bepinseln.

2 Die Kartoffeln schälen, längs halbieren, in Stäbchen schneiden; nebeneinander in eine geölte weite Form geben. Die Kartoffeln salzen, pfeffern, mit dem übrigen Olivenöl beträufeln und mit dem restlichen Oregano bestreuen.

3 Das Hähnchen auf die Kartoffeln setzen und alles im heißen Backofen (Mitte, Umluft 180°) 25–30 Min. backen. In den letzten 2 Min. den Grill dazuschalten oder die Backofentemperatur auf 250° (Umluft 220°) schalten.

Beilage: Ein Salat mit Tomaten und Schafskäse: Friséesalat putzen, waschen und kleinrupfen. 1 Tomate würfeln, 100 g Feta raspeln; Tomate und Feta über den Salat streuen. Mit einer Vinaigrette anmachen.

Bild: Hähnchen auf Oreganokartoffeln

Überbackenes Blitzragout

Schnell	●●	20 Min.
Vorbereiten	●	(+ 25 Min. Backzeit)
Preiswert	●●	

Pro Portion ca. 350 kcal
24 g Eiweiß · 23 g Fett · 14 g Kohlenhydrate

ZUTATEN FÜR 4 PORTIONEN:
300 g Hähnchenschnitzel
250 g Möhren · 250 g grüner Spargel
2 Frühlingszwiebeln
2 EL Butter · 40 g Mehl
350 ml Geflügelbrühe
200 g Sahne
Salz · weißer Pfeffer · Muskat
2-3 EL geriebener Käse

1 Das Hähnchenfleisch in dünne Streifen, Möhren in feine Scheiben schneiden. Den Spargel waschen, Enden abschneiden und die Stangen in ca. 1 cm breite Stücke schneiden. Gemüse und Fleisch auf vier ofenfeste Suppentassen verteilen. Den Backofen auf 200° vorheizen.

2 Die Frühlingszwiebeln in feine Ringe schneiden, im Fett andünsten. Mit Mehl bestäuben; mit Brühe und Sahne ablöschen; aufkochen. Die Sauce mit Salz, Pfeffer und Muskat abschmecken und über das Fleisch-Gemüse verteilen. Das Ragout im heißen Ofen (Mitte, Umluft 180°) ca. 25 Min. garen, 5 Min. vor Ende der Garzeit mit Käse bestreuen.

Blitzvariante: Nehmen Sie statt der Zwiebel-Sahne-Sauce fertige Béchamelsauce.

Kabeljauragout mit Champignons

Schnell	●	30 Min.
Vorbereiten	●	
Preiswert	●●	

Pro Portion ca. 140 kcal
19 g Eiweiß · 5 g Fett · 5 g Kohlenhydrate

ZUTATEN FÜR 4 PORTIONEN:
400 g Kabeljaufilet
Saft von 1 Zitrone
Salz
Mehl zum Bestäuben
4 Frühlingszwiebeln
150 g Champignons
1 Zweig Rosmarin
2 EL Butter · Pfeffer

1 Das Fischfilet säubern, eventuell vorhandene Gräten mit einer Pinzette entfernen. Das Fischfilet in mundgerechte Stücke schneiden, mit 1 EL Zitronensaft beträufeln, salzen und mit Mehl bestäuben.

2 Die Frühlingszwiebeln grob zerkleinern. Die Pilze putzen, je nach Größe halbieren oder vierteln und sofort mit Zitronensaft beträufeln. Die Rosmarinnadeln abstreifen und fein hacken.

3 Die Butter in einer Pfanne erhitzen, mit Pfeffer und Rosmarin würzen. Pilze und Zwiebeln darin bei mittlerer Hitze ca. 5 Min. anbraten. Die Fischstückchen dazugeben und 5 Min. mitbraten; mit Zitronensaft, Salz, Pfeffer abschmecken.

Beilage: Dazu schmeckt in etwas Butter glasig gedünsteter und in Gemüsebrühe gegarter Naturreis gut. Oder Sie reichen dazu Rosmarin-Bratkartoffeln: Gekochte Kartoffeln vom Vortag pellen, achteln und in Butter goldbraun braten. Mit Rosmarin, Pfeffer und Salz würzen.

Mit Pep: Zum Schluß 1 Schuß trockenen Weißwein angießen.

Feiner Frühlings-Fischtopf

Schnell	●●	25 Min.
Vorbereiten	●	
Preiswert	●●	

Pro Portion ca. 200 kcal
18 g Eiweiß · 13 g Fett · 18 g Kohlenhydrate

ZUTATEN FÜR 4 PORTIONEN:
4 Frühlingszwiebeln
100 g Zuckerschoten
1/2 Bund junge Möhren
1 EL Butter
200 ml Gemüsebrühe
100 g Sahne
250 g Maischollenfilet
Salz

1 Die Frühlingszwiebeln längs halbieren und grob schneiden. Die Zuckerschoten in 1 cm breite Stückchen schneiden. Die Möhren würfeln.

2 Das Gemüse in der Butter andünsten, mit Brühe und Sahne aufgießen und offen 5 Min. köcheln lassen.

3 Das Fischfilet in kleine Stücke schneiden, salzen und zum Gemüse geben. Alles zugedeckt 5 Min. ziehen lassen.

Gemüse austauschen: Mischen Sie Lauch und Kartoffeln statt Zuckerschoten und Frühlingszwiebeln unter die Möhren. Oder probieren Sie statt der Zuckerschoten Kohlrabi.

Bild: Kabeljauragout mit Champignons

Forelle in Pergament

Schnell	●●●	15 Min.
Vorbereiten	●●	(+ 20 Min. Backzeit)
Preiswert	●	

Pro Portion ca. 280 kcal
39 g Eiweiß · 12 g Fett · 4 g Kohlenhydrate

ZUTATEN FÜR 4 PORTIONEN:
1 unbehandelte Zitrone
8 Forellenfilets · Salz · Pfeffer
1 Bund Petersilie · 2 Bund Rucola
1 Bund Frühlingszwiebeln
2–3 EL Öl

1 1/2 TL Zitronenschale abreiben. Die Fischfilets mit Zitronensaft beträufeln, salzen und pfeffern.

2 Petersilie und Rucola hacken. Die Frühlingszwiebeln in feine Ringe schneiden, alles mit Salz, Pfeffer, Zitronenschale mischen. Den Backofen auf 180° vorheizen. 4 große Stücke Pergamentpapier leicht mit dem Öl einfetten.

3 Je 2 Filets auf 1 Stück Pergamentpapier legen und dick mit Kräutermasse bestreuen. Das Papier darüber fest verschließen und die Päckchen im Backofen (Mitte, Umluft 160°) ca. 20 Min. garen.

🥣 Beilage: Hierzu passen Reis und Blattsalat oder auch Kartoffelpüree mit Rahmspinat gemischt.

🥕 Gemüse austauschen: Wem Rucola zu intensiv schmeckt, der kann 1 Bund davon gegen Dill austauschen.

🚀 Kraft und Power: Besonders deftig wird es, wenn Sie 70 g durchwachsenen Speck auslassen und unter die Kräuter mischen.

‼️ Mit Pep: Wenn es einmal edel sein soll, nehmen Sie Lachsfilet statt Forelle.

Nudeln mit Räucherlachs

Schnell	●●	20 Min.
Vorbereiten	●●●	
Preiswert	●●	

Pro Portion ca. 630 kcal
26 g Eiweiß · 22 g Fett · 82 g Kohlenhydrate

ZUTATEN FÜR 4 PORTIONEN:
400 g Nudeln (z. B. Penne, Farfalle)
Salz
150 g Räucherlachs
2 dünne Frühlingszwiebeln
150 g Sahne
150 ml Milch
150 ml Orangensaft
1 Msp. Safran (nach Belieben)
Pfeffer

1 Die Nudeln in Salzwasser bißfest kochen. Inzwischen den Räucherlachs in feine Streifen und die Frühlingszwiebeln in Ringe schneiden.

2 Die Sahne mit der Milch und dem Orangensaft aufkochen. Den Räucherlachs unterrühren und die Sauce mit Safran, Salz und Pfeffer würzen.

3 Die Frühlingszwiebeln kurz in der Sauce erwärmen. Die Nudeln abtropfen lassen und mit der Sauce vermischen.

⏱️ Blitzvariante: Noch schneller geht's, wenn Sie frische Nudeln vom Italiener oder aus der Kühltheke verwenden. Die haben eine Garzeit von nur wenigen Minuten.

🍌 Extra gesund: Wer mag, gibt zusätzlich bißfest gegarte Zuckerschoten oder weiße Spargelstücke oder Broccoliröschen in die Sahnesauce.

‼️ Mit Pep: Wenn Sie dieses Gericht als Gästeessen servieren wollen, reichen Sie die Räucherlachs-Sauce zu grünen Tagliatelle und mischen Sie noch 100 g gekochte Garnelen unter.

Tortellini mit grünem Spargel

Schnell	●	30 Min.
Vorbereiten	●●	
Preiswert	●	

Pro Portion ca. 470 kcal
20 g Eiweiß · 29 g Fett · 28 g Kohlenhydrate

ZUTATEN FÜR 4 PORTIONEN:
500 g grüner Spargel · Salz
500 g Tortellini mit Fleischfüllung (Kühlregal)
1/4 l Gemüsebrühe · 125 g Sahne
125 g Doppelrahm-Frischkäse
Pfeffer
1 Handvoll Kerbel (nach Belieben)
1 Bund Petersilie

1 Den Spargel im unteren Drittel schälen; schräg in 4 cm breite Stücke schneiden und in kochendem Salzwasser bißfest garen; abtropfen lassen. Die Tortellini nach Packungsanweisung in Salzwasser garen; ebenfalls gut abtropfen lassen.

2 In einem breiten Topf Brühe, Sahne und Frischkäse verrühren. Aufkochen und zu einer cremigen Sauce einkochen lassen. Mit Salz und Pfeffer abschmecken.

3 Die Kräuter fein hacken; mit dem Spargel in die Sauce geben und erwärmen. Die Tortellini mit der Spargelsauce anrichten.

🥕 Gemüse austauschen: Statt Spargel blanchierte Zuckerschoten oder Möhrenscheiben nehmen.

🍌 Extra gesund: Das Tüpfelchen auf dem i sind geröstete Pinienkerne obenauf gestreut – das bringt Geschmack und wertvolle Inhaltsstoffe.

Bild oben: Forelle in Pergament
Bild unten links:
Nudeln mit Räucherlachs
Bild unten rechts:
Tortellini mit grünem Spargel

Gebratene Gabelspaghetti

Schnell	●●	25 Min.
Vorbereiten	●●	
Preiswert	●	

Pro Portion ca. 580 kcal
22 g Eiweiß · 8 g Fett · 107 g Kohlenhydrate

ZUTATEN FÜR 4 PORTIONEN:
300 g Gabelspaghetti · Salz
1 kleine rote Zwiebel (oder 1 braune)
2 Bund Frühlingszwiebeln
600 g kleine Champignons
1 Knoblauchzehe
1 EL Olivenöl
1 Dose Mais (ca. 300 g), abgetropft
Sojasauce · Pfeffer · Muskat
etwas getrockneter Oregano
1 Bund Petersilie

1 Die Nudeln bißfest garen und gut abtropfen lassen. Die Zwiebel in Ringe, Frühlingszwiebeln schräg in 1 cm breite Stücke schneiden. Die Pilze abreiben; die Köpfe je nach Größe halbieren oder vierteln. Den Knoblauch fein hacken.

2 Zwiebeln und Knoblauch in einer Pfanne im Olivenöl glasig dünsten. Die Champignons zugeben und unter Rühren braten, bis alle Flüssigkeit, die austritt, verdampft ist.

3 Frühlingszwiebeln, Mais und Nudeln zugeben und unter Rühren heiß werden lassen. Das Gericht mit Sojasauce, Pfeffer, Muskat und Oregano abschmecken. Die Petersilie hacken und die Nudelpfanne damit bestreut servieren.

!! Mit Pep: Bereiten Sie dieses Gericht auch einmal statt mit Nudeln mit Basmatireis zu. Für einen noch asiatischeren Touch 25 g getrocknete chinesische Pilze anstelle der Champignons verwenden. Die Pilze etwa 2 Std. in kaltem Wasser einweichen. Das Einweichwasser zum Abschmecken mitverwenden.

Maultaschen mit Frühlingsgemüse

Schnell	●	30 Min.
Vorbereiten	●●	
Preiswert	●●	

Pro Portion ca. 440 kcal
35 g Eiweiß · 22 g Fett · 55 g Kohlenhydrate

ZUTATEN FÜR 4 PORTIONEN:
500 g Maultaschen (Kühlregal)
Salz · 300 g Bundmöhren
200 g Zuckerschoten
3 Frühlingszwiebeln
2 EL Butter
Pfeffer · 75 g Rucola
50 g geriebener Parmesan

1 Die Maultaschen in sanft kochendem Salzwasser 10 Min. ziehen lassen; abgießen und abtropfen lassen. Inzwischen die Möhren putzen, längs halbieren oder vierteln und in 4 cm lange Stücke schneiden. Zuckerschoten putzen, Frühlingszwiebeln in feine Ringe schneiden.

2 In einer Pfanne die Möhren in der Butter 3 Min. andünsten; Zuckerschoten und Frühlingszwiebeln dazugeben und 3 Min. mitdünsten. Maultaschen in Streifen schneiden und untermischen. Alles salzen und pfeffern und noch 5 Min. braten.

3 Den Rucola waschen, verlesen und putzen. Die Blattspitzen mit dem Maultaschen-Gemüse auf Tellern anrichten. Mit dem Parmesan bestreuen.

Beilage: Dazu schmeckt ein Tomatensalat.

Gemüse austauschen: Das frische Gemüse können Sie durch 600 g TK-Mischgemüse ersetzen, z. B. Zuckerschoten, junge Möhren und Paprika. Für Herbst und Winter bietet sich eine andere reizvolle Gemüsemischung an: Möhren, Lauch und Champignons oder Egerlinge, dazu reichlich Petersilie.

Möhren-Spargel-Risotto

Schnell	●	30 Min.
Vorbereiten	●	
Preiswert	●●	

Pro Portion ca. 360 kcal
7 g Eiweiß · 6 g Fett · 64 g Kohlenhydrate

ZUTATEN FÜR 4 PORTIONEN:
300 g Möhren · 300 g Spargelbruch
1 Zwiebel · 2 EL Butter
275 g Rundkornreis
750 ml Gemüsebrühe
100 ml Orangensaft · Salz · Pfeffer

1 Die Möhren längs vierteln und in 4 cm lange Stücke, den Spargel in 3 cm lange Stücke schneiden. Zwiebel fein hacken.

2 Zwiebel und Möhren in der Butter 5 Min. dünsten. Den Reis einstreuen; mitdünsten, bis er durchscheinend ist. 1 Tasse Brühe und den Spargel zugeben.

3 Die Flüssigkeit unter Rühren verdampfen lassen. Dann die Brühe mit Orangensaft vermischt aufgießen und leise köchelnd weitergaren. Der Reis sollte stets gerade eben mit Flüssigkeit bedeckt sein. Nach 18–20 Min. sollte die Flüssigkeit fast verkocht und der Reis gar mit etwas Biß sein; mit Salz und Pfeffer abschmecken.

Extra gesund: Besonders gesund und lecker wird der Risotto, wenn Sie je 1 Möhre und Spargelstange roh über das fertige Gericht raspeln.

Kraft und Power: Geben Sie in den Risotto Bratenreste – egal, ob vom Rind, Schwein oder Geflügel.

Bild oben:
Maultaschen mit Frühlingsgemüse
Bild unten links:
Gebratene Gabelspaghetti
Bild unten rechts:
Möhren-Spargel-Risotto

Polenta-Gnocchi mit Tomatensauce

Schnell ●	30 Min.
Vorbereiten ●●●	
Preiswert ●●●	

Pro Portion ca. 490 kcal
20 g Eiweiß · 19 g Fett · 58 g Kohlenhydrate

ZUTATEN FÜR 4 PORTIONEN:
knapp 1 l milde Gemüsebrühe
250 g Polentagrieß
50 g geriebener Parmesan
100 g geräucherter Speck
1 Knoblauchzehe
1 Bund Suppengrün
1 Dose Pizza-Tomaten (400 g)
Salz · Pfeffer · Zucker

1 Die Gemüsebrühe in einem hohen Topf aufkochen. Den Polentagrieß und die Hälfte des Parmesans nach und nach einrühren; bei sehr schwacher Hitze 20 Min. quellen lassen, dabei gelegentlich umrühren.

2 Speck und Knoblauch fein würfeln. Suppengrün putzen und fein würfeln. Die Petersilie hacken. Speck in einem Topf anbraten. Die Gemüsewürfel unterrühren und mitbraten. Die Tomaten dazugeben und alles 20 Min. schmoren lassen.

3 Aus dem Maisbrei mit einem Teelöffel kleine Nocken formen und nebeneinander in eine breite Form setzen. Die Sauce mit wenig Salz, Pfeffer und Zucker abschmecken; über die Gnocchi gießen. Die Petersilie darüberstreuen, den übrigen Parmesan extra dazu reichen.

🍌 Extra gesund: Petersilie und Basilikum hacken und unter die Polenta mischen.

❗❗ Mit Pep: Nehmen Sie statt Räucherspeck original italienische Pancetta. Wenn Ihre Familie scharfe Sachen liebt, 1/2–1 getrocknete Chilischote in die Sauce krümeln und mitgaren.

Pellkartoffeln mit buntem Quark

Schnell ●	30 Min.
Vorbereiten ●●	
Preiswert ●●●	

Pro Portion ca. 360 kcal
16 g Eiweiß · 9 g Fett · 52 g Kohlenhydrate

ZUTATEN FÜR 4 PORTIONEN:
1,5 kg Kartoffeln · Salz
250 g Speisequark (20 % Fett)
200 g saure Sahne
100 g Frühlingszwiebeln
100 g Gewürzgurken
1 kleine gelbe Paprikaschote
200 g feste Tomaten · Pfeffer

1 Die Kartoffeln in der Schale in 20 Min. gar kochen. Quark und saure Sahne verrühren. Frühlingszwiebeln, Gurken und die Paprikaschote fein würfeln. Die Tomaten entkernen und ebenfalls klein würfeln.

2 Alle Gemüsewürfelchen unter den Quark mischen; mit Salz und Pfeffer würzen. Die Kartoffeln abgießen und pellen; mit dem Quark anrichten.

⏱ Blitzvarianten: Wer es sehr eilig hat, reicht einen gekauften Kräuterquark zu den Pellkartoffeln. Oder statt Gemüse Senf, zerdrückten Knoblauch und Paprikapulver unter den Quark mischen.

🥕 Gemüse austauschen: Im Quark schmecken auch Radieschen-, Möhren oder Kohlrabiwürfelchen.

Kartoffel-Quarkkeulchen

Schnell ●	30 Min.
Vorbereiten ●●	(+ 10 Min. Backzeit)
Preiswert ●●●	

Pro Portion ca. 630 kcal
30 g Eiweiß · 39 g Fett · 66 g Kohlenhydrate

ZUTATEN FÜR 4 PORTIONEN:
100 g Frühlingszwiebeln
2 Eier · 500 g Magerquark
100 g Mehl · Salz · Muskat
750 g roher Kartoffelteig (Kühlregal)
4 EL Butterschmalz
100 g roher Schinken in Scheiben

1 Die Frühlingszwiebeln fein würfeln. Mit den Eiern, Quark, Mehl, Salz und Muskat zum Kartoffelteig geben und alles gut durcharbeiten. Aus dem Teig 16 dicke Scheiben (Ø 5–6 cm) von 1,5 cm Dicke formen.

2 Die Scheiben portionsweise im Butterschmalz goldbraun braten; warm stellen. Mit dem Schinken servieren.

🍌 Extra gesund: Unter den Kartoffelteig 2 EL gehackte Petersilie mischen.

❗❗ Mit Pep: Sehr fein schmeckt dazu geräucherter Lachs oder Roastbeef. Mit 100 g ausgelassenen Speckwürfeln bekommen die Kartoffelplätzchen eine deftige Note.

Bild:
Polenta-Gnocchi mit Tomatensauce

Bratkartoffeln mit Petersilienschmand

Schnell	●	30 Min.
Vorbereiten	●	
Preiswert	●●●	

Pro Portion ca. 390 kcal
9 g Eiweiß · 24 g Fett · 32 g Kohlenhydrate

ZUTATEN FÜR 4 PORTIONEN:
1 kg kleine Kartoffeln
Salz · 1 rote Zwiebel (oder 1 braune)
50 g geräucherter Bauchspeck
1 Bund Petersilie
2 EL Zitronensaft
200 g Schmand (24 % Fett)
Pfeffer
3 EL Öl

1 Die Kartoffeln waschen und ungeschält in dünne Scheiben schneiden. In Salzwasser 5 Min. blanchieren, abtropfen lassen und trockentupfen.

2 Zwiebel und Speck fein würfeln. Die Petersilienblättchen hacken, mit Zitronensaft und Schmand pürieren. Die Sauce salzen und pfeffern.

3 Kartoffeln im Öl goldbraun braten. Zwiebel und Speck hinzufügen, 3–4 Min. mitbraten, salzen und pfeffern. Die Kartoffeln mit je 1 Klecks Sauce anrichten.

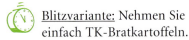 Blitzvariante: Nehmen Sie einfach TK-Bratkartoffeln.

Extra gesund: 100 g Sonnenblumenkerne mit den Kartoffeln braten; auf das fertige Gericht Rettichsprossen streuen.

Spinat-Kartoffel-Gratin

Schnell	●	30 Min.
Vorbereiten	●●	(+ 30 Min. Backzeit)
Preiswert	●●	

Pro Portion ca. 420 kcal
20 g Eiweiß · 22 g Fett · 34 g Kohlenhydrate

ZUTATEN FÜR 4 PORTIONEN:
600 g Kartoffeln · Salz · 2 EL Mehl
2 EL Butter (+ Butter für die Form)
200 ml Milch · 150 ml Gemüsebrühe
150 g Schmelzkäsecreme
2 Eier, getrennt · Pfeffer · Muskatnuß
800 g Rahmspinat in Pellets

1 Kartoffeln in der Schale mit wenig Salzwasser garen, abgießen und ausdampfen lassen. Den Backofen auf 200° vorheizen.

2 Das Mehl in der Butter anschwitzen. Milch und Brühe unterrühren. Die Schmelzkäsecreme zufügen; unter Rühren aufkochen lassen und vom Herd ziehen. Die Eigelbe unterrühren. Mit Salz, Pfeffer und Muskat würzig abschmecken. Eine ofenfeste Form einfetten.

3 Kartoffeln pellen und vierteln, mit den Spinatpellets in der Form verteilen. Die Eiweiße steif schlagen, unter die Creme ziehen; über das Gemüse geben. Das Gratin im Ofen (Mitte, Umluft 180°) in ca. 30 Min. goldgelb backen.

Kraft und Power: Mit 250 g gebratenem Hackfleisch wird's kräftig-deftig – dann aber nur 500 g Spinat nehmen.

Grüne Spargelpizza

Schnell	●	25 Min.
Vorbereiten	●	(+ 30 Min. Backzeit)
Preiswert	●	

Bei 12 Stücken pro Stück ca. 250 kcal
11 g Eiweiß · 12 g Fett · 24 g Kohlenhydrate

ZUTATEN FÜR 1 BACKBLECH:
600 g Pizzateig (Kühlregal)
1 Dose Pizza-Tomaten mit Oregano (400 g)
800 g grüner Spargel
2 Knoblauchzehen
2 EL Olivenöl (+ Öl für das Blech)
Salz · Pfeffer
150 g gekochter Schinken
200 g geriebener Pizzakäse

1 Den Ofen auf 200° vorheizen, ein Blech einfetten. Den Teig ausrollen, auf das Blech legen und die Tomaten darauf verteilen.

2 Den Spargel im unteren Drittel schälen und schräg in 2 cm breite Scheiben schneiden. Den Knoblauch fein würfeln. Beides im Öl 5 Min. braten. Salzen und pfeffern.

3 Den Schinken in Streifen schneiden und auf die Tomaten streuen. Den Spargel darauf verteilen; mit dem Käse bestreuen. Im Ofen (Mitte, Umluft 180°) 30 Min. backen.

Blitzvariante: Anstelle des frischen Gemüses 800 g tiefgekühltes italienisches Gemüse nehmen und angetaut auf dem Teig verteilen.

Gemüse austauschen: Verwenden Sie je nach Saison z. B. Fenchel, Zucchini, Paprikaschoten oder Pilze.

Extra gesund: Nach dem Backen gehacktes Basilikum aufstreuen.

Bild: Grüne Spargelpizza

Spargel-Garnelen-Pfanne

Schnell	●	30 Min.
Vorbereiten	●●	
Preiswert	●	

Pro Portion ca. 250 kcal
30 g Eiweiß · 10 g Fett · 40 g Kohlenhydrate

ZUTATEN FÜR 4 PORTIONEN:
600 g weißer Spargel · Salz
250 g aufgetaute TK-Riesengarnelen (roh und geschält)
300 g Möhren
200 g Zuckerschoten oder TK-Erbsen
150 ml Hühnerbrühe
3 EL Sojasauce
1 TL Speisestärke
2 EL Öl · Pfeffer

1 Den Spargel schälen und schräg in 4 cm breite Stücke schneiden. In Salzwasser 5 Min. blanchieren, abtropfen lassen.

2 Die Garnelen abbrausen und abtropfen lassen. Die Möhren schälen, längs halbieren und schräg in 4 cm breite Stücke schneiden. Die Zuckerschoten putzen. Die Brühe mit Sojasauce und Speisestärke verrühren.

3 Das Öl in einer großen Pfanne stark erhitzen, die Möhren in einer großen Pfanne im Öl 3 Min. braten, dann Zuckerschoten und Garnelen 2 Min. mitbraten; zuletzt den abgetropften Spargel dazugeben. Die Würzsauce angießen und alles bei schwacher Hitze unter Wenden 3–4 Min. garen; salzen und pfeffern.

Gemüse austauschen: Statt Spargel können Sie auch zarten Kohlrabi verwenden.

Extra gesund: 100 g Sojasprossen mitbraten.

 Mit Pep: Chinesisch raffiniert: 1 Knoblauchzehe und 1 haselnußgroßes Stück frischen Ingwer fein hacken und mit dem Gemüse braten.

Spinat-Frittata mit Möhrenrohkost

Schnell	●●	25 Min.
Vorbereiten	●	
Preiswert	●●●	

Pro Portion ca. 370 kcal
17 g Eiweiß · 22 g Fett · 28 g Kohlenhydrate

ZUTATEN FÜR 4 PORTIONEN:
6 Eier · 100 g Weizen-Vollkornmehl
75 ml Milch
300 g gehackter TK-Spinat, aufgetaut
Salz · Pfeffer · Muskat
1 EL Butterschmalz
Saft von 1/2 Zitrone
100 g Doppelrahm-Frischkäse mit Kräutern
1 kleiner Apfel
200 g Möhren
2 EL Rosinen

1 Eier, Mehl, Milch und Spinat verrühren; die Masse mit den Gewürzen abschmecken. In einer großen Pfanne das Butterschmalz erhitzen und die Masse hineingießen. Die Frittata mit geschlossem Deckel von jeder Seite ca. 5 Min. backen.

2 Zitronensaft und Käse verrühren. Evtl. mit etwas Wasser verdünnen. Apfel und Möhren grob raspeln; mit der Käsemischung vermengen. Die Rosinen untermischen. Eventuell mit Salz nachwürzen.

3 Die Frittata auf eine Platte geben, dazu die Möhrenrohkost servieren.

Resteküche: Die Frittata schmeckt auch kalt toll: Verwenden Sie sie als Brotbelag oder schneiden Sie sie in kleine Würfel und streuen Sie diese über Kopfsalat oder in klare Suppen.

Kraft und Power: Besonders kräftig wird die Frittata mit zusätzlich 150 g gewürfeltem gekochten Schinken oder 50 g gerösteten Kürbiskernen.

Ausgebackener Kohlrabi mit Dip

Schnell	●	30 Min.
Vorbereiten	●	
Preiswert	●●●	

Pro Portion ca. 430 kcal
13 g Eiweiß · 22 g Fett · 23 g Kohlenhydrate

ZUTATEN FÜR 4 PORTIONEN:
80 g Mehl · Salz · Pfeffer
2 Eier · 100 g Joghurt
1 TL edelsüßes Paprikapulver
4 junge Kohlrabi (ca. 600 g)
2–3 Bund Kräuter (z. B. Schnittlauch, Sauerampfer, Petersilie)
2 EL Sahnemeerrettich (aus dem Glas)
250 g saure Sahne
ca. 300 g Fritierfett

1 Das Mehl mit etwas Salz, Pfeffer, den Eiern, Joghurt und Paprikapulver verrühren und quellen lassen. Die Kohlrabi schälen, halbieren und in knapp 1 cm dicke Scheiben schneiden.

2 Die Kräuter fein hacken und mit Sahnemeerrettich und saurer Sahne verrühren. Mit Salz und Pfeffer abschmecken.

3 Das Fritierfett auf ca. 180° erhitzen. Die Kohlrabischeiben in den Teig tauchen und im Öl fritieren; wenden, wenn die Unterseite braun wird. Auf Küchenpapier abfetten; mit dem Dip servieren.

Beilage: Dazu paßt Bulgur: 300 g in 1/2 l Gemüsebrühe ca. 15 Min. kochen und ausquellen lassen.

Gemüse austauschen: Karotten, Spargel und Zuckererbsen schmecken ausgebacken ebenfalls sehr fein.

Bild oben:
Ausgebackener Kohlrabi mit Dip
Bild unten links:
Spinat-Frittata mit Möhrenrohkost
Bild unten rechts:
Spargel-Garnelen-Pfanne

Kaiserschmarren mit Apfelmus

Schnell ●
Vorbereiten ●
Preiswert ●●●
30 Min.

Pro Portion ca. 650 kcal
15 g Eiweiß · 25 g Fett · 93 g Kohlenhydrate

ZUTATEN FÜR 4 PORTIONEN:
4 Eier · 180 g Mehl · 1 Prise Salz
5 EL Zucker · 3/8 l Milch
100 g Rosinen · 4 EL Butterschmalz
Puderzucker
400 g Apfel-Aprikosen-Mus (ersatzweise Apfelmus)

1 Die Eier trennen. Eiweiße steif schlagen, Eigelbe mit Mehl, Salz, Zucker und Milch verquirlen. Die Rosinen unterrühren, den Eischnee unterziehen.

2 Das Butterschmalz in zwei großen Pfannen erhitzen und darin 2 dicke Pfannkuchen ausbacken; in Stücke zerteilen und noch kurz weiterbacken lassen. Den Kaiserschmarrn mit Puderzucker bestäuben und mit dem Apfel-Aprikosen-Mus servieren.

🥛 **Aus dem Vorrat:** Servieren Sie statt Apfelmus warme Zwetschgen aus dem Glas.

‼️ **Mit Pep:** Rühren Sie 100 g Quark oder Crème fraîche unter den Teig. Das macht den Teig lockerer und schmeckt etwas saftiger. Backen Sie aus dem Teig auch einmal 4 Pfannkuchen und servieren Sie sie aufgerollt mit einer Füllung aus Schmand und Apfelmus.

Rhabarber-Milchreis

Schnell ●
Vorbereiten ●
Preiswert ●●●
30 Min.

Pro Portion ca. 660 kcal
18 g Eiweiß · 20 g Fett · 97 g Kohlenhydrate

ZUTATEN FÜR 4 PORTIONEN:
3/4 l Milch · 1 Päckchen Vanillezucker
375 g Milchreis
600 g Rhabarber · 4 EL Zucker
abgeriebene Schale von 1 unbehandelten Zitrone
100 g gehackte Mandeln
4 EL Himbeersauce (aus dem Glas)

1 Die Milch mit Vanillezucker zum Kochen bringen, den Reis darin 25 Min. quellen lassen.

2 Den Rhabarber putzen und kleinschneiden. Mit dem Zucker und 1/8 l Wasser in einem Topf aufkochen; 3 Min. dünsten. Mit dem Pürierstab nicht zu fein zerkleinern. Die Zitronenschale untermischen.

3 Die Mandeln goldbraun rösten. Rhabarberpüree und Mandeln bis auf 1 EL unter den fertigen Reis heben; auf Tellern anrichten. Mit je 1 EL Himbeersauce anrichten, die übrigen Mandeln aufstreuen.

⏱️ **Blitzvariante:** 600 g fertigen Milchreis kaufen und in eine Schüssel füllen. Rhabarber wie beschrieben zubereiten und unterheben. Gekühlt servieren.

🥛 **Resteküche:** Übriggebliebenen Reis kalt stellen und mit etwas geschlagener Sahne als Dessert servieren.

🥕 **Obst austauschen:** Anstelle von Rhabarber können Sie auch Aprikosen nehmen.

🍌 **Extra gesund:** Den Reis mit frisch gepreßtem Orangensaft abschmecken.

Rhabarber-Pfannkuchen

Schnell ●
Vorbereiten ●
Preiswert ●●●
15 Min.
(+ 1 Std. Backzeit)

Pro Portion ca. 570 kcal
22 g Eiweiß · 24 g Fett · 65 g Kohlenhydrate

ZUTATEN FÜR 4 PORTIONEN:
250 g Mehl · 1 TL Trockenhefe
4 EL Zucker · 1/4 l Buttermilch
6 Eier · 400 g Rhabarber
3 EL Butterschmalz
300 g Rahmjoghurt mit Vanille
Puderzucker zum Bestäuben

1 Mehl, Hefe und Zucker vermischen; mit der Buttermilch, 1/4 l Wasser und Eiern zu einem Teig verrühren. Den Rhabarber putzen, in Stückchen schneiden und unterrühren.

2 Nacheinander in einer mittelgroßen Pfanne aus dem Teig im heißen Fett 8 Pfannkuchen backen. Dick mit Puderzucker bestäuben und mit dem Vanillejoghurt servieren.

🥣 **Beilage:** Dazu schmeckt ein Erdbeersalat.

🥕 **Obst austauschen:** Statt Rhabarber passen Apfelstückchen oder frische Johannisbeeren in den Teig. Oder Sie nehmen TK-Obst, z. B. Heidelbeeren oder Schattenmorellen, das Sie leicht angetaut verwenden.

Bild: Rhabarber-Milchreis

Saftige Erdbeer-Charlotte

Schnell	●●	25 Min.
Vorbereiten	●●●	(+ 12 Std. Kühlzeit)
Preiswert	●●	

Bei 6 Stücken pro Stück ca. 540 kcal
7 g Eiweiß · 34 g Fett · 51 g Kohlenhydrate

ZUTATEN FÜR 1 RUNDE FORM (Ø 18 cm):
500 g Erdbeeren · 2 EL brauner Zucker
Saft von 1 kleinen Zitrone
450 g Crème fraîche · 150 g Joghurt
ca. 300 g Löffelbiskuits

1. Die Erdbeeren bis auf einige zum Dekorieren vierteln. Mit 1 EL Zucker bestreuen.

2. Den Zitronensaft mit dem restlichen Zucker und 100 ml Wasser aufkochen. Rühren, bis sich der Zucker aufgelöst hat. 300 g Crème fraîche mit dem Joghurt glattrühren.

3. Die Löffelbiskuits jeweils kurz in das Zitronenwasser tauchen und damit Boden und Rand der Form auslegen. Die Hälfte der Joghurtcreme auf den Biskuits verstreichen. Darauf die Hälfte der Erdbeeren mit Saft geben. Wieder getränkte Löffelbiskuits einschichten, darauf Creme und Erdbeeren geben. Mit Biskuits abschließen. Alles mit einem Teller bedecken, beschweren und über Nacht kühl stellen.

4. Dann die Charlotte stürzen, mit der restlichen Crème fraîche bestreichen und mit Erdbeeren dekorieren.

Obst austauschen: Die Charlotte schmeckt auch mit anderen Beeren ganz köstlich. Im Winter Banane, Apfel und filetierte Orange verwenden.

Extra gesund: Leichter wird das Dessert, wenn Sie mehr Joghurt und weniger Crème fraîche verwenden.

Ananas-Salat mit Kokosraspeln

Schnell	●●	20 Min.
Vorbereiten	●●●	
Preiswert	●●	

Pro Portion ca. 170 kcal
2 g Eiweiß · 10 g Fett · 18 g Kohlenhydrate

ZUTATEN FÜR 4 PORTIONEN:
4 EL Kokosraspel
1/2 Ananas
300 g Erdbeeren
4 EL Saft und etwas abgeriebene abgeriebene Schale von einer unbehandelten Zitrone
2 EL (Akazien-)Honig

1. Die Kokosraspel goldbraun rösten. Die Ananas längs sechsteln, den Strunk herausschneiden. Das Fruchtfleisch von der Schale lösen und quer in Segmente teilen. Die Erdbeeren halbieren oder vierteln.

2. Den Zitronensaft mit etwas abgeriebener Zitronenschale und dem Honig verrühren. Ananas und Erdbeeren in der Zitronensauce wenden und kurz ziehen lassen; dann die Kokosraspel darüberstreuen.

Blitzvariante: Schneller geht's, wenn Sie statt der frischen Ananas Stücke aus der Dose verwenden.

Obst austauschen: Dieses Rezept bewahrt seinen exotischen Charakter, wenn Sie die Ananas durch Mango ersetzen.

Mit Pep: Ein dekorativer Serviervorschlag: Die Ananas gründlich schälen, in Scheiben schneiden und den Strunk in der Mitte entfernen. Die Ananasringe dünn mit Honig bestreichen und in den gerösteten Kokosraspeln wenden. Die Erdbeeren mit wenig Zitronensaft und 1 EL Puderzucker pürieren, die Ananasringe damit überziehen.

Rhabarber-Erdbeer-Grütze

Schnell	●●	25 Min.
Vorbereiten	●●●	(+ 2 Std. Kühlzeit)
Preiswert	●●●	

Pro Portion ca. 350 kcal
3 g Eiweiß · 20 g Fett · 36 g Kohlenhydrate

ZUTATEN FÜR 4 PORTIONEN:
400 g Rhabarber
250 g Erdbeeren
1/2 l ungezuckerter Apfelsaft
30 g Speisestärke
3 EL brauner Zucker · 250 g Sahne
1 Päckchen Vanillezucker

1. Rhabarber in mundgerechte Stücke schneiden. Die Erdbeeren halbieren oder vierteln.

2. 1/8 l Apfelsaft mit der Stärke verrühren. Rhabarber, Zucker und übrigen Saft aufkochen, köcheln lassen, bis die Früchte zerfallen sind. Die angerührte Stärke einrühren; noch einmal aufkochen lassen. Erdbeeren unterheben. Alles umfüllen und 2 Std. kalt stellen.

3. Vor dem Servieren die Sahne mit dem Vanillezucker leicht anschlagen und dazureichen.

Blitzvariante: Bereiten Sie eine rote Grütze aus 600 g TK-Beerenmischung und 1/2 l rotem Johannisbeernektar.

Obst austauschen: Statt der Erdbeeren frische oder abgetropfte Litschis aus der Dose unterheben; oder einfach Bananen verwenden.

Extra gesund: 1–2 EL Zitronensaft unter die fertige Grütze gerührt sorgen für Vitamin C und Aroma.

**Bild oben: Saftige Erdbeer-Charlotte
Bild unten links:
Ananas-Salat mit Kokosraspeln
Bild unten rechts:
Rhabarber-Erdbeer-Grütze**

Süßes Osterlämmchen

Schnell	●●●	15 Min.
Vorbereiten	●	(+ 40 Min. Backzeit)
Preiswert	●●●	

Ca. 1890 kcal
40 g Eiweiß · 95 g Fett · 217 g Kohlenhydrate

ZUTATEN FÜR 1 LAMMFORM:
175 g Mehl (+ Mehl für die Form)
50 g Speisestärke
1 gehäufter TL Backpulver
90 g Butter (+ Butter für die Form)
50 g Zucker
1 Prise Salz · 3 Eier
Puderzucker zum Bestäuben

1 Die Form einfetten und mit Mehl ausstreuen. Den Backofen auf 200° vorheizen.

2 Das Mehl mit Speisestärke und Backpulver mischen. Butter mit Zucker und Salz schaumig rühren. Eier und Mehlmischung unterarbeiten. Falls nötig, etwas Flüssigkeit (Mineralwasser, Milch, Saft, o. ä.) unterrühren, so daß ein geschmeidiger Teig entsteht.

3 Den Teig in die Backform geben und im heißen Ofen (Mitte, Umluft 180°) ca. 40 Min. backen. Etwas auskühlen lassen, die Form öffnen, das Lamm ausdampfen lassen und üppig mit Puderzucker bestreuen, sobald es abgekühlt ist.

‼ Mit Pep: Für ein weißes Lamm den Grundteig herstellen wie oben beschrieben, dabei vor dem Mehl 100 g geschmolzene weiße Kuvertüre und 1 Päckchen Vanillezucker in den Teig rühren. Nach dem Backen das ausgekühlte Lamm mit weißer Kuvertüre überziehen. Für ein schwarzes Lamm vor dem Mehl 75 g geschmolzene Zartbitter-Kuvertüre und 1 TL Kakaopulver in den Teig einrühren. Das ausgekühlte Lamm nach dem Backen mit Vollmilch-Kuvertüre überziehen.

Gefüllter Quark-Osterkranz

Schnell	●	30 Min.
Vorbereiten	●	(+ 40 Min. Backzeit)
Preiswert	●●	

Bei 20 Stücken pro Stück ca. 220 kcal
6 g Eiweiß · 7 g Fett · 34 g Kohlenhydrate

ZUTATEN FÜR 1 KRANZ:
250 g Magerquark
100 ml Milch
8 EL Öl
100 g Zucker
1 Ei · 1 Eigelb
500 g Mehl (+ Mehl zum Ausrollen)
1 Päckchen Backpulver
200 g rotes Johannisbeergelee
100 g Rosinen
100 g gehackte Mandeln

1 Den Quark abtropfen lassen. Mit 6 EL Milch, dem Öl, 75 g Zucker und dem Ei in einer Schüssel kurz durchrühren.

2 Mehl und Backpulver vermischen und unter die Quarkmasse rühren, dann auf der Arbeitsfläche rasch zu einem Teig verkneten.

3 Den Ofen auf 200° vorheizen. Ein Backblech mit Backpapier belegen. Den Teig auf der leicht bemehlten Arbeitsfläche zu einem Rechteck von ca. 40 x 50 cm ausrollen. Dieses in der Mitte längs halbieren. Mit dem Gelee bestreichen, mit Rosinen und Mandeln bestreuen. Jede Hälfte zur Mitte hin fest aufrollen. Die Stränge umeinander schlingen und auf dem Blech zu einem Kranz legen, die Enden aneinanderdrücken.

4 Eigelb und übrige Milch verquirlen, den Kranz damit bestreichen und mit dem restlichen Zucker bestreuen. Im Ofen (Mitte, Umluft 180°) 40 Min. backen.

Extra gesund: Die Hälfte des Mehls können Sie durch Weizen-Vollkornmehl ersetzen.

Rhabarber-Erdbeer-Kuchen

Schnell	●	30 Min.
Vorbereiten	●	(+ 25 Min. Backzeit)
Preiswert	●●	

Bei 12 Stücken pro Stück ca. 200 kcal
3 g Eiweiß · 10 g Fett · 25 g Kohlenhydrate

ZUTATEN FÜR 1 SPRINGFORM
(Ø 26 cm):
200 g Mehl (+ Mehl zum Ausrollen)
110 g Zucker · 1 Ei
100 g kalte Butter (+ Butter für die Form)
100 g Amarettini (Mandelmakronen)
300 g Rhabarber
200 g Erdbeeren

1 Den Backofen auf 200° vorheizen. Mehl, 70 g Zucker, Ei und kalte Butterwürfel rasch zum Teig verkneten. Auf der bemehlten Arbeitsfläche ausrollen. Die gefettete Springform damit auskleiden, einen Rand hochdrücken. Den Teig im heißen Ofen (Mitte, Umluft 180°) 10 Min. vorbacken.

2 Die Kekse mit der Kuchenrolle fein zerdrücken. Den Rhabarber waschen und schräg in 1 cm breite Stücke schneiden. Die Erdbeeren waschen und halbieren.

3 Die Hälfte der Keksbrösel auf dem Teig verteilen, mit Rhabarber und Erdbeeren belegen. Den übrigen Zucker mit den restlichen Keksbröseln vermischen; auf die Früchte streuen. Im heißen Ofen (Mitte) 25 Min. backen. Auskühlen lassen.

Obst austauschen: Statt Erdbeeren können Sie auch Bananen nehmen. Außerhalb der Rhabarbersaison Schattenmorellen verwenden.

Bild oben: Süßes Osterlämmchen
Bild unten links:
Gefüllter Quark-Osterkranz
Bild unten rechts:
Rhabarber-Erdbeer-Kuchen

Erdbeer-Quark-Torte

Schnell ●	40 Min.
Vorbereiten ●●●	(+ 2 Std. Kühlzeit)
Preiswert ●●	

Bei 12 Stücken pro Stück ca. 310 kcal
8 g Eiweiß · 13 g Fett · 39 g Kohlenhydrate

ZUTATEN FÜR 1 TORTE (Ø 26 cm):
5 Blatt weiße Gelatine
500 g Sahnequark
125 g Zucker
Saft und abgeriebene Schale von
1/2 unbehandelten Zitrone
1 Biskuitboden (Ø 26 cm)
800 g kleine Erdbeeren
250 g Sahne
1 Päckchen klarer Tortenguß
1/4 l Sauerkirschnektar

1 Die Gelatine einweichen. Quark, 100 g Zucker, 2 EL Zitronensaft und abgeriebene Zitronenschale verrühren. Die Gelatine in einem Topf bei milder Hitze auflösen. Unter die Quarkmasse rühren; zum Festwerden 15 Min. kalt stellen.

2 Inzwischen den Biskuit quer in zwei gleichgroße Böden teilen. Einen Boden auf eine Tortenplatte legen. Einen Tortenring herumlegen. Erdbeeren putzen und 300 g halbieren. Den Rest ganz lassen.

3 Die Sahne steif schlagen, unter den Quark heben. Die Hälfte davon auf den Biskuitboden streichen, mit den halbierten Erdbeeren belegen. Den zweiten Biskuit darauflegen, die übrige Creme darauf verteilen. Mit den ganzen Erdbeeren belegen.

4 Den Tortenguß nach Packungsangabe mit übrigem Zucker und Kirschnektar aufkochen, die Erdbeeren damit überziehen und die Torte im Kühlschrank 2 Std. festwerden lassen.

Obst austauschen: Eine reizvolle Früchtealternative sind Himbeeren oder Brombeeren.

Möhrenkuchen mit Mascarpone

Schnell ●●	25 Min.
Vorbereiten ●●●	(+ 45 Min. Backzeit)
Preiswert ●●	

Bei 12 Stücken pro Stück ca. 330 kcal
8 g Eiweiß · 20 g Fett · 28 g Kohlenhydrate

ZUTATEN FÜR 1 SPRINGFORM
(Ø 26 cm):
Fett für die Form
5 Eier, getrennt
220 g Zucker
1 TL Zimt
2 Gläser Baby-Möhrenbrei (à 190 g)
170 g gemahlene Mandeln
100 g Mehl
250 g Mascarpone
100 ml Orangensaft
1 Päckchen Vanillezucker

1 Den Springformboden einfetten. Den Backofen auf 180° vorheizen.

2 Eiweiße steif schlagen. Eigelbe mit 200 g Zucker und Zimt schaumig schlagen. Möhrenbrei, Mandeln und Mehl unterrühren, Eischnee unterziehen. Den Teig in die Form füllen; im Ofen (Mitte, Umluft 180°) ca. 45 Min. backen.

3 Mascarpone mit Orangensaft, Vanillezucker und restlichem Zucker verrühren. Den abgekühlten Kuchen damit bestreichen und bis zum Servieren in den Kühlschrank stellen.

Extra gesund: Vollwertig wird der Kuchen mit Vollkornmehl und Honig oder Dicksaft statt Zucker.

Feine Erdbeermuffins

Schnell ●●	20 Min.
Vorbereiten ●	(+ 30 Min. Backzeit)
Preiswert ●●●	

Pro Stück ca. 220 kcal
4 g Eiweiß · 12 g Fett · 25 g Kohlenhydrate

ZUTATEN FÜR 12 MUFFINS:
150 g weiche Butter
130 g Zucker · 2 Eier
250 g Erdbeeren, gewürfelt
150 g Mehl · 1/2 Päckchen Backpulver
75 g blütenzarte Haferflocken
Außerdem:
1 Muffinblech mit 12 Mulden und
12 Papierbackförmchen

1 Das Muffinblech mit Papierbackförmchen auslegen. Den Backofen auf 180° vorheizen.

2 Die Butter mit Zucker und Eiern schaumig rühren. Die Erdbeeren untermischen, dann Mehl, Backpulver und Haferflocken nur kurz unterrühren.

3 Den Teig in die Förmchen füllen und die Muffins im heißen Ofen (Mitte, Umluft 160°) 30 Min. backen.

Aus dem Vorrat: Wenn Sie keine frischen Früchte zuhause haben, nehmen Sie Mandarinen oder Aprikosen aus der Dose oder Beeren aus der Tiefkühltruhe, die Sie nicht aufzutauen brauchen.

Bild: Erdbeer-Quark-Torte

Sommer

was koche ich, wenn ...

... es superschnell gehen soll:

Baguette mit Schnittlauchbutter 77
Gemüse-Kräuter-Kaninchen 92
Gratinierte Nektarinen 116
Hähnchen mit Parmesankruste 100
Heidelbeerkuchen mit Guß 120
Kalte Tomaten-Gemüse-Suppe 86
Kefirkaltschale mit Aprikosen 74
Marinierte Zucchini 78
Nudeln mit Spinat-Oliven-Pesto 104
Schnelles Sahne-Beeren-Eis 116
Tomaten-Fisch aus dem Ofen 100
Tomatensalat mit Schafskäse 78

... es viel Frisches von Draußen sein soll:

Aprikosen-Clafoutis 112
Aprikosen-Mandel-Tarte 120
Bärige Schmortomaten 110
Beerengrütze mit Vanillesahne 116
Beerenmilch 72
Beerenmüsli mit Crunchies 74
Brombeer-Törtchen 118
Fischfilet auf Mangoldbett 100
Französischer Gemüseeintopf 88
Gemüseplatte mit leichter Aioli 90
Grüne-Bohnen-Spaghetti 104
Heidelbeer-Pfannkuchen 112
Himbeer-Mascarpone 114
Himbeertorte mit Joghurt 118
Holunderlimo 73
Johannisbeer-Kuchen mit Guß 118
Kalte Tomaten-Gemüse-Suppe 86
Kefirkaltschale mit Aprikosen 74
Petersilien-Bulgur-Salat 80
Rohkost-Risotto mit Garnelen 108
Schweinekotelett mit Bohnen 98
Spaghetti mit grüner Bolognese 102
Spinatgratin 82
Stachelbeerkuchen mit Schokosahne 120

... es aus dem Vorrat sein soll:

Beerengrütze mit Vanillesahne 116
Bratmöhren mit Dickmilchdip 90
Farfalle mit Thunfischsauce 102
Fritierte Kartoffelspalten 84
Griechische Hackbällchen 84
Heidelbeer-Pfannkuchen 112
Himbeer-Mascarpone 114
Kartoffelcremesuppe mit Gremolata 86
Kirschwaffeln mit Eis 114
Kleine Brotpizzen 82
Milchreis mit Früchten 76
Petersilien-Bulgur-Salat 80
Schnelles Sahne-Beeren-Eis 116
Spaghetti mit grüner Bolognese 102
Spinatgratin 82
Stachelbeerkuchen mit Schokosahne 120
Tortellini mit Broccolisauce 104

... es besonders preiswert sein soll:

Aprikosen-Clafoutis 112
Bärige Schmortomaten 110
Blitzminestrone mit Klößchen 86
Blumenkohl mit Erdnuß-Butter 110
Bratmöhren mit Dickmilchdip 90
Farfalle mit Thunfischsauce 102

Fischstäbchen-Spieße mit Tzatziki 102
Fritierte Kartoffelspalten 84
Gebratener Gemüsereis 98
Gegrillte Cevapcici 98
Johannisbeer-Quark-Schmarren 112
Kalte Tomaten-Gemüse-Suppe 86
Kartoffelcremesuppe mit Gremolata 86
Kartoffeln mit Radieschenschmand 108
Kirschwaffeln mit Eis 114
Marinierte Zucchini 78
Petersilien-Bulgur-Salat 80
Schnelles Sahne-Beeren-Eis 116
Spaghetti mit grüner Bolognese 102
Spinatgratin 82

... es gut vorzubereiten sein soll:

Aprikosen-Mandel-Tarte 120
Asiatische Saté-Spießchen 84
Beerengrütze mit Vanillesahne 116
Bunte Sommerspießchen 96
Farfalle mit Thunfischsauce 102
Gemüse-Kräuter-Kaninchen 92
Gemüseplatte mit leichter Aioli 90
Himbeer-Mascarpone 114
Johannisbeer-Kuchen mit Guß 118
Kalte Tomaten-Gemüse-Suppe 86
Kartoffeln und Zucchini vom Blech 90
Marinierte Zucchini 78
Nudeln mit Spinat-Oliven-Pesto 104
Petersilien-Bulgur-Salat 80
Rosa Hörnchennudelsalat 80
Schnelles Sahne-Beeren-Eis 116
Tomaten-Fisch aus dem Ofen 100

.. nur ein kleiner Imbiß gefragt ist:

Baguette mit Schnittlauchbutter 77
Gefülltes Pitabrot mit Thunfisch 77
Gemüseplatte mit leichter Aioli 90
Kalte Tomaten-Gemüse-Suppe 86
Käse-Baguettebrötchen 75
Kleine Brotpizzen 82
Knäckebrot mit Heidelbeerbutter 75
Petersilien-Bulgur-Salat 80
Putensalat mit Broccoli 78
Putenschnitzel-Snack 77
Rosa Hörnchennudelsalat 80
Schneller Kartoffelsalat 80
Sydneys Sommer-Sandwich 75

... es etwas Besonderes sein soll:

Himbeer-Mascarpone 114
Kalbskoteletts mit Kräuterkartoffeln 96
Mascarponepüree mit Minutensteaks 94
Rohkost-Risotto mit Garnelen 108

... es was für's Kinderfest geben soll:

Beerengrütze mit Vanillesahne 116
Eis-Shakes 73
Fritierte Kartoffelspalten 84
Gegrillte Cevapcici 98
Griechische Hackfleischpizza 110
Kirschwaffeln mit Eis 114
Kleine Brotpizzen 82
Kulleraprikose 72
Melonengranité 73
Rosa Hörnchennudelsalat 80
Schnelles Sahne-Beeren-Eis 116
Spaghetti mit grüner Bolognese 102

Fit und vital: Drinks, Tips

Drink 1: Beerenmilch – milder Genuß

Himbeeren geben ein zartes Aroma, Agavendicksaft süßt gesund und mit neutralem Geschmack, Lavendel wirkt beruhigend – das ist ein Mix für Zappelphilipps: 200 ml eiskalte fettarme Milch mit 1 Handvoll Himbeeren, 1 Prise Lavendelblüten und 1–2 TL Agavendicksaft pürieren und in ein Glas füllen.

Drink 2: Grüner Eistee – erfrischt und beruhigt

Er regt die Verdauung an, beruhigt gleichzeitig den Magen und löscht den Durst. Bereiten Sie gleich eine ganze Kanne für Ihre Familie: 1 l Wasser aufkochen, 5 Min. abkühlen lassen, dann auf 4 TL grünen Tee gießen. Nach 3 Min. abgießen, mit 2–3 TL Apfeldicksaft und 1 Prise Salz mixen. Gut kühlen.

Drink 3: Kulleraprikose – in rosa Wolken

1 Aprikose waschen, im Ganzen einfrieren. 100 ml Buttermilch mit einem Schuß Grenadine (Granatapfelsirup) süßen, in ein niedriges weites Glas gießen. Die Aprikose hineingeben und mit Mineralwasser angießen. Der Drink bleibt schön kühl, bis die Aprikose weggeknabbert ist. Aufspießen erlaubt!

Familienspaß im Sommer

Abenteuer mit dem Feuer: Grillen

Holz sammeln, die Feuerstelle bauen, die Glut entfachen – das ist einfach aufregend. Sicher: Holzkohle wäre beim Grillen die schadstoffärmere Alternative zu Holz und Zapfen, aber nicht halb so spannend. Packen Sie daher zusätzlich zum Rost auch Alufolie oder Grillschalen ein, dann kommen Würstchen, Spieße oder Steaks nicht direkt mit dem Rauch in Berührung. Auf keinen Fall gepökelte Fleischwaren wie Wienerle oder Kasseler grillen, denn dabei entstehen gesundheitsschädigende Verbindungen!
Nehmen Sie Hefeteig (s. Rezept Seite 170) mit und »backen« Sie ihn um einen Stock gewickelt.
In die Glut können Sie in Alufolie gepackte Kartoffeln, Möhren oder Kohlrabi legen.

Beeren – Pflückvergnügen auf der Plantage

Wer keinen Garten hat, kann auf der Plantage ernten – und dabei nach Herzenslust naschen. Gerade das macht den Pflückausflug zur Attraktion. Achten Sie darauf, daß Ihre Kinder gleichzeitig nicht zuviel trinken: Denn das verdünnt die Magensäure, so daß sich Keime, die sich auf den Beeren befinden, im Magen rasch vermehren; der Mageninhalt gärt, Ihr Kind bekommt Blähungen. Nach dem Pflücken die Beeren sobald wie möglich verarbeiten. Wenn die Zeit knapp ist, die Beeren einfach mit Zucker (100 g auf 1 kg Beeren) pürieren und portionsweise einfrieren. Sie können aus diesem Mark Eiscreme, Süßspeisen, Drinks und Marmelade zaubern.

und Hausrezepte

Drink 4: Melonengranité – fürs Kinderfest
Von 1 Wassermelone einen Deckel abschneiden, das Fruchtfleisch herauslösen, Kerne entfernen. Das Melonenfleisch mit 100 g Honig pürieren, in einer flachen Schale einfrieren. Das Eis portionsweise (im Mixer) zerhacken, in die ausgehöhlte Melone geben und mit Mineralwasser auffüllen.

Drink 5: Holunderlimo – stärkt die Abwehrkräfte
30 Holunderblütendolden ohne Stiele und mit 1,5 l Wasser und 1,5 kg Zucker 10 Min. kochen. Zum Sirup die Schale von 1 Zitrone geben; 4 Tage im Kühlen ziehen lassen, dann absieben. In saubere Flaschen füllen, kühl aufbewahren. Für die Limo 1-2 EL Sirup mit Mineralwasser aufgießen.

Drink 6: Eis-Shakes – für Naschkatzen
Fruchtsorbets, also Eis ohne Milchanteil, eignen sich für Shakes am besten: Pro Glas in einen Schüttelbecher 1 großes Bällchen Zitronen- oder Beerensorbet und 1/8 l eiskaltes Wasser füllen, gut schütteln und in ein Glas gießen; mit Mineralwasser aufschäumen. Mit Beeren oder 1 Zitronenscheibe dekorieren.

Hausrezepte

Im Sommer gibt es nicht nur Bienenstiche
Insektenstiche sind nicht gefährlich, aber schmerzhaft. In der Apotheke gibt es kleine Saugnäpfe, mit denen sich ein Teil des Serums aus dem Einstich heraussaugen läßt. Nehmen Sie auf Ausflügen zusätzlich eine Zwiebel mit: Angeschnitten und auf die Stichstelle gelegt wirkt sie entzündungshemmend und »zieht« den Stachel heraus. Wenn keine Zwiebel zur Hand ist, hilft auch Salzwasser: 5 TL Salz auf 1 l Wasser lösen, einen Waschlappen damit tränken und auf den Stich binden. Immer wieder mit der Lösung befeuchten. Schmerzt der Stich arg, hilft Arnikatinktur (Apotheke). Betupfen Sie damit die Stelle. Beruhigend und kühlend ist ein Quarkwickel. Dazu Magerquark fingerdick auf ein Läppchen streichen, auf den Stich legen und 1 Std. wirken lassen.

Wenn der Sommer auf den Magen schlägt
Im Sommer häufen sich Durchfallerkrankungen, weil sich Keime in der Hitze explosionsartig vermehren. Wer empfindlich ist, sollte zwei- bis dreimal die Woche ein kleines Glas ungesüßten schwarzen Johannisbeersaft trinken: Drücken Sie dazu die frischen Beeren einfach durch ein feines Sieb. Bei akutem Durchfall hilft Heidelbeertee: 2 EL getrocknete Heidelbeeren in 1/2 l kaltem Wasser aufkochen, absieben und mäßig warm trinken. Sie können dafür selbst frisch gesammelte Heidelbeeren trocknen. Prima auf Reisen: Anisplätzchen gegen Bauchweh. Dazu 125 g Honig, 125 g Zucker und 4 Eier schaumig rühren, mit 300 g Mehl und 3 TL gestoßenem Anis mischen. Die Makronen auf ein Blech setzen, trocknen lassen, dann bei 160° (Umluft 140°) 20 Min. backen.

Sonne hilft beim Wachsen
Sonne hat an sich eine gesundmachende Wirkung: Sie regt das Immunsystem an und födert den Einbau von Calcium in die Knochen – gerade für Kinder in der Wachstumsphase sehr wichtig! Sonneneinstrahlung regt die Haut zur Bildung von schützenden Pigmenten an. Dosieren Sie den Sonnenschutz so, daß die Haut bräunt, aber nicht verbrennt, und achten Sie darauf, daß empfindliche Kinder beim Spielen in der Sonne etwas auf dem Kopf haben. Abends das Eincremen nicht vergessen!

Frühstücksideen

Früchte-Obatzter mit Frischkäse

ZUTATEN FÜR 4 PORTIONEN:
2 EL Sonnenblumenkerne
1 Orange
400 g körniger Hüttenkäse
200 g Doppelrahm-Frischkäse
2 EL Ahornsirup (oder Honig)
100 g Erdbeeren · 100 g Himbeeren
1 Banane · 1 säuerlicher Apfel

Zubereitungszeit: 25 Min.

Pro Portion ca. 340 kcal
18 g Eiweiß · 20 g Fett · 21 g Kohlenhydrate

1 Die Sonnenblumenkerne goldbraun rösten. Die Orange auspressen. Den Hüttenkäse mit Frischkäse, Orangensaft und Sirup verrühren.

2 Die Früchte waschen oder schälen. Erdbeeren vierteln, Banane in Scheiben schneiden. Den Apfel schälen, vierteln und in kleine Stücke schneiden. Die Früchte bis auf 2 EL vorsichtig unter die Käsemasse heben. In vier Schalen anrichten, mit den übrigen Früchten und den Sonnenblumenkernen bestreuen.

Obst austauschen: Je nach Angebot, Saison und Geschmack können Sie den Frischkäse auch mit anderem Obst kombinieren.

Beerenmüsli mit Crunchies

ZUTATEN FÜR 4 PORTIONEN:
140 g kernige Haferflocken
100 g gehackte Mandeln
40 g Butter · 2 EL Zucker
500 g Joghurt
Saft von 1 Zitrone
4 EL Honig
600 g gemischte frische Beeren

Zubereitungszeit: 30 Min.

Pro Portion ca. 570 kcal
15 g Eiweiß · 30 g Fett · 58 g Kohlenhydrate

1 Haferflocken und Mandeln in der Butter unter Rühren goldbraun rösten. Den Zucker darüberstreuen und leicht karamelisieren lassen; die Mischung auf einem Teller abkühlen lassen.

2 Den Joghurt mit Zitronensaft und Honig verrühren. Die Flockenmischung auf Schalen verteilen, Joghurt und Beeren (Erdbeeren geviertelt) daraufgeben.

Blitzvariante: Statt der frischen Beeren gemischte TK-Beeren über Nacht im Kühlschrank auftauen lassen.

Resteküche: Die Krokant-Mischung läßt sich gut aufbewahren – verfeinern Sie damit z. B. Quarkdesserts.

Kefirkaltschale mit Aprikosen

ZUTATEN FÜR 4 PORTIONEN:
500 g kalter Kefir
300 g Joghurt
4 EL zartschmelzende Haferflocken
Saft und abgeriebene Schale von
1/2 unbehandelten Zitrone
4 EL Ahornsirup (oder Honig)
300 g Aprikosen
200 g Himbeeren
2–3 Zweige Zitronenmelisse

Zubereitungszeit: 15 Min.

Pro Portion ca. 250 kcal
9 g Eiweiß · 8 g Fett · 35 g Kohlenhydrate

1 Kefir und Joghurt mit den Schmelzflocken in eine Rührschüssel geben. Den Zitronensaft, etwas Zitronenschale und den Ahornsirup dazugeben. Alles mit den Quirlen des Handmixers gut verrühren.

2 Die Aprikosen waschen, halbieren und entsteinen. Die Hälften in Spalten schneiden. Die Himbeeren kurz abbrausen und trockentupfen.

3 Die Kefirmischung auf vier tiefe Teller oder in weite Schalen verteilen, Aprikosen und Himbeeren darauf verteilen. Die Melisseblättchen abzupfen und die Kaltschale damit garnieren.

Knäckebrot mit Heidelbeerbutter

ZUTATEN FÜR 4 PORTIONEN:
2 EL gehobelte Mandeln
50 g TK-Heidelbeeren, aufgetaut und trockengetupft
1 TL Honig · 1–2 TL Zitronensaft
80 g weiche Butter
8 Scheiben Knäckebrot

Zubereitungszeit: 20 Min.

Pro Portion ca. 250 kcal
3 g Eiweiß · 19 g Fett · 18 g Kohlenhydrate

1 Die Mandelblättchen in einer trockenen Pfanne goldbraun rösten.

2 Die Heidelbeeren mit dem Honig und Zitronensaft fein zerdrücken. Die Butter in Flöckchen zerteilen. Das Heidelbeermus daraufgeben und alles mit einer Gabel gründlich verkneten. Den Aufstrich bis zum Servieren kalt stellen.

3 Die Heidelbeerbutter auf die Knäckebrote streichen, mit den Mandelblättchen bestreuen.

Resteküche: Die Heidelbeerbutter hält sich verschlossen etwa 10 Tage. Biskuitbodenstücke werden damit bestrichen zu kleinen feinen süßen Happen.

Käse-Baguettebrötchen

ZUTATEN FÜR 4 PORTIONEN:
4 EL Salatmayonnaise (50 % Fett)
2 TL Senf
4 Baguettebrötchen (je ca. 100 g)
1 Stück Salatgurke (ca. 100 g)
4 kleine Tomaten
8 kleine Blätter Kopfsalat
Salz · Pfeffer
4 Scheiben Emmentaler (ca. 80 g)

Zubereitungszeit: 20 Min.

Pro Portion ca. 410 kcal
15 g Eiweiß · 13 g Fett · 58 g Kohlenhydrate

1 Mayonnaise und Senf verrühren. Die Brötchen aufschneiden und alle Hälften damit bestreichen.

2 Die Gurke schälen, die Tomaten waschen und beides in dünne Scheiben schneiden.

3 Die unteren Brötchenhälften mit Salat belegen. Darauf dachziegelartig Gurken- und Tomatenscheiben anrichten; leicht salzen und pfeffern. Mit Käse belegen. Obere Brothälften auflegen.

Mit Pep: Für eine pikante Variante können Sie den Senf durch Sardellenpaste und den Emmentaler durch Schafskäse ersetzen.

Sydneys Sommer-Sandwich

ZUTATEN FÜR 4 PORTIONEN:
250 g Putenschnitzel
Salz
1 EL Olivenöl
5 EL Mayonnaise
1 EL Ketchup
8 Scheiben Sandwichtoast oder Kastenweißbrot
12 Salatgurkenscheiben
4 EL Sojabohnensprossen
12 Scheiben rote Bete
4 Tomatenscheiben

Zubereitungszeit: 20 Min.

Pro Portion ca. 310 kcal
19 g Eiweiß · 18 g Fett · 21 g Kohlenhydrate

1 Das Putenschnitzel waschen, trockentupfen und in Streifen schneiden. Mit Salz würzen und im heißen Öl in etwa 8 Min. rundherum braten.

2 Die Mayonnaise mit Ketchup verrühren und die Brotscheiben damit bestreichen.

3 Die Hälfte der Brote mit den Gurkenscheiben, den Sprossen, den roten Beten, den Tomatenscheiben und dem Putenfleisch belegen. Die restlichen Brotscheiben darüberklappen und die Sandwiches diagonal durchschneiden.

snackig – Snacks und and

Milchreis mit Früchten

ZUTATEN FÜR 4 PORTIONEN:
1 l Milch · 180 g Milchreis
5 EL Zucker
250 g Heidelbeeren (alternativ aufgetaute und abgetropfte TK-Beeren)
1 Päckchen Vanillepuddingpulver

Zubereitungszeit: 20 Min.
(+ 35 Min. Kochzeit)

Pro Portion ca. 390 kcal
12 g Eiweiß · 9 g Fett · 63 g Kohlenhydrate

1 3/4 l Milch zum Kochen bringen. Den Milchreis und 2 EL Zucker unterrühren und zugedeckt ca. 30 Min. köcheln lassen.

2 Frische Heidelbeeren waschen. Das Vanillepuddingpulver mit dem restlichen Zucker und 1/8 l Milch verrühren.

3 Das angerührte Puddingpulver unter den Milchreis rühren, den Reis 5–10 Min. ausquellen lassen. Restliche Milch und die Heidelbeeren unterrühren und kurz im Milchreis erwärmen.

!! Mit Pep: Statt der Beeren Apfelspalten nehmen; den Reis in eine Auflaufform füllen, mit den Äpfeln belegen, mit Vanillezucker bestreuen und 30 Min. bei 200° backen.

Tomatenomelett mit Rucola

ZUTATEN FÜR 4 PORTIONEN:
250 g Tomaten
2 TL Aceto balsamico
Salz · Pfeffer
1 Bund Rucola (alternativ einige Salatblätter gemischt mit Petersilienblättchen)
6 Eier · 2 EL Crème fraîche
2 EL Butterschmalz

Zubereitungszeit: 25 Min.

Pro Portion ca. 240 kcal
11 g Eiweiß · 20 g Fett · 4 g Kohlenhydrate

1 Die Tomaten häuten, entkernen und klein würfeln. Mit Essig, Salz und Pfeffer würzen. Die Rucolablätter grob hacken. Eier mit Crème fraîche verrühren, salzen und pfeffern.

2 Die Eimasse in einer großen Pfanne in zwei Portionen im Schmalz bei mittlerer Hitze stocken lassen. Tomaten und Rucola darauf verteilen. Zu einem Omelett zusammenschieben. Die Omeletts halbieren und auf vier vorgewärmten Tellern anrichten.

!! Mit Pep: Für ein Gästeessen können Sie das Omelett auch mit 100 g gebratenen Shiitake-Pilzen als Vorspeise servieren.

Melonen mit Schinken

ZUTATEN FÜR 4 PORTIONEN:
1/2 reife Netzmelone (z. B. Cantaloup; ca. 500g)
500 g Wassermelone
200 g roher Schinken in dünnen Scheiben
Pfeffer

Zubereitungszeit: 20 Min.

Pro Portion ca. 240 kcal
9 g Eiweiß · 18 g Fett · 12 g Kohlenhydrate

1 Die Netzmelone halbieren und die Kerne entfernen. Das Melonenfleisch in Schnitze schneiden und das Fruchtfleisch von der Schale lösen. Die Wassermelone ebenfalls in Spalten schneiden, eventuell entkernen und das Fruchtfleisch von der Schale lösen.

2 Melonenspalten auf vier Tellern abwechselnd anrichten. Den Schinken dazulegen, alles leicht mit Pfeffer übermahlen.

Obst austauschen: Eine ebenso gelunge Kombination ergibt sich, wenn Sie die Melonen durch 8 frische vollreife Feigen ersetzen. Zum Servieren die Früchte kreuzweise einschneiden, so lassen sie sich besonders leicht enthäuten.

ere Kleinigkeiten

Baguette mit Schnittlauchbutter

ZUTATEN FÜR 1 BAGUETTE:
1/2 unbehandelte Zitrone
1 TL Senf
1 Bund Schnittlauch, fein geschnitten
Salz · Pfeffer
100 g weiche Butter
1 Fleischtomate
1 Stück dicker Zucchino (ca. 5 cm)
1 Baguette (darf ruhig vom Vortag sein)

Zubereitungszeit: 15 Min.

Bei 4 Portionen pro Portion ca. 370 kcal
7 g Eiweiß · 22 g Fett · 36 g Kohlenhydrate

1 Den Backofen auf 225° vorheizen. 1 TL Zitronenschale abreiben, den Saft auspressen. Zitronenschale, 1 EL Zitronensaft, Senf, Schnittlauch sowie etwas Salz und Pfeffer mit der Butter vermengen.

2 Tomate und Zucchino in dünne Scheiben schneiden, beides salzen und pfeffern. Die Zucchinoscheiben zusätzlich mit Zitronensaft beträufeln.

3 Das Baguette alle 2 cm einschneiden. Die Spalten innen mit gewürzter Butter bestreichen, abwechselnd 1 Tomaten- oder Zucchinischeibe hineinklemmen. Das Baguette im Ofen (Mitte, Umluft 200°) 5–8 Min. backen.

Gefülltes Pitabrot mit Thunfisch

ZUTATEN FÜR 4 PORTIONEN:
1 Dose Thunfisch im eigenen Saft
100 g rote Paprikaschote
3 Stangen Staudensellerie (ca. 100 g)
80 g Romanasalat (oder anderer Blattsalat)
100 g Salatmayonnaise (50 % Fett)
1 EL Zitronensaft · Salz · Pfeffer
1/2 Bund Petersilie
4 Pitabrötchen

Zubereitungszeit: 30 Min.

Pro Portion ca. 440 kcal
16 g Eiweiß · 20 g Fett · 47 g Kohlenhydrate

1 Den Ofen auf 175° vorheizen. Den Thunfisch zerpflücken. Die Paprikaschote putzen und klein würfeln. Den Sellerie putzen, längs halbieren und in Scheibchen schneiden. Den Salat zerpflücken.

2 Mayonnaise mit Zitronensaft, Salz und Pfeffer verrühren. Die Petersilienblättchen hacken; mit dem Thunfisch, Paprika und Sellerie unter die Mayonnaisesauce mischen.

3 Die Pitabrote im Ofen (Mitte, Umluft 160°) 5 Min. aufbacken, dann aufschneiden. Erst Salatblätter, dann die Thunfischmischung hineingeben.

Putenschnitzel-Snack

ZUTATEN FÜR 4 PORTIONEN:
2 panierte TK-Putenschnitzel
(ca. 250 g) · 2 EL Öl
4 Roggenbrötchen
25 g Butter
2 Blätter Lollo rosso
4 TL Crème fraîche
8 Basilikumblätter

Zubereitungszeit: 20 Min.

Pro Portion ca. 290 kcal
18 g Eiweiß · 13 g Fett · 27 g Kohlenhydrate

1 Die Putenschnitzel im Öl bei mittlerer Hitze auf jeder Seite 5–7 Min. braten. Auf Küchenpapier entfetten; jedes Schnitzel einmal quer halbieren.

2 Die Brötchen durchschneiden und mit Butter bestreichen. Salat waschen und trocknen. Erst 1 Salatblatt, dann 1 Putenstück auf die unteren Brötchenhälften legen. Je 1 TL Crème fraîche und 2 Basilikumblätter daraufgeben. Obere Brötchenhälften auflegen.

!! **Mit Pep:** Besonders edel wird der Imbiß mit Riesengarnelen statt der Putenschnitzel – 8 Stück roh, ohne Kopf und Schale von jeder Seite 2–3 Min. braten, dabei 1 EL Sesam untermischen.

Tomatensalat mit Schafskäse

Schnell ●●● 10 Min.
Vorbereiten ●●
Preiswert ●●

Pro Portion ca. 270 kcal
12 g Eiweiß · 23 g Fett · 4 g Kohlenhydrate

ZUTATEN FÜR 4 PORTIONEN:
5 Strauchtomaten
200 g Feta, in Würfel geschnitten
4–5 Zweige Zitronenmelisse
3 EL kaltgepreßtes Olivenöl
2 EL Aceto balsamico
Salz · Pfeffer
50 g Walnußkerne, grob gehackt
(alternativ Haselnußkerne)

1 Die Tomaten achteln oder in Scheiben schneiden. In eine flache Schüssel legen. Den Schafskäse darüberstreuen.

2 Die Zitronenmelisseblättchen fein hacken. Olivenöl mit Essig, Salz, Pfeffer und der Hälfte der Zitronenmelisse verrühren; über Tomaten und Schafskäse gießen. Den Salat mit der restlichen Zitronenmelisse und den Walnüssen bestreut servieren.

🍲 Beilage: Reichen Sie dazu gefüllte Blätterteig-Päckchen: TK-Blätterteigscheiben auftauen lassen und z. B. mit Schafskäse und eingelegten Tomaten oder mit gewürztem Hackfleisch belegen. Den Blätterteig zu Taschen zusammenklappen, die Ränder festdrücken und die Päckchen im Ofen bei 200° ca. 15 Min. backen.

Marinierte Zucchini

Schnell ●●● 15 Min.
Vorbereiten ●●●
Preiswert ●●●

Pro Portion ca. 190 kcal
5 g Eiweiß · 18 g Fett · 2 g Kohlenhydrate

ZUTATEN FÜR 4 PORTIONEN:
2 mittelgroße Zucchini
Salz · Pfeffer
3 EL Zitronensaft
6 EL kaltgepreßtes Olivenöl
8 EL grob geraspelter Parmesan

1 Die Zucchini waschen, in feine Streifen hobeln, mit Salz und Pfeffer würzen.

2 Die Zucchinistreifen mit Zitronensaft und Olivenöl vermischen. Auf Tellern anrichten und mit Parmesanraspeln bestreut servieren.

🚀 Kraft und Power: Eine extra Portion Energie, wertvolle Mineralstoffe und Geschmack bekommt dieses Gericht, wenn Sie Pinienkerne darüberstreuen.

‼️ Mit Pep: Wenn's einmal ganz pikant sein soll, reichen Sie selbstgemachtes Knoblauchbrot dazu: Durchgepreßten Knoblauch in etwas Öl anbraten, ohne daß er braun wird (sonst verliert er an Aroma), mit Salz und etwas Zitronensaft abschmecken und die Mischung auf geröstete Weißbrotscheiben streichen.

Putensalat mit Broccoli

Schnell ● 30 Min.
Vorbereiten ●●
Preiswert ●●

Pro Portion ca. 290 kcal
16 g Eiweiß · 21 g Fett · 9 g Kohlenhydrate

ZUTATEN FÜR 4 PORTIONEN:
150 g Salatmayonnaise (50 % Fett)
100 g Joghurt · 1 EL Zitronensaft
Salz · Pfeffer
500 g Broccoli · 200 g Kirschtomaten
2 Schalotten (oder 1 Zwiebel)
1/2 Bund Basilikum
200 g geräucherte Putenbrust

1 Die Mayonnaise mit Joghurt, Zitronensaft, etwas Salz und Pfeffer verrühren.

2 Den Broccoli säubern und in Röschen teilen. Die Stiele schälen, in 2 cm große Stücke schneiden. Beides in Salzwasser 3 Min. blanchieren, kurz abschrecken und abtropfen lassen.

3 Die Tomaten waschen und halbieren. Die Schalotten fein hacken. Die Basilikumblätter bis auf einige zum Garnieren grob hacken. Die Putenbrust in Streifen schneiden. Alle Zutaten auf Tellern anrichten. Mit der Sauce überziehen und mit Basilikum garnieren.

🥕 Gemüse austauschen: Auch Blumenkohl und Romanesco passen gut zur Puten-Tomaten-Kombination, im Frühling grüner Spargel.

🚀 Kraft und Power: 100 g Kichererbsen unter den Salat mischen, dazu Vollkornbaguette servieren – das liefert reichlich Kohlenhydrate.

🥫 Aus dem Vorrat: Das Fleisch durch Thunfisch naturell aus der Dose ersetzen.

Bild: Putensalat mit Broccoli

Schneller Kartoffelsalat

Schnell	●	30 Min.
Vorbereiten	●●	
Preiswert	●●●	

Pro Portion ca. 240 kcal
4 g Eiweiß · 13 g Fett · 26 g Kohlenhydrate

ZUTATEN FÜR 4 PORTIONEN:
750 g festkochende Kartoffeln
1 Zwiebel · 6 EL Öl
1/4 l heiße Gemüsebrühe
300 g Salatgurke
12 Radieschen
4 EL Essig · Salz · Pfeffer
1/2 Bund Schnittlauch

1 Die Kartoffeln schälen und in dünne Scheiben hobeln. Die Zwiebel fein würfeln.

2 In einem Topf Zwiebel und Kartoffeln in 2 EL heißem Öl 3 Min. anschwitzen. Die Brühe angießen, aufkochen und zugedeckt 6–8 Min. köcheln.

3 Die Gurke schälen, längs halbieren, entkernen und in Scheiben schneiden. Die Radieschen in feine Scheibchen hobeln.

4 Die Kartoffeln samt Brühe in eine Schüssel geben. Mit Essig, Salz, Pfeffer und 4 EL Öl marinieren. Gurken und Radieschen untermischen. Den Schnittlauch fein schneiden und dazugeben. Den Salat abschmecken.

Blitzvariante: Fertigen Kartoffelsalat aus dem Kühlregal mit dem frischen Gemüse kombinieren.

Petersilien-Bulgur-Salat

Schnell	●	30 Min.
Vorbereiten	●●●	(+ 1 Std. Kühlzeit)
Preiswert	●●●	

Pro Portion ca. 330 kcal
8 g Eiweiß · 16 g Fett · 42 g Kohlenhydrate

ZUTATEN FÜR 4 PORTIONEN:
200 g Bulgur (Hartweizengrieß)
6 Tomaten
300 g Salatgurke
1 Bund Petersilie
1 Zitrone
2 TL edelsüßes Paprikapulver
Salz · Pfeffer
6 EL kaltgepreßtes Olivenöl

1 Den Bulgur mit 400 ml kochendem Wasser übergießen. Zugedeckt 20 Min. quellen lassen.

2 Die Tomaten häuten; samt Saft und Kernen kleinschneiden. Die Gurke schälen, längs halbieren, entkernen und würfeln. Die Petersilienblättchen grob hacken.

3 Zitronensaft, Tomaten, Gurken und Petersilie unter den Bulgur rühren. Mit Paprika, Salz und Pfeffer würzen. Das Öl dazugeben. Den Salat abgedeckt 1 Std. kalt stellen.

Resteküche: Den Salat am nächsten Tag als Beilage zu gebratenen Hackbällchen oder zu den Cevapcici von Seite 98 servieren.

Extra gesund: Statt dem Bulgur Naturreis oder Hirse nehmen, das liefert alle Inhaltsstoffe des vollen Korns.

Mit Pep: Herzhafter schmeckt's, wenn Sie den Bulgur in Brühe ausquellen lassen und statt der Gurke je 1 kleingeschnittene grüne Paprikaschote und weiße Zwiebel untermischen. Für Freunde pikanter Genüsse noch 1–2 sehr klein gewürfelte rote Chilischoten untermischen.

Rosa Hörnchennudelsalat

Schnell	●	30 Min.
Vorbereiten	●●●	
Preiswert	●●	

Pro Portion ca. 490 kcal
23 g Eiweiß · 12 g Fett · 52 g Kohlenhydrate

ZUTATEN FÜR 4 PORTIONEN:
200 g ausgepalte Erbsen (evtl. TK)
Salz · 200 g Hörnchennudeln
2 hartgekochte Eier, gepellt
3 EL Ketchup
3 EL Orangensaft
250 g griechischer Sahnejoghurt
weißer Pfeffer
200 g Kasseler in dicken Scheiben
1 kleiner säuerlicher Apfel, gewürfelt
2 Fleischtomaten

1 Die Erbsen in Salzwasser ca. 5 Min. garen, die Nudeln bißfest kochen. Abkühlen lassen.

2 Die Eier mit Ketchup, Saft und Joghurt pürieren; mit Salz und Pfeffer würzen.

3 Das Kasseler würfeln, die Tomaten in Scheiben schneiden. Alle Zutaten bis auf das Dressing behutsam mischen, dann das Dressing unterheben. Den Salat kurz durchziehen lassen.

Extra gesund: 200 g gewürfelter Emmentaler statt Fleisch bringt eine Extraportion Calcium und einen pikanten Geschmack.

Bild: Petersilien-Bulgur-Salat

Zucchini-Frittata

Schnell ●● 25 Min.
Vorbereiten ●
Preiswert ●●

Pro Portion ca. 180 kcal
13 g Eiweiß · 13 g Fett · 3 g Kohlenhydrate

ZUTATEN FÜR 4 PORTIONEN:
2 dünne Zucchini · 1 Knoblauchzehe
1/2 Bund Thymian (oder 1 TL getrockneter Thymian)
1 EL Olivenöl
Salz · Pfeffer
4 Eier
4 EL Milch
50 g geriebener Parmesan

1 Die Zucchini waschen, längs in Streifen, dann in knapp 1/2 cm dicke Stückchen schneiden. Den Knoblauch fein hacken. Zucchini mit Thymianblättchen und Knoblauch mischen.

2 Die gewürzten Zucchini im Öl 4–5 Min. goldbraun anbraten, kräftig salzen und pfeffern. Die Hitze zurückschalten.

3 Die Eier mit der Milch verquirlen, mit Salz und Pfeffer würzen; zum Gemüse gießen und gleichmäßig verteilen.

4 Die Eier bei schwacher Hitze zugedeckt in 8–10 Min. stocken lassen. Wenn die Oberfläche noch leicht glänzt, die Frittata mit Hilfe des Pfannendeckels wenden. Mit dem Käse bestreuen und zugedeckt in 3–5 Min. fertigbacken. Zum Servieren vierteln.

Beilage: Mit Bauernbrot und Tomatensalat wird die Frittata zur kleinen leichten Sommermahlzeit. Sie schmeckt auch als Vorspeise sehr gut.

Gemüse austauschen: Probieren Sie auch einmal eine Frittata mit Frühlingszwiebeln oder Erbsen oder blanchiertem Blattspinat.

Spinatgratin

Schnell ● 30 Min.
Vorbereiten ●●
Preiswert ●●●

Pro Portion ca. 180 kcal
8 g Eiweiß · 15 g Fett · 5 g Kohlenhydrate

ZUTATEN FÜR 4 PORTIONEN:
750 g Blattspinat · Salz
1 EL Butter (+ Butter für die Förmchen)
1 Knoblauchzehe
knapp 1 EL Mehl
150 ml gut gewürzte Gemüsebrühe
100 g Sahne · Pfeffer · Muskatnuß
50 g Fontinakäse (oder Emmentaler)

1 Backofen auf 225° vorheizen. Den Spinat putzen, gründlich waschen und in wenig kochendem Salzwasser zusammenfallen lassen; gut abtropfen lassen und etwas ausdrücken. Vier ofenfeste Portionsförmchen buttern. Den Spinat in die Förmchen füllen.

2 Die Butter zerlassen, den Knoblauch dazupressen, das Mehl einrühren. Nach und nach Gemüsebrühe und Sahne einrühren und aufkochen lassen. 5 Min. bei schwacher Hitze etwas einkochen lassen, gelegentlich umrühren. Mit Salz, Pfeffer und Muskat abschmecken.

3 Den Käse in Würfelchen schneiden. Die Sauce über dem Spinat verteilen, mit Käse bestreuen. Den Spinat im heißen Backofen (Mitte, Umluft 200°) 5–7 Min. gratinieren.

Beilage: Dazu schmeckt in Butter gedünstetes Fischfilet und Weißbrot.

Blitzvariante: Aufgetauten TK-Spinat ausdrücken, in Förmchen verteilen und mit Käsesauce überbacken.

Extra gesund: Das Spinatgratin mit frisch gehackten Kräutern bestreuen.

Kleine Brotpizzen

Schnell ● 30 Min.
Vorbereiten ●● (+ 7 Min. Backzeit)
Preiswert ●●

Pro Portion ca. 360 kcal
16 g Eiweiß · 15 g Fett · 39 g Kohlenhydrate

ZUTATEN FÜR 4 PORTIONEN:
4 Scheiben toskanisches Brot (je ca. 75 g; oder anderes Weißbrot)
125 g Tomatensauce »Napoli« (Glas)
150 g kleine Zucchini
150 g Champignons
2 EL Olivenöl (+ Öl für das Blech)
50 g Salami in Scheiben
Salz · Pfeffer · 125 g Mozzarella

1 Den Ofen auf 250° vorheizen. Brote goldbraun rösten, mit Tomatensauce bestreichen und auf ein geöltes Backblech legen.

2 Zucchini und Pilze in dünne Scheiben schneiden. In einer Pfanne im Öl 3 Min. braten.

3 Die Salami klein würfeln und untermischen. Mit Salz und Pfeffer abschmecken. Die Mischung auf die Brote verteilen. Mozzarella in Streifen schneiden und auf die Brote legen. Die Brotpizzen im Ofen 7 Min. (Mitte, Umluft 220°) backen, bis der Käse geschmolzen ist.

Blitzvariante: Die gerösteten Brote mit Tomatenmark bestreichen, mit Dosenmais und geriebenem Emmentaler (Kühlregal) belegen.

Gemüse austauschen: Den Belag können Sie nach Lust und Laune mit anderem Gemüse variieren: Bereiten Sie die Pizzen auch einmal mit Paprikaschoten, Spinat, Mais, Zwiebeln und Knoblauch zu.

Bild oben: Zucchini-Frittata
Bild unten links: Spinatgratin
Bild unten rechts: Kleine Brotpizzen

Griechische Hackbällchen

Schnell ● 30 Min.
Vorbereiten ●●
Preiswert ●●●

Pro Portion ca. 220 kcal
20 g Eiweiß · 12 g Fett · 6 g Kohlenhydrate

ZUTATEN FÜR 4 PORTIONEN:
300 g Rinderhackfleisch
1 kleine Zwiebel, fein gewürfelt
1 Knoblauchzehe, fein gehackt
1/2 Bund Petersilie, fein gehackt
2 EL Semmelbrösel
1 Ei · Salz · Pfeffer
400 g passierte Tomaten (aus der Dose)
Öl zum Einfetten

1 Den Backofen auf 250° vorheizen. Das Hackfleisch mit Zwiebel, Knoblauch, der Hälfte der Petersilie, Semmelbröseln, Ei, Salz und Pfeffer vermengen. Aus der Masse mit nassen Händen ca. 16 Klößchen formen.

2 Die Hackbällchen auf ein gefettetes Blech legen. Im heißen Backofen (Mitte, Umluft 220°) 15 Min. braten, nach der Hälfte der Zeit wenden.

3 Die Tomaten bei mittlerer Hitze 5 Min. einkochen lassen. Mit Salz und Pfeffer kräftig abschmecken.

4 Die Hackbällchen in eine flache Schale geben. Die Tomatensauce darübergießen und mit der übrigen Petersilie bestreut servieren.

⏱ Blitzvariante: Verwenden Sie TK-Hackbällchen und servieren Sie dazu eine italienische Tomaten-Nudelsauce (aus dem Glas).

‼ Mit Pep: In Griechenland werden diese Hackbällchen gerne mit frisch gehacktem Oregano sowie etwas Zimt- und Nelkenpulver abgeschmeckt.

Asiatische Saté-Spießchen

Schnell ●● 25 Min.
Vorbereiten ●●●
Preiswert ●●

Pro Portion ca. 380 kcal
34 g Eiweiß · 23 g Fett · 8 g Kohlenhydrate

ZUTATEN FÜR 4 PORTIONEN:
2 Knoblauchzehen
1/2 Chilischote
150 g geröstete Erdnüsse
2–3 EL Sojasauce
1 EL Zucker
300 ml Kokosmilch
400 g Hähnchenbrustfilet
Salz · 2 EL Öl

1 Den Knoblauch schälen, die Chilischoten entkernen und kleinschneiden. Mit Erdnüssen, Sojasauce, Zucker und 100 ml Kokosmilch pürieren. Die Paste erhitzen und die restliche Kokosmilch unterrühren.

2 Das Hähnchenbrustfilet in 4–5 cm lange, dünne Streifen schneiden. Das Fleisch salzen, auf Spieße stecken und im Öl von beiden Seiten 4–5 Min. braten. Mit der Erdnußsauce servieren.

🍲 Beilage: Satéspießchen ißt man mit Basmati-Reis. Wenn's schnell gehen soll, schmeckt auch frisches Weißbrot gut dazu.

🥡 Resteküche: Die Erdnußsauce schmeckt kalt oder warm auch zu Putenfleisch, zu Garnelen und Rindfleisch.

Fritierte Kartoffelspalten

Schnell ●● 25 Min.
Vorbereiten ●●
Preiswert ●●●

Pro Portion ca. 300 kcal
7 g Eiweiß · 15 g Fett · 33 g Kohlenhydrate

ZUTATEN FÜR 4 PORTIONEN:
1 kg kleine festkochende Kartoffeln
Salz · 200 g saure Sahne
100 g Joghurt
1 Knoblauchzehe
1/2 Bund Basilikum
1–2 TL Zitronensaft · Pfeffer
Öl zum Fritieren

1 Die Kartoffeln schälen, achteln und trockentupfen. Das Öl in einem großen schweren Topf oder in der Friteuse erhitzen. Die Kartoffelspalten darin portionsweise goldbraun fritieren; herausheben, auf Küchenpapier kurz abtropfen lassen und salzen. Fertige Kartoffelspalten im Ofen bei 150° warm halten.

2 Saure Sahne, Joghurt und durchgepreßten Knoblauch verrühren. Basilikumblätter in feine Streifen schneiden und unterrühren. Die Creme mit Zitronensaft, Salz und Pfeffer abschmecken und zu den Kartoffeln servieren.

🥕 Gemüse austauschen: Auch Kohlrabi eignet sich als Fritiergemüse und im Winter rote Bete oder Steckrüben.

Bild: Griechische Hackbällchen

Kalte Tomaten-Gemüse-Suppe

Schnell	●●●	15 Min.
Vorbereiten	●●●	(+ 1 Std. Kühlzeit)
Preiswert	●●●	

Pro Portion ca. 140 kcal
3 g Eiweiß · 9 g Fett · 12 g Kohlenhydrate

ZUTATEN FÜR 4 PORTIONEN:
2 Scheiben Toastbrot
7 Tomaten
1 gelbe Paprikaschote
1 große Salatgurke
1–2 Knoblauchzehen
3 EL kaltgepreßtes Olivenöl
Salz

1 Das Toastbrot in etwas Wasser einweichen. 2 Tomaten fein, die übrigen grob würfeln. Die Paprikaschote putzen, die eine Hälfte fein, die andere Hälfte grob würfeln. Die Gurke schälen, 1/4 davon fein, den Rest grob würfeln.

2 Das Toastbrot ausdrücken. Die Knoblauchzehen schälen und mit den groben Gemüsewürfeln, Brot und Olivenöl fein pürieren. Die Suppe salzen und die feinen Gemüsewürfel unterrühren. Für mindestens 1 Std. in den Kühlschrank stellen.

🍲 Beilage: Diese Suppe, in ihrem Heimatland Spanien Gazpacho genannt, schmeckt gut mit frischem Weißbrot oder mit geröstetem Knoblauchbaguette. Oder machen Sie's wie die Südländer: Rösten Sie Weißbrotscheiben und gießen Sie etwas kaltgepreßtes Olivenöl darüber.

‼ Mit Pep: Rösten Sie kleine Weißbrotwürfel mit wenig Knoblauch in etwas Olivenöl goldbraun. Die Suppe mit den Croûtons bestreut servieren. Wenn Sie auf die Suppe dann noch frische Sommerkräuter geben – einfach perfekt. Wer's feurig mag, würzt mit Pfeffer oder etwas Chilipulver nach.

Blitzminestrone mit Klößchen

Schnell	●	30 Min.
Vorbereiten	●●	
Preiswert	●●●	

Pro Portion ca. 440 kcal
17 g Eiweiß · 13 g Fett · 60 g Kohlenhydrate

ZUTATEN FÜR 4 PORTIONEN:
1 1/2 l Gemüsebrühe
125 g Instant-Polenta
30 g Butter
1 kg Suppengemüse
500 g kleine Tomaten
1 Dose weiße Bohnen (400 g)
1 Bund Petersilie
1 Ei
Salz · Pfeffer

1 1/4 l Brühe aufkochen. Die Polenta einstreuen, 1 Min. unter Rühren kochen, dann 5 Min. auf der abgeschalteten Platte quellen lassen. Die Butter unterrühren.

2 In einem Topf die übrige Brühe zum Kochen bringen. Das Suppengemüse hineingeben und 12 Min. zugedeckt garen.

3 Die Tomaten vierteln und entkernen. Die Bohnen gut abtropfen lassen. Die Petersilienblättchen grob hacken.

4 Ei, Salz und Pfeffer unter die Polenta mischen. Aus der Masse mit nassen Händen ca. 12 kleine Nocken formen; mit Tomaten, Bohnen und Petersilie in die Suppe geben, 5 Min. ziehen lassen. Mit Salz und Pfeffer würzen.

🥕 Gemüse austauschen: Sie können die Suppe auch mit frischem Gemüse zubereiten, z. B. mit Möhren, Spitzkohl oder Wirsing, Erbsen oder Zuckerschoten, Zucchini, grünen Bohnen und Blumenkohl.

🍌 Extra gesund: Die Suppe mit etwas von der Petersilie und zusätzlich gehackten Basilikumblättchen bestreuen.

Kartoffelcremesuppe mit Gremolata

Schnell	●	25 Min.
Vorbereiten	●●	
Preiswert	●●●	

Pro Portion ca. 300 kcal
3 g Eiweiß · 22 g Fett · 20 g Kohlenhydrate

ZUTATEN FÜR 4 PORTIONEN:
400 g mehligkochende Kartoffeln
200 g TK-Suppengemüse, angetaut
2 EL Olivenöl
800 ml kräftige Gemüsebrühe
1 Bund Petersilie
2 Knoblauchzehen, fein gehackt
abgeriebene Schale von 1 unbehandelten Zitrone
150 g Crème fraîche · Salz · Pfeffer

1 Kartoffeln schälen und würfeln; mit dem Suppengemüse im Öl 3 Min. andünsten. Brühe angießen, aufkochen und alles zugedeckt 10 Min. kochen lassen.

2 Für die Gremolata die Petersilienblättchen fein hacken. Mit Knoblauch und Zitronenschale vermischen. Die gegarte Suppe fein pürieren, die Crème fraîche unterschlagen; mit Salz und Pfeffer würzen. Die Cremesuppe mit der Gremolata bestreut anrichten.

🥕 Gemüse austauschen: Suppengemüse durch Zucchini oder Lauch ersetzen.

🚀 Kraft und Power: 300 g TK-Fleischklößchen unaufgetaut in 1 EL Öl anbraten und in die Suppe geben.

🥛 Aus dem Vorrat: Keine mehligen Kartoffeln im Haus? Die Suppe mit 100 g Kartoffelpüreepulver binden.

Bild oben:
Kartoffelcremesuppe mit Gremolata
Bild unten links:
Kalte Tomaten-Gemüse-Suppe
Bild unten rechts:
Blitzminestrone mit Klößchen

Französischer Gemüseeintopf

Schnell ●
Vorbereiten ● ●
Preiswert ● ● ●
30 Min.

Pro Portion ca. 190 kcal
4 g Eiweiß · 12 g Fett · 17 g Kohlenhydrate

ZUTATEN FÜR 4 PORTIONEN:
1 Gemüsezwiebel (oder 2 Zwiebeln)
300 g kleine Zucchini
300 g Auberginen
2 gelbe Paprikaschoten
4 EL Olivenöl
400 g Tomatensauce mit Basilikum (aus dem Glas)
600 ml Gemüsebrühe
2 TL Kräuter der Provence
Salz · Pfeffer

1 Die Zwiebel würfeln. Das Gemüse putzen. Zucchini in Scheiben schneiden. Die Aubergine viertln und ebenfalls in Scheiben, die Paprikaschote in mundgerechte Würfel schneiden.

2 Die Zwiebel im Öl glasig braten; Zucchini- und Auberginenscheiben sowie die Paprikawürfel dazugeben und 5 Min. unter häufigem Wenden braten. Tomatensauce sowie Brühe angießen und zum Kochen bringen.

3 Den Eintopf mit den Kräutern, Salz und Pfeffer würzen. Zugedeckt 10 Min. köcheln lassen.

Blitzvariante: Wenn es ganz schnell gehen muß: Eine tiefgekühlte italienische Gemüsemischung verwenden.

Gemüse austauschen: Für ein winterliches Ratatouille den Eintopf mit Rosenkohl, Möhren und Sellerie variieren.

Kraft und Power: Das Brät aus 2 Schweinsbratwürsten drücken, zu Klößchen rollen und 5 Min. in dem Eintopf ziehen lassen. Oder die Polentaklößchen von Seite 86 zugeben.

Ravioli-Eintopf mit Pestocreme

Schnell ●
Vorbereiten ●
Preiswert ● ●
30 Min.

Pro Portion ca. 590 kcal
21 g Eiweiß · 38 g Fett · 36 g Kohlenhydrate

ZUTATEN FÜR 4 PORTIONEN:
2 Zwiebeln
2 EL Olivenöl
800 ml Gemüsebrühe
2 EL Pesto (aus dem Glas)
150 g Crème fraîche
800 g Tomaten
500 g Ravioli mit Fleischfüllung (Kühlregal)
Salz · Pfeffer

1 Die Zwiebeln grob würfeln und in einem Topf im Öl unter Rühren 3–4 Min. dünsten. Mit der Brühe auffüllen, Pesto und Crème fraîche einrühren und alles zum Kochen bringen. Die Suppe bei schwacher Hitze 5 Min. köcheln lassen.

2 Inzwischen die Tomaten häuten, entkernen und achteln. Ravioli und Tomatenstücke in die Brühe geben und bei milder Hitze 5 Min. garen. Mit wenig Salz und mit Pfeffer abschmecken.

Blitzvariante: Wer es eilig hat, nimmt statt der frischen Tomaten geschälte aus der Dose: abtropfen lassen, zerteilen und dazugeben.

Extra gesund: Zum Servieren gehacktes Basilikum über den Eintopf streuen.

Mit Pep: So machen Sie Pesto selbst: Blätter von 1 großen Bund Basilikum mit 2 EL gerösteten Pinienkernen und 2 gehackten Knoblauchzehen im Mixer pürieren. Nach und nach 1/8 l Olivenöl und 50 g geriebenen Parmesan unterrühren, bis die Sauce sämig ist. Mit Salz und Pfeffer würzen.

Südländischer Fischeintopf

Schnell ●
Vorbereiten ● ●
Preiswert ● ●
30 Min.

Pro Portion ca. 270 kcal
24 g Eiweiß · 13 g Fett · 23 g Kohlenhydrate

ZUTATEN FÜR 4 PORTIONEN:
150 g Zwiebeln
je 1 rote und gelbe Paprikaschote
3 EL Olivenöl
800 ml Hühnerbrühe
400 g Broccoli
60 g Kartoffelpüreepulver
2 TL Kräuter der Provence
Salz · Pfeffer
400 g Rotbarschfilet

1 Die Zwiebeln in Spalten schneiden. Paprika in mundgerechte Stücke schneiden. Beides im heißen Öl andünsten. Mit der Brühe auffüllen, aufkochen lassen.

2 Den Broccoli in Röschen zerteilen. Die Stiele schälen und in Stücke schneiden. Beides mit dem Kartoffelpüreepulver in die Brühe rühren, mit Kräutern, Salz und Pfeffer würzen und 10 Min. im geschlossenen Topf bei mittlerer Hitze köcheln lassen.

3 Den Fisch in mundgerechte Stücke schneiden. In die heiße Suppe geben und 5 Min. darin ziehen lassen.

Gemüse austauschen: In den Eintopf passen auch Fenchel, Tomaten und Kartoffeln.

Mit Pep: Knoblauch, Zitrone und frische Kräuter statt der getrockneten, z. B. Thymian, Rosmarin, Oregano und Lorbeer, an den Eintopf geben.

Bild oben: Südländischer Fischeintopf
Bild unten links:
Französischer Gemüseeintopf
Bild unten rechts:
Ravioli-Eintopf mit Pestocreme

Bratmöhren mit Dickmilchdip

Schnell	●	30 Min.
Vorbereiten	●●●	
Preiswert	●●●	

Pro Portion ca. 200 kcal
4 g Eiweiß · 14 g Fett · 13 g Kohlenhydrate

ZUTATEN FÜR 4 PORTIONEN:
200 g Dickmilch
2 EL Salatmayonnaise (50 % Fett)
2 EL Zitronensaft · 1 Knoblauchzehe
Salz · Pfeffer · Worcestersauce
2 Bund Möhren · 5 EL neutrales Öl

1 Die Dickmilch mit Mayonnaise und Zitronensaft verrühren. Die Knoblauchzehe dazupressen. Den Dip mit Salz, Pfeffer und einigen Spritzern Worcestersauce abschmecken.

2 Möhren schälen und im Öl in ca 10 Min. bißfest schmoren; mit Pfeffer und Salz würzen. Das heiße Öl aus der Pfanne auf den Dip gießen, damit das wertvolle Beta-Carotin nicht verloren geht.

Beilage: Kochen Sie dazu Bulgur (s. Beilagentip auf Seite 60).

Resteküche: Übriggebliebener Dip kann am nächsten Tag mit gebratenen Auberginenscheiben (s. Seite 134) serviert werden.

Gemüse austauschen: Auch rote Bete, Rüben, Fenchel oder Sellerie lassen sich schmackhaft schmoren.

Gemüseplatte mit leichter Aioli

Schnell	●	30 Min.
Vorbereiten	●●●	
Preiswert	●●	

Pro Portion ca. 380 kcal
12 g Eiweiß · 23 g Fett · 24 g Kohlenhydrate

ZUTATEN FÜR 4 PORTIONEN:
1,6 kg Frühlingsgemüse (z. B. Blumenkohl, Broccoli, Zuckerschoten, Bohnen, Möhren, Frühlingszwiebeln)
5–6 EL Zitronensaft · Salz
400 g Artischockenherzen (Konserve)
150 g Joghurt
150 g Salatcreme oder Salatmayonnaise (50 % Fett)
1 EL Senf
2 Knoblauchzehen

1 Das Gemüse putzen und mundgerecht zerkleinern. Blumenkohl- und Broccoliröschen im Dämpfer ca. 15 Min., Zuckerschoten 10 Min. garen. Bohnen und Möhren in wenig Salzwasser ca. 15 Min. garen, Frühlingszwiebeln nur 10 Min. Das Gemüse abkühlen lassen, mit Zitronensaft beträufeln und leicht salzen. Die Artischockenherzen abtropfen lassen. Das Gemüse dekorativ auf einer Platte anrichten.

2 Joghurt mit Mayonnaise und Senf und durchgepreßtem Knoblauch glattrühren. Als Dip zur Gemüseplatte reichen.

Extra gesund: Dippen Sie doch mal mit Rohkost – geeignet sind z. B. Paprikaschote, Gurke, Staudensellerie, Tomate und Zucchini.

Kartoffeln und Zucchini vom Blech

Schnell	●	30 Min.
Vorbereiten	●●●	(+ 25 Min. Backzeit)
Preiswert	●●	

Pro Portion ca. 460 kcal
19 g Eiweiß · 20 g Fett · 49 g Kohlenhydrate

ZUTATEN FÜR 4 PORTIONEN:
1 kg festkochende Kartoffeln (am besten Bamberger Hörnchen)
Salz · 1 kg kleine Zucchini
3–4 EL Olivenöl (+ Öl für das Blech)
1 Zweig Rosmarin
80 g Semmelbrösel
80 g geriebener Parmesan
30 g Sesamsamen (nach Belieben)
Pfeffer

1 Die Kartoffeln in der Schale in wenig Salzwasser garen, abschrecken und pellen. Den Backofen auf 180° vorheizen.

2 Zucchini waschen und dann längs in Abständen von ca. 1 cm fächerförmig bis knapp vor dem Stielansatz einschneiden.

3 Ein Backblech einölen, die Zucchini darauf verteilen, fächerförmig ausbreiten und salzen. Die Kartoffeln in dicke Scheiben schneiden und dazwischen auf das Blech setzen.

4 Zucchini und Kartoffeln im heißen Backofen (Mitte, Umluft 160°) 15 Min. vorbacken. Inzwischen die Rosmarinnadeln grob hacken, mit Bröseln, Parmesan, Sesam nach Belieben und Pfeffer mischen und über das Gemüse streuen. Mit dem Olivenöl beträufeln und weitere 10 Min. überbacken.

Kraft und Power: Dazu passen Wiener Würstchen oder auch kleine Rostbratwürstchen, die Sie mit auf dem Blech backen können.

Bild: Kartoffeln und Zucchini vom Blech

Gemüse-Kräuter-Kaninchen

Schnell	●●●	15 Min.
Vorbereiten	●●●	(+ 35 Min. Garzeit)
Preiswert	●●	

Pro Portion ca. 300 kcal
33 g Eiweiß · 16 g Fett · 6 g Kohlenhydrate

ZUTATEN FÜR 4 PORTIONEN:
4 Kaninchenläufe (ca. 800 g)
Salz · Pfeffer · 2 EL Öl
2 Knoblauchzehen · 2 Tomaten
1 Paprikaschote · 2 Möhren
1/2 Bund Kräuter (z. B. Rosmarin, Petersilie, Zitronenmelisse)
200 ml Gemüsebrühe

1 Die Kaninchenläufe salzen und pfeffern; im Öl beidseitig braun anbraten.

2 Den Knoblauch schälen und fein hacken. Die Tomaten würfeln. Paprikaschote und Möhren putzen und in kleine Würfel schneiden. Die Kräuter hacken.

3 Knoblauch zum Kaninchen geben und kurz andünsten. Mit Brühe aufgießen, 5 Min. zugedeckt schmoren lassen. Das Gemüse zugeben; 30 Min. zugedeckt schmoren lassen. Kurz vor Ende der Garzeit die Kräuter zugeben, die Sauce mit Salz und Pfeffer abschmecken.

Beilage: Dazu paßt Polenta (s. Beilagentip Seite 38).

 Gemüse austauschen: Gut schmeckt das Gericht auch mit Lauch, Zucchini, Pilzen.

Seelachs auf Paprikagemüse

Schnell	●	30 Min.
Vorbereiten	●●	
Preiswert	●●	

Pro Portion ca. 240 kcal
30 g Eiweiß · 12 g Fett · 4 g Kohlenhydrate

ZUTATEN FÜR 4 PORTIONEN:
3 Frühlingszwiebeln
1 Tomate
je 1/2 Bund Petersilie und Schnittlauch
Salz
Zitronensaft
je 1 rote und gelbe Paprikaschote
1 EL Olivenöl
600 g Seelachsfilet
100 g Sahne

1 Die Frühlingszwiebeln putzen und in Stücke schneiden. Die Tomate grob würfeln. Petersilie, Schnittlauch, 1 Frühlingszwiebel und die Tomate zusammen pürieren. Mit Salz und Zitronensaft abschmecken. Die Paprikaschoten putzen und kleinschneiden. Mit den restlichen Frühlingszwiebeln im Öl 5 Min. dünsten.

2 Den Fisch leicht salzen und mit der Gemüsepaste bestreichen; auf das Paprikagemüse setzen und zugedeckt ca. 20 Min. garen. Nach 15 Min. die Sahne angießen und das Gemüse mit Salz abschmecken.

Beilage: Wer Lust auf neuen Geschmack hat, reicht dazu Kokosreis, den Sie einfach statt mit Wasser mit Kokosmilch garen und statt ihn zu salzen mit gekörnter Gemüsebrühe würzen.

Mit Pep: Sommerlich exotisch schmeckt der Fisch, wenn Sie die Paste mit Koriandergrün zubereiten und mit Limettensaft abschmecken. Auch etwas feingeschnittene Chilischote macht sich gut darin. Das Paprikagemüse würzen Sie dann mit etwas Sojasauce.

Kalbsröllchen in Tomatensauce

Schnell	●	30 Min.
Vorbereiten	●●	
Preiswert	●	

Pro Portion ca. 440 kcal
71 g Eiweiß · 15 g Fett · 4 g Kohlenhydrate

ZUTATEN FÜR 4 PORTIONEN:
8 dünne Kalbsschnitzel
(je ca. 150 g) · Salz · Pfeffer
150 g Ricotta (oder Doppelrahm-Frischkäse)
1 Bund Basilikum
2 EL Butterschmalz
150 ml Kalbsfond (oder Rinderbrühe)
400 g passierte Tomaten (Dose)
2 TL kleine Kapern

1 Die Schnitzel salzen, pfeffern, mit Ricotta bestreichen und mit je 2–3 Basilikumblättern belegen. Das Fleisch aufrollen und zusammenstecken.

2 Die Rouladen im Schmalz bei starker Hitze rundherum braun anbraten. Fond und Tomaten dazugeben und alles zugedeckt 10 Min. schmoren.

3 Die Sauce mit Salz und Pfeffer abschmecken, die Kapern einrühren. Übrige Basilikumblätter hacken und aufstreuen.

Kraft und Power: Die mit Ricotta bestrichenen Kalbsschnitzel mit je 1 Scheibe gekochtem Schinken belegen.

Bild: Seelachs auf Paprikagemüse

Hähnchenbrust mit Aprikosenfüllung

Schnell ● 30 Min.
Vorbereiten ●●
Preiswert ●●

Pro Portion ca. 240 kcal
32 g Eiweiß · 9 g Fett · 5 g Kohlenhydrate

ZUTATEN FÜR 4 PORTIONEN:
2 doppelte Hähnchenbrustfilets (550 g)
Salz
3 reife Aprikosen
einige Zweige Zitronenmelisse
2 TL Honig
Currypulver
2 EL Butterschmalz

1 Von den Hähnchenbrustfilets Haut und Sehnen wegschneiden. Die Filets von beiden Seiten salzen. Das Aprikosenfruchtfleisch fein würfeln. Die Zitronenmelisseblättchen hacken.

2 Die Hähnchenbrustfilets auseinanderklappen, mit Honig bestreichen. Kräuter und Aprikosenstücke darauf verteilen; mit Curry würzen. Fleisch zusammenklappen, mit Zahnstochern zusammenstecken und rundherum mit Curry würzen. Im heißen Butterschmalz erst von jeder Seite in ca. 5 Min. goldbraun anbraten, dann nochmals in je 5 Min. zugedeckt fertigbraten. Die Garzeit richtet sich nach der Dicke der Filets.

3 Zum Servieren die Zahnstocher aus dem Fleisch ziehen und die Hähnchenbrüste in Scheiben schneiden.

Beilage: Dazu schmeckt Mandelreis sehr lecker. Wer eine Sauce dazu möchte, brät 2 gewürfelte Aprikosen 2 Min. im Fleisch-Bratensatz an, löscht mit 100 g Sahne ab und würzt mit Salz, Curry und 1 Prise Zimt.

Aus dem Vorrat: Sie können das Fleisch genauso gut mit Trockenaprikosen oder Dosenfrüchten füllen.

Putenschnitzel mit Zucchini

Schnell ● 40 Min.
Vorbereiten ●
Preiswert ●●

Pro Portion ca. 710 kcal
44 g Eiweiß · 27 g Fett · 73 g Kohlenhydrate

ZUTATEN FÜR 4 PORTIONEN:
100 g Tortillachips
30 g Mehl · 1 Ei
4 Putenschnitzel (je ca. 130 g)
Salz · Pfeffer
2 mittelgroße weiße Zwiebeln, in Halbringe geschnitten
7 EL Öl
500 g kleine Zucchini, schräg in dünne Scheiben geschnitten
1 Dose Mais (300 g)

1 Tortillachips in einem Gefrierbeutel mit der Teigrolle fein zerbröseln und auf einen Teller geben. Mehl und verquirltes Ei auf 2 weiteren Tellern bereitstellen. Die Schnitzel salzen und pfeffern. Erst in Mehl, dann in Ei und in den Chipsbröseln wenden.

2 Die Zwiebeln in einem Topf in 2 EL Öl glasig dünsten. Die Zucchini dazugeben, mit Salz und Pfeffer würzen. Zugedeckt 10 Min. dünsten. Den Mais abtropfen lassen. Zu den Zucchini geben und erwärmen.

3 Die Schnitzel im übrigen Öl bei mittlerer Hitze auf beiden Seiten je 4 Min. braten. Mit dem Zucchinigemüse servieren.

Blitzvariante: Einfach panierte TK-Putenschnitzel zum Gemüse braten.

Gemüse austauschen: Statt der Zucchini grüne Paprikaschoten oder Lauch nehmen.

Kraft und Power: Schnitzel vom Metzger aufschneiden lassen, mit jeweils 1 Scheibe gekochtem Schinken und Emmentaler füllen, panieren und braten.

Mascarponepüree mit Minutensteaks

Schnell ● 30 Min.
Vorbereiten ●●
Preiswert ●

Pro Portion ca. 310 kcal
29 g Eiweiß · 12 g Fett · 20 g Kohlenhydrate

ZUTATEN FÜR 4 PORTIONEN:
600 g mehligkochende Kartoffeln
Salz · 2 kleine Knoblauchzehen
2 EL Olivenöl · Pfeffer
1/2 Bund Basilikum
4–6 Minutensteaks
2 vollreife Fleischtomaten
2–3 EL Mascarpone

1 Die Kartoffeln schälen, klein würfeln und in Salzwasser weich kochen. 1 Knoblauchzehe dazupressen und mitgaren.

2 Den übrigen Knoblauch pressen und mit 1 EL Olivenöl, Pfeffer und Salz vermischen. Das Basilikum hacken, die Hälfte unter das Öl rühren. Die Steaks mit der Kräutermischung bestreichen.

3 Die Tomaten häuten, entkernen und fein würfeln. Mit dem restlichen Basilikum mischen, kräftig salzen und pfeffern.

4 Von den gegarten Kartoffeln das Wasser bis auf einen kleinen Rest abgießen. Die Kartoffeln dann auf der ausgeschalteten Herdplatte mit dem Mascarpone stampfen. 2 EL Tomatenwürfel unterrühren, mit Salz und Pfeffer abschmecken.

5 Die Minutensteaks braten. Restliche Tomatenwürfel miterwärmen. Steaks und Tomaten mit dem Püree servieren.

Bild oben:
Hähnchenbrust mit Aprikosenfüllung
Bild unten links:
Putenschnitzel mit Zucchini
Bild unten rechts:
Mascarponepüree mit Minutensteaks

Bunte Sommerspießchen

Schnell	●●	20 Min.
Vorbereiten	●●●	(+ 15 Min. Backzeit)
Preiswert	●●●	

Pro Spießchen ca. 90 kcal
10 g Eiweiß · 5 g Fett · 1 g Kohlenhydrate

ZUTATEN FÜR 8 SPIESSCHEN:
2 Zweige Rosmarin (ersatzweise getrocknete Rosmarinnadeln)
1 Limette (ersatzweise 1 unbehandelte Zitrone)
3 EL Olivenöl (+ Öl für die Form)
Salz · Pfeffer
2 Knoblauchzehen
300 g Putenbrustfilet, in 2 cm große Würfel geschnitten
2 dünne Zucchini, in 1 cm dicke Scheiben geschnitten
150 g Kirschtomaten

1 Den Backofen auf 200° vorheizen. Die Rosmarinnadeln fein hacken. 1 TL Limettenschale abreiben, den Saft auspressen. Die Limettenschale und 3 EL Limettensaft mit Rosmarin, Olivenöl, Salz und Pfeffer verrühren. Den Knoblauch dazupressen.

2 Das Putenfleisch mit gut der Hälfte der Marinade vermischen. Zucchinischeiben mit der restlichen Marinade beträufeln.

3 Auf Spießchen jeweils abwechselnd Kirschtomaten, Fleisch und Zucchini stecken. Die Spießchen nebeneinander in eine geölte ofenfeste flache Form legen. Im heißen Ofen (Mitte, Umluft 180°) 15 Min. backen.

Beilage: Dazu schmeckt Baguette und ein Salat Mesclun, ein grüner Salat aus verschiedenen Blattsalaten.

Gemüse austauschen: Mitmarinieren und mit aufspießen können Sie auch rote oder gelbe, in Stücke geschnittene Paprikaschote, Frühlingszwiebeln, Fenchelstücke oder Kürbiswürfel.

Mittelmeer-Hackbraten

Schnell	●●	25 Min.
Vorbereiten	●●	(+ 1 Std. Backzeit)
Preiswert	●●	

Pro Portion ca. 400 kcal
37 g Eiweiß · 25 g Fett · 8 g Kohlenhydrate

ZUTATEN FÜR 4 PORTIONEN:
300 g Blattspinat · Salz
3 Scheiben altbackener Toast
100 g Schafskäse
1 unbehandelte Zitrone
1 Knoblauchzehe
500 g Rinderhackfleisch
1 Ei · 1 Prise Thymian · Pfeffer
1 TL Olivenöl (+ Öl für die Form)

1 Den Spinat putzen, waschen und in wenig Salzwasser blanchieren; abschrecken, ausdrücken und kleinhacken. Den Backofen auf 180° vorheizen

2 Das Brot mit einigen Löffeln Spinatwasser tränken und ausdrücken. Den Schafskäse grob zerdrücken. Von der Zitrone 1 Msp. Schale abreiben und 2–3 EL Saft auspressen. Die Knoblauchzehe durch die Presse drücken. Alle Zutaten zu einem Fleischteig verkneten und mit Salz und Pfeffer würzen.

3 Eine Kastenform fetten, das Fleisch hineindrücken, das Öl darauf verteilen. Den Hackbraten im Ofen (Mitte, Umluft 160°) 50–60 Min. backen.

Resteküche: Der Braten schmeckt auch kalt lecker, z. B. als Brotbelag.

Kalbskoteletts mit Kräuterkartoffeln

Schnell	●	30 Min.
Vorbereiten	●●	
Preiswert	●	

Pro Portion ca. 310 kcal
38 g Eiweiß · 9 g Fett · 18 g Kohlenhydrate

ZUTATEN FÜR 4 PORTIONEN:
1–2 Zweige Rosmarin (ersatzweise getrocknete Rosmarinnadeln)
8 mittelgroße Kartoffeln
4 EL Öl · Salz
4 dünne Kalbskoteletts (je ca. 160 g)
Pfeffer
1 unbehandelte Zitrone

1 Die Rosmarinnadeln grob hacken. Die Kartoffeln schälen und in mundgerechte Stücke schneiden. In 2 EL Öl mit etwas Salz und dem Rosmarin ca. 25 Min. braten.

2 Die Kalbskoteletts mit Salz und Pfeffer würzen. Im restlichen Öl von jeder Seite ca. 5 Min. braten. Die Zitrone in Scheiben schneiden, nach dem Wenden auf die Koteletts legen. Koteletts mit den Rosmarinkartoffeln servieren.

Beilage: Reichen Sie doch dazu mal einen Salat aus 200 g gekochten grünen Bohnen und 1–2 gewürfelten Tomaten. Mit einer Sauce aus Salz, Pfeffer, Kräutern nach Wahl, Balsamico und Olivenöl vermischen und durchziehen lassen.

Bild: Bunte Sommerspießchen

Gebratener Gemüsereis

Schnell	●	30 Min.
Vorbereiten	●	
Preiswert	●●●	

Pro Portion ca. 500 kcal
26 g Eiweiß · 11 g Fett · 71 g Kohlenhydrate

ZUTATEN FÜR 4 PORTIONEN:
300 g 8-Minuten-Kurzzeitreis
Salz · 300 g Hähnchenbrustfilet
1 Zwiebel · 250 g Möhren
250 g Staudensellerie
250 g TK-Erbsen
5 EL Öl · Pfeffer

1 Den Reis in Salzwasser garen, abgießen und gut abtropfen lassen. Das Fleisch in feine Streifen schneiden. Die Zwiebel fein hacken. Die Möhren schälen, den Sellerie putzen und beides in dünne Scheiben schneiden. Die Erbsen antauen lassen.

2 Das Fleisch in einer großen Pfanne in 2 EL Öl 3 Min. anbraten. Das Gemüse 3 Min. mitbraten.

3 Den Reis mit dem übrigen Öl in die Pfanne geben und bei starker Hitze unter Wenden in 5 Min. anrösten. Mit Salz und Pfeffer abschmecken.

Blitzvariante: Statt des frischen Gemüses 600 g TK-Pfannengemüse nehmen.

Gemüse austauschen: Es passen auch Lauch, Pilze, Paprika, Sprossen und Wirsing.

Schweinekotelett mit Bohnen

Schnell	●	30 Min.
Vorbereiten	●●	
Preiswert	●●	

Pro Portion ca. 530 kcal
47 g Eiweiß · 27 g Fett · 25 g Kohlenhydrate

ZUTATEN FÜR 4 PORTIONEN:
4 Schweinekoteletts (je ca. 250 g)
4 EL Olivenöl · Salz · Pfeffer
500 g feine grüne Bohnen
2 rote Zwiebeln (oder braune)
1 Dose Kidneybohnen (400 g)
1 Knoblauchzehe · 300 g Joghurt

1 Die Koteletts trockentupfen und in 2 EL Öl scharf anbraten. Salzen und pfeffern, dann bei mittlerer Hitze von jeder Seite noch 8 Min. braten.

2 Die Bohnen putzen und halbieren. In Salzwasser 5 Min. blanchieren, dann eiskalt abschrecken und abtropfen lassen.

3 Die Zwiebeln schälen und würfeln. Die Kidneybohnen überbrausen und abtropfen lassen. Zwiebeln und zerdrückten Knoblauch im übrigen Öl glasig dünsten. Alle Bohnen dazugeben, salzen und pfeffern. Zugedeckt bei milder Hitze 5 Min. dünsten.

4 Den Joghurt mit Salz und Pfeffer verrühren, zu den Koteletts und dem Bohnengemüse servieren.

Beilage: Dazu schmecken Pellkartoffeln, die in Öl und Butter mit Salbeiblättern gebraten werden.

Extra gesund: 1/2 Bund gehackte Petersilie unter den Joghurt rühren oder ihn mit Zitronensaft und feinen Minzestreifen abschmecken.

Aus dem Vorrat: Sie können auch aufgetaute grüne TK-Bohnen nehmen.

Gegrillte Cevapcici

Schnell	●	30 Min.
Vorbereiten	●●	
Preiswert	●●●	

Pro Portion ca. 180 kcal
13 g Eiweiß · 12 g Fett · 6 g Kohlenhydrate

ZUTATEN FÜR 4 PORTIONEN:
150 g Zucchino · 1 Zwiebel
1 Knoblauchzehe
1 TL getrocknete italienische Kräuter
75 g gegarter Reis
200 g gemischtes Hackfleisch
1 Ei · 2 EL Magerquark
Salz · Pfeffer · Paprikapulver

1 Zucchinostück fein raspeln. Die Zwiebel fein hacken, den Knoblauch durch die Presse zu den Zucchinoraspeln drücken und diese mit den restlichen Zutaten verkneten. Mit Salz, Pfeffer und Paprika kräftig würzen.

2 Aus dem Teig ca. 16 kleine längliche Klöße formen und auf einer Grillschale grillen.

Beilage: Paprikareis: Reichlich rote und gelbe Paprikawürfelchen in Olivenöl andünsten. 200 g Reis, 400 ml Wasser und etwas Salz dazugeben und den Reis ausquellen lassen. Mit Tomatenmark abschmecken.

Resteküche: Kalte Cevapcici sind bei Kindern ein begehrter Pausensnack.

Bild: Schweinekotelett mit Bohnen

Hähnchen mit Parmesankruste

Schnell	●●	20 Min.
Vorbereiten	●●	
Preiswert	●●	

Pro Portion ca. 270 kcal
33 g Eiweiß · 12 g Fett · 5 g Kohlenhydrate

ZUTATEN FÜR 4 PORTIONEN:
4 Hähnchenbrustfilets (ca. 500 g)
Salz · Pfeffer
1 Ei
4 EL Semmelbrösel
5 EL geriebener Parmesan
2 EL Butterschmalz

1 Von den Hähnchenbrustfilets Sehnen und Haut wegschneiden. Jedes Filet quer halbieren, so daß 8 dünne Schnitzel entstehen. Das Fleisch leicht salzen und pfeffern.

2 Das Ei in einem Suppenteller verquirlen. Auf einem zweiten Teller die Semmelbrösel mit dem Parmesan mischen. Die Hähnchenschnitzel nacheinander erst in Ei, dann in der Parmesanmischung wenden.

3 Das Fleisch im Butterschmalz von jeder Seite in ca. 5 Min. goldgelb braten.

Beilage: Dazu schmeckt Gemüsereis: 200 g Reis mit Wasser und etwas Salz zum Kochen bringen. Bei milder Hitze ca. 20 Min. garen. 1 kleine Zucchini, 1/2 Paprikaschote und 1 Tomate würfeln. Zucchini und Paprika in 1 EL Butter andünsten. Die Tomate zugeben, erhitzen, salzen und dann den Reis unterrühren.

Mit Pep: Schneiden Sie das Fleisch vor dem Panieren in mundgerechte Stücke, braten Sie es, und dippen Sie die Stücke in selbstgemachte Sauce, z. B. in einen Mangodip: Das Fruchtfleisch von 1 Mango pürieren und mit Salz und Cayennepfeffer abschmecken.

Fischfilet auf Mangoldbett

Schnell	●	30 Min.
Vorbereiten	●	
Preiswert	●	

Pro Portion ca. 270 kcal
27 g Eiweiß · 16 g Fett · 3 g Kohlenhydrate

ZUTATEN FÜR 4 PORTIONEN:
500 g Fischfilet (z. B. Goldbarsch, Seelachs- oder Kabeljaufilet)
1/2 unbehandelte Zitrone · Salz
750 g Mangold
3 Schalotten oder 2 kleine Zwiebeln
1 EL Butter · Pfeffer · 100 g Sahne
2 EL gemahlene Mandeln

1 Das Fischfilet säubern, eventuell vorhandene Gräten mit einer Pinzette entfernen. 1 TL Zitronenschale abreiben, den Saft auspressen. Das Fischfilet in zweifingerbreite Stücke schneiden, leicht säuern und salzen.

2 Mangold waschen, sehr grobe weiße Stiele entfernen. Die Blätter in zweifingerbreite Streifen schneiden, die Stiele fein würfeln. Die Schalotten fein hacken.

3 In einer beschichteten Pfanne mit Deckel Mangoldstiele und Schalotten in der Butter glasig dünsten. Nasse Mangoldblätter unterrühren, salzen und pfeffern. Die Sahne mit den Mandeln sowie der Zitronenschale verrühren und über den Mangold gießen; aufkochen und 5–6 Min. offen köcheln lassen.

4 Den Fisch auf das Mangoldgemüse legen und alles zugedeckt noch ca. 5 Min. garen.

Gemüse austauschen: Legen Sie den Fisch auf Spinat oder Lauch- und Möhrenstreifen.

Kraft und Power: Servieren Sie das Mangoldgemüse statt mit Fisch mit gebratenem Putenschnitzel.

Tomaten-Fisch aus dem Ofen

Schnell	●●●	15 Min.
Vorbereiten	●●●	(+ 25 Min. Garzeit)
Preiswert	●●	

Pro Portion ca. 220 kcal
29 g Eiweiß · 11 g Fett · 2 g Kohlenhydrate

ZUTATEN FÜR 4 PORTIONEN:
3 mittelgroße Rotbarschfilets
(bzw. 600 g Seelachs oder Kabeljau)
Salz · Pfeffer
1/2–1 Bund Basilikum
1 1/2 EL Butter (+ Butter für die Form)
1 EL Kapern, gehackt
1 1/2 EL Tomatenmark
2 Fleischtomaten in Scheiben
1 EL geriebener Parmesan

1 Den Backofen auf 200° vorheizen. Die Fischfilets säubern, eventuelle Gräten entfernen. Fisch mit Salz und Pfeffer kräftig würzen. Die Basilikumblätter kleinhacken. Bis auf 1 EL mit Butter, Kapern, Tomatenmark, etwas Salz und Pfeffer gründlich vermengen.

2 Eine ofenfeste flache Form buttern. 1 Scheibe Fisch in die Form legen, mit etwas Kapernbutter bestreichen, die Tomaten darauflegen; mit Salz, Pfeffer und etwas Basilikum bestreuen. Diese Schichtung einmal wiederholen. Die übrigen Tomatenscheiben würfeln. Die letzte Fischscheibe einlegen und mit der restlichen Kapernbutter bestreichen. Die Tomatenwürfel daraufgeben und mit Parmesan bestreuen.

3 Wenig heißes Wasser angießen und den Fisch im Ofen (Mitte, Umluft 180°) in 25–30 Min. garen. Die Sauce, die sich gebildet hat, nachwürzen. Alles in der Form servieren.

Bild oben: Tomaten-Fisch aus dem Ofen
Bild unten links:
Hähnchen mit Parmesankruste
Bild unten rechts:
Fischfilet auf Mangoldbett

Farfalle mit Thunfischsauce

Schnell ●●   25 Min.
Vorbereiten ●●●
Preiswert ●●●

Pro Portion ca. 400 kcal
15 g Eiweiß · 16 g Fett · 49 g Kohlenhydrate

ZUTATEN FÜR 4 PORTIONEN:
250 g Farfalle · Salz
4 Frühlingszwiebeln
1 Dose Thunfisch im eigenen Saft
(130 g Abtropfgewicht)
1 EL Öl · 150 g Sahne
2 EL Zitronensaft
1 TL geriebener Meerrettich (Glas)

1. Die Nudeln in Salzwasser bißfest kochen. Die Frühlingszwiebeln in Ringe schneiden, den Thunfisch abtropfen lassen.

2. Die Frühlingszwiebeln bis auf etwas zum Garnieren im Öl andünsten. Den Thunfisch einige Minuten mitschmoren lassen. Die Sahne zugeben und heiß werden lassen. Alles pürieren und mit Zitronensaft, Salz und Meerrettich abschmecken.

3. Die Nudeln in einer vorgewärmten Schüssel mit der Sauce vermischen. Mit Frühlingszwiebeln bestreut servieren.

🥕 Gemüse austauschen: Keine Lust auf Frühlingszwiebeln? Dann nehmen Sie doch 1 Gemüsezwiebel.

🚀 Kraft und Power: Üppiger wird's mit zusätzlich Thunfischstücken in der Sauce.

Spaghetti mit grüner Bolognese

Schnell ●   30 Min.
Vorbereiten ●
Preiswert ●●●

Bei 6 Portionen pro Portion ca. 600 kcal
25 g Eiweiß · 33 g Fett · 53 g Kohlenhydrate

ZUTATEN FÜR 4–6 PORTIONEN:
1 Staude Mangold (ca. 500 g)
100 g Frühlingszwiebeln
2 Knoblauchzehen · 3 EL Olivenöl
400 g gemischtes Hackfleisch
Salz · Pfeffer · 250 g Sahne
400 g Spaghetti

1. Den Mangold waschen, die Stiele klein würfeln, die Blätter grob hacken. Frühlingszwiebeln in dünne Ringe schneiden. Den Knoblauch schälen.

2. In einer großen Pfanne in 1 EL Öl das Fleisch braun anbraten. Das übrige Öl zugeben, Mangoldstiele und zerdrückten Knoblauch 3 Min. mitbraten. Dann Mangoldgrün und Frühlingszwiebeln einrühren und zugedeckt 2 Min. dünsten. Alles salzen und pfeffern, die Sahne zugießen und bei starker Hitze in 5 Min. einkochen lassen.

3. Die Spaghetti in Salzwasser bißfest garen. Abgießen und mit der Bolognese servieren.

⏱ Blitzvariante: Wenn es schnell gehen muß, aufgetauten TK-Rahmspinat zum Fleisch geben. Die Sauce mit Brühe statt mit Sahne zubereiten.

Fischstäbchen-Spieße mit Tzatziki

Schnell ●   30 Min.
Vorbereiten ●●
Preiswert ●●●

Pro Portion ca. 420 kcal
18 g Eiweiß · 19 g Fett · 24 g Kohlenhydrate

ZUTATEN FÜR 4 PORTIONEN:
500 g TK-Fischstäbchen
2 kleine Zucchini
1 große rote Paprikaschote
2 kleine weiße Zwiebeln (ersatzweise braune Zwiebeln)
Salz · Pfeffer
2 TL gehackter Rosmarin (frisch oder getrocknet)
4 EL Olivenöl
250 g Tzatziki (Kühlregal)

1. Die Fischstäbchen antauen lassen. Zucchini in knapp 1 cm dicke Scheiben schneiden. Die Paprikaschote putzen und in mundgerechte Stücke schneiden. Die Zwiebeln schälen, vierteln und die Schalen auseinandertrennen.

2. Jedes Fischstäbchen dritteln. Mit Zucchini, Paprika und Zwiebeln abwechselnd auf 8 Spieße stecken. Mit Salz, Pfeffer und Rosmarin würzen.

3. Die Spieße im Öl 10–12 Min. braten, nach der Hälfte der Bratzeit wenden und zugedeckt weitergaren. Die Fischspieße mit dem Tzatziki anrichten.

🥣 Beilage: Dazu paßt ein Kartoffelsalat.

🥕 Gemüse austauschen: Stücke von Auberginen, gekochten Kartoffeln oder auch ganze Champignons auf die Spieße stecken.

🚀 Kraft und Power: Scheiben von geräuchertem Bauchspeck mit aufspießen.

Bild: Fischstäbchen-Spieße mit Tzatziki

Grüne-Bohnen-Spaghetti

Schnell	●	30 Min.
Vorbereiten	●●	
Preiswert	●●	

Pro Portion ca. 600 kcal
27 g Eiweiß · 17 g Fett · 86 g Kohlenhydrate

ZUTATEN FÜR 4 PORTIONEN:
Salz · 600 g zarte grüne Bohnen
400 g Spaghetti
400 g Tomaten
1 Knoblauchzehe
1 Bund Basilikum
2 EL Tomatenmark
100 g geriebener Parmesan
50 ml Olivenöl · Pfeffer

1 Reichlich Salzwasser zum Kochen aufsetzen. Die Bohnen putzen und mit den Nudeln ins kochende Wasser geben. In ca. 8 Min. bißfest garen.

2 Die Tomaten überbrühen, abschrecken und häuten, dann vierteln, entkernen und grob würfeln. Den Knoblauch schälen und hacken. Die Basilikumblättchen abzupfen; bis auf einige zum Garnieren grob hacken. Alles mit dem Tomatenmark fein pürieren. 50 g Parmesan und das Öl untermischen, mit Salz und Pfeffer abschmecken.

3 Nudeln und Bohnen abgießen, abtropfen lassen und auf Tellern mit dem Tomatenpesto anrichten. Mit dem übrigen Parmesan bestreuen und mit Basilikum garnieren.

Beilage: Dazu schmeckt ein frischer grüner Salat.

Gemüse austauschen: Statt der Bohnen gedünstete Paprikastreifen mit den Spaghetti kombinieren.

Aus dem Vorrat: Nehmen Sie statt frischer Bohnen ein Paket Prinzeßbohnen aus Ihrer Tiefkühltruhe.

Nudeln mit Spinat-Oliven-Pesto

Schnell	●●	20 Min.
Vorbereiten	●●●	
Preiswert	●●	

Pro Portion ca. 450 kcal
15 g Eiweiß · 9 g Fett · 77 g Kohlenhydrate

ZUTATEN FÜR 4 PORTIONEN:
250 g Blattspinat
Salz
2 Knoblauchzehen
einige Blättchen Petersilie
oder Oregano
50 g grüne Oliven ohne Stein
2 EL Olivenöl
1 EL Pinienkerne
400 g Spaghetti

1 Den Spinat putzen und gründlich waschen, dann in wenig kochendem Salzwasser zusammenfallen lassen. Den Spinat abgießen, mit kaltem Wasser abschrecken und ausdrücken.

2 Den Knoblauch schälen und grob hacken. Die Kräuter waschen. Spinat mit Knoblauch, Kräutern, Oliven, Olivenöl und Pinienkernen vermischen und sehr fein pürieren.

3 Die Spaghetti in reichlich kochendem Salzwasser al dente kochen. Abgießen und sofort mit dem Pesto vermischen.

Blitzvariante: Statt frischem Spinat können Sie auch 100 g aufgetauten TK-Blattspinat nehmen. Sie sparen sich das Putzen und Blanchieren. Den TK-Spinat aber ebenfalls gut ausdrücken.

Mit Pep: Mixen Sie zusätzlich einige Blättchen frische Minze unter den Spinat. 1 Spritzer bis 1 EL Zitronensaft rundet das Aroma des Pestos ab. Besonders fein wird das Gericht, wenn Sie zum Servieren 100 g Schafskäsewürfelchen über die Spaghetti streuen.

Tortellini mit Broccolisauce

Schnell	●	30 Min.
Vorbereiten	●●	
Preiswert	●●	

Pro Portion ca. 380 kcal
24 g Eiweiß · 19 g Fett · 29 g Kohlenhydrate

ZUTATEN FÜR 4 PORTIONEN:
500 g Broccoli · Salz
1 Knoblauchzehe
2 EL Olivenöl
1 Dose stückige Tomaten (400 g)
Pfeffer
500 g Tortellini mit Käsefüllung
(Kühlregal)
50 g geriebener Parmesan

1 Den Broccoli putzen und in Röschen teilen, die Stiele schälen und klein schneiden. Beides zusammen in kochendes Salzwasser geben und in 3–4 Min. bißfest garen, abschrecken und gut abtropfen lassen.

2 Den Knoblauch schälen, fein hacken und im heißen Öl andünsten. Gehackte Tomaten und 50 ml Wasser dazugeben. Mit halb aufgelegtem Deckel 10 Min. köcheln lassen. Mit Salz und Pfeffer abschmecken. Den Broccoli in der Tomatensauce erhitzen.

3 Während die Sauce kocht, die Tortellini nach Packungsanweisung garen; abtropfen lassen. Mit der Broccolisauce und dem Parmesan anrichten.

Blitzvariante: TK-Broccoli nach Packungsangabe auftauen lassen und zerkleinern.

Kraft und Power: Für eine gehaltvollere Sauce noch 250 g Hackfleisch braten.

Bild oben: Grüne-Bohnen-Spaghetti
Bild unten links:
Nudeln mit Spinat-Oliven-Pesto
Bild unten rechts:
Tortellini mit Broccolisauce

Gorgonzola-Gnocchi mit Rucola

Schnell ● 30 Min.
Vorbereiten ●
Preiswert ●●

Pro Portion ca. 530 kcal
23 g Eiweiß · 35 g Fett · 30 g Kohlenhydrate

ZUTATEN FÜR 4 PORTIONEN:
200 g Rucola (oder blanchierte zarte Spinatblätter)
200 ml Gemüsefond (aus dem Glas)
150 g Sahne · 200 g Gorgonzola
Salz· Pfeffer · Muskatnuß
750 g Gnocchi (Kühlregal)
75 g geriebener Parmesan

1 Den Rucola waschen, harte Stiele entfernen, zarte Blattspitzen abschneiden und den Rest in feine Streifen schneiden.

2 Gemüsefond, Sahne und zerbröckelten Gorgonzola zu einer cremigen Sauce einköcheln lassen. Mit Salz, Pfeffer und Muskat abschmecken. Die Gnocchi nach Packungsanweisung garen, abtropfen lassen.

3 Die Rucolastreifen in der Sauce erwärmen. Die Gnocchi mit den Rucolaspitzen und der Käsesauce auf Tellern anrichten. Mit Parmesan bestreuen.

Kraft und Power: 200 g gekochte Schinkenstreifen in der Sauce erwärmen.

Mit Pep: Den Rucola als Salat anmachen; zu den Gnocchi mit Sauce servieren.

Möhrenbulgur mit Joghurt

Schnell ● 30 Min.
Vorbereiten ●
Preiswert ●●

Pro Portion ca. 440 kcal
14 g Eiweiß · 15 g Fett · 66 g Kohlenhydrate

ZUTATEN FÜR 4 PORTIONEN:
300 g junge Möhren
1 Gemüsezwiebel
1 Döschen Safranpulver
3–4 EL Olivenöl
Salz · Pfeffer
300 g Bulgur
400 ml kräftige Gemüsebrühe
300 g Joghurt
1 Bund Schnittlauch

1 Die Möhren schrappen, größere Exemplare in fingerlange Stücke schneiden. Die Zwiebel fein würfeln. Den Safran in 1 EL heißem Wasser auflösen. Möhren und Zwiebel im Öl andünsten, leicht salzen und pfeffern und zugedeckt ca. 8 Min. schmoren. Dann den Bulgur zugeben. Mit der Brühe angießen, den Safran zufügen. Zugedeckt 20 Min. quellen lassen.

2 Den Schnittlauch in Röllchen schneiden und mit dem Joghurt verrühren. Mit Salz und Pfeffer abschmecken und zum Bulgur reichen.

Kraft und Power: Wenn Sie kein vegetarisches Gericht servieren wollen, paßt Schweinefleisch dazu. Schneiden Sie es in Streifen und schmoren es mit dem Gemüse an. Dann den Bulgur und die Brühe zugeben.

Resteküche: Der Möhrenbulgur ist eine gute Salatgrundlage: Mischen Sie 1 kleingezupften Kopfsalat sowie 1–2 kleingewürfelte Paprikaschoten unter. Für das Dressing Dipreste mit saurer Sahne, zerdrückter Knoblauchzehe, Salz und Pfeffer mischen.

Spitzkohl-Schupfnudeln

Schnell ● 30 Min.
Vorbereiten ●
Preiswert ●●

Pro Portion ca. 470 kcal
16 g Eiweiß · 17 g Fett · 76 g Kohlenhydrate

ZUTATEN FÜR 4 PORTIONEN:
700 g Spitzkohl (oder Weißkohl)
1 Zwiebel
4 EL Butterschmalz
Salz · Pfeffer · Muskatnuß
800 g Schupfnudeln (Kühlregal)
1 Bund Petersilie, gehackt

1 Den Kohl in feine Streifen schneiden. Die Zwiebel fein hacken, in einem weiten Topf in 2 EL Schmalz glasig dünsten. Die Kohlstreifen hinzufügen und alles zugedeckt bei mittlerer Hitze ca. 6 Min. dünsten. Mit Salz, Pfeffer und Muskat würzen.

2 Im übrigen Schmalz die Schupfnudeln goldbraun braten; mit dem Kohl vermischen und abschmecken. Mit der Petersilie bestreut servieren.

Kraft und Power: Eine herzhaft-würzige Ergänzung sind 100 g gebratene Bauchspeckwürfel, Bratwürstchen oder Kasseler Rippchen.

Aus dem Vorrat: Statt Spitzkohl können Sie auch Sauerkraut aus der Dose nehmen.

Bild: Möhrenbulgur mit Joghurt

Rohkost-Risotto mit Garnelen

Schnell ●
Vorbereiten ●●
Preiswert ●
45 Min.

Pro Portion ca. 490 kcal
17 g Eiweiß · 14 g Fett · 70 g Kohlenhydrate

ZUTATEN FÜR 4 PORTIONEN:
1 Zwiebel, fein gehackt · 4 EL Olivenöl
300 g Risottoreis
2 Knoblauchzehen, fein gehackt
1–1 1/4 l heiße Gemüsebrühe
350 g kleine Zucchini, grob geraspelt
250 g Möhren, grob geraspelt
8 rohe Riesengarnelen (ohne Kopf und Schale; ca. 200 g)
Salz · Pfeffer

1 Die Zwiebel in einem weiten Topf in 2 EL Olivenöl glasig dünsten. Den Reis einrühren und 2–3 Min. braten. Den Knoblauch untermischen. Mit einer kleinen Suppenkelle voll heißer Brühe ablöschen. Rühren, bis die Flüssigkeit fast verdampft ist. Nach und nach die übrige heiße Brühe dazugießen und den Reis unter ständigem Rühren in 20 Min. offen gar kochen.

2 Zucchini- und Möhrenraspel untermischen und alles noch 5–6 Min. zugedeckt garen.

3 Inzwischen die Garnelen im restlichen Öl 4–5 Min. braten. Den Risotto mit Salz und Pfeffer abschmecken, die Garnelen darauflegen.

Blitzvariante: Ruck, zuck gelingt der Risotto mit 8-Minuten-Kurzzeitreis.

Resteküche: Übriggebliebenen Reis portionsweise in blanchierte Wirsingblätter einwickeln und 20 Min. dämpfen.

Gemüse austauschen: Den Risotto mit Erbsen und Champignons oder mit Paprikaschoten und Kürbis zubereiten.

Kartoffeln mit Radieschenschmand

Schnell ●
Vorbereiten ●●
Preiswert ●●●
30 Min.
(+ 1 Std. Backzeit)

Pro Portion ca. 310 kcal
7 g Eiweiß · 21 g Fett · 22 g Kohlenhydrate

ZUTATEN FÜR 4 PORTIONEN:
4 sehr große festkochende Kartoffeln
2 EL Sonnenblumenkerne
1 Bund Radieschen · Salz
1 Bund Schnittlauch
300 g Schmand (24 % Fett)
2 EL Zitronensaft
Pfeffer · Öl zum Einfetten

1 Den Backofen auf 225° vorheizen. Kartoffeln abbürsten; in 4 geölte Stücke Alufolie wickeln. Im Ofen (Mitte, Umluft 200°) auf dem Rost in 1–1 1/4 Std. weich backen. Die Sonnenblumenkerne ohne Fett goldbraun rösten.

2 Die Radieschen grob raspeln und salzen. Den Schnittlauch in feine Röllchen schneiden. Den Schmand mit dem Zitronensaft verrühren, die Radieschen und den Schnittlauch bis auf jeweils 1 EL untermischen. Salzen und pfeffern.

3 Die Kartoffeln einschneiden und mit Radieschenschmand füllen. Restliche Radieschen, Schnittlauchröllchen und Sonnenblumenkerne aufstreuen.

Extra gesund: 1 Handvoll Alfalfasprossen auf die fertigen Kartoffeln streuen.

Kartoffel-Tomaten-Gratin

Schnell ●
Vorbereiten ●●
Preiswert ●●
30 Min.
(+ 30 Min. Backzeit)

Pro Portion ca. 630 kcal
12 g Eiweiß · 38 g Fett · 60 g Kohlenhydrate

ZUTATEN FÜR 4 PORTIONEN:
800 g TK-Bratkartoffeln
200 g passierte Tomaten (Dose)
2 EL Tapenade (Olivenpaste)
1 Knoblauchzehe
1 EL Aceto balsamico
Salz · Pfeffer · 1 Bund Petersilie
500 g feste Tomaten, in Scheiben
Olivenöl für die Form und zum Beträufeln

1 Den Backofen auf 200° vorheizen. Die Kartoffeln antauen lassen. Passierte Tomaten und Olivenpaste verrühren, den Knoblauch dazudrücken. Mit Essig, Salz und Pfeffer würzen. Die Petersilie hacken und die Hälfte unter das Püree mischen.

2 Abwechselnd je 2 Lagen Kartoffeln und Tomaten in eine gefettete Gratinform schichten, salzen und pfeffern und jeweils 3 EL Tomatenpüree darauf verteilen. Mit Kartoffeln abschließen. Mit Öl beträufeln und mit Pfeffer übermahlen.

3 Das Gratin im Ofen (Mitte, Umluft 180°) 30 Min. backen. Die übrige Petersilie aufstreuen und das Gratin heiß servieren.

Bild: Rohkost-Risotto mit Garnelen

Griechische Hackfleischpizza

Schnell	●	30 Min.
Vorbereiten	●●	(+ 20 Min. Backzeit)
Preiswert	●●	

Bei 12 Stücken pro Stück ca. 300 kcal
16 g Eiweiß · 13 g Fett · 31 g Kohlenhydrate

ZUTATEN FÜR 1 BACKBLECH:
400 g Rinderhackfleisch
1 EL Olivenöl (+ Öl für das Blech)
400 g Gärtner- oder Salatgurke
100 g Frühlingszwiebeln
2 Knoblauchzehen
Salz · Pfeffer
800 g Pizzateig (Kühlregal)
1 Dose Pizza-Tomaten (400 g)
200 g Schafskäse (Feta)

1 In einer großen Pfanne das Hackfleisch im Öl krümelig braten. Die Gurke schälen, längs halbieren, entkernen und in Scheibchen schneiden. Die Frühlingszwiebeln in feine Ringe schneiden.

2 Den Backofen auf 200° vorheizen. Gurken, Zwiebeln und zerdrückten Knoblauch zum Fleisch geben, 3 Min. andünsten; salzen und pfeffern.

3 Ein Backblech einfetten. Den Teig daraufgeben und mit einer Teigrolle glattrollen. Die Tomaten, dann die Hackfleisch-Mischung darauf verteilen und mit Pfeffer übermahlen. Die Hackfleischpizza im heißen Ofen (Mitte, Umluft 180°) 20–25 Min. backen. Den Schafskäse zerbröckeln und vor dem Servieren auf der Pizza verteilen.

Beilage: Dazu paßt ein grüner Blattsalat.

Gemüse austauschen: Die Hackmischung mit Zucchini, Auberginen und Paprikawürfeln zubereiten.

Extra gesund: Zuletzt gehackten Dill aufstreuen.

Bärige Schmortomaten

Schnell	●	30 Min.
Vorbereiten	●●	
Preiswert	●●●	

Pro Portion ca. 660 kcal
24 g Eiweiß · 30 g Fett · 71 g Kohlenhydrate

ZUTATEN FÜR 4 PORTIONEN:
6 Fleischtomaten (ca. 2,5 kg)
Salz · Pfeffer · 1 Zwiebel
1 Stange Staudensellerie · 1 Karotte
100 g Schinkenspeck · 1 EL Butter
1 Bund Bärlauch (Alternative s. Tip)
4 Portionen Instant-Kartoffelpüree
100 g saure Sahne

1 Die Tomaten halbieren, das Innere herauskratzen und beiseite stellen. Tomaten salzen und pfeffern. Zwiebel, Sellerie, Karotte und Schinkenspeck fein würfeln. Den Speck auslassen, Gemüse und Tomatenkerne zufügen und anbraten. Dabei pfeffern und nur wenig salzen.

2 Den Backofen auf 200° vorheizen. Den Bärlauch in feine Streifen schneiden. Das Kartoffelpüree nach Packungsanweisung zubereiten. 1/3 der Menge mit Speckgemüse, Bärlauch und saurer Sahne mischen, kräftig abschmecken.

3 Die Tomatenhälften füllen, Deckel aufsetzen und im Ofen (Mitte, Umluft 180°) ca. 20 Min. überbacken. Das übrige Püree als Beilage servieren.

Gemüse austauschen: Wilder Bärlauch soll nur bis zur Blüte gepflückt werden. Er sieht dem giftigen Maiglöckchen sehr ähnlich. Der intensive Knoblauchgeruch ist aber unverwechselbar. Ersatzweise 1 Bund Schnittlauch und gehackten Knoblauch verwenden.

Kraft und Power: Die Tomaten zusätzlich mit gebratenem Hackfleisch füllen.

Blumenkohl mit Erdnuß-Butter

Schnell	●	30 Min.
Vorbereiten	●●	
Preiswert	●●●	

Pro Portion ca. 630 kcal
15 g Eiweiß · 55 g Fett · 18 g Kohlenhydrate

ZUTATEN FÜR 4 PORTIONEN:
Salz · 3 EL Zitronensaft
1 Blumenkohl (ca. 1,6 kg)
100 g geschälte Erdnüsse
1/2 Bund Petersilie
200 g Butter
50 g Semmelbrösel
Pfeffer

1 In einem großen Topf reichlich Wasser mit Salz und Zitronensaft zum Kochen bringen. Den Blumenkohl putzen und in Röschen zerteilen, im kochenden Wasser in 7 Min. bißfest garen. Die Erdnüsse fein hacken. Die Petersilie ebenfalls hacken.

2 Erdnüsse und Semmelbrösel in der Butter unter Rühren 5 Min. anbraten. Mit Salz und Pfeffer würzen, die Petersilie untermischen.

3 Den Blumenkohl gut abtropfen lassen. In einer vorgewärmten Form anrichten und mit der Erdnuß-Butter übergießen.

Blitzvariante: Geschälte geröstete Erdnüsse aus der Dose nehmen.

Kraft und Power: Als Fleischbeilage passen gut gebratene Hähnchenfilets.

Mit Pep: Die Ernuß-Butter zusätzlich mit Currypulver würzen.

Bild oben: Griechische Hackfleischpizza
Bild unten links:
Blumenkohl mit Erdnuß-Butter
Bild unten rechts:
Bärige Schmortomaten

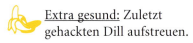

Aprikosen-Clafoutis

Schnell	●	30 Min.
Vorbereiten	●●	(+ 35 Min. Backzeit)
Preiswert	●●●	

Pro Portion ca. 460 kcal
15 g Eiweiß · 11 g Fett · 77 g Kohlenhydrate

ZUTATEN FÜR 4 PORTIONEN:
500 g Aprikosen · 4 Eier
125 g Zucker · 1 EL Vanillezucker
150 g Mehl · 300 ml Milch
Butter für die Form
1 EL Puderzucker
2 TL gehackte Pistazien

1 Den Backofen auf 200° vorheizen. Die Aprikosen überbrühen, abgießen, abschrecken und häuten. Die Früchte halbieren und entsteinen.

2 Die Eier, Zucker und Vanillezucker schaumig rühren. Nach und nach Mehl und Milch zugeben und alles zu einem glatten Teig verrühren.

3 Eine flache Auflaufform einfetten. Teig in die Form füllen, die Aprikosen daraufgeben. Den Clafoutis im Ofen (Mitte, Umluft 180°) 35–40 Min. backen. Mit Puderzucker bestäuben und mit den Pistazien bestreuen.

Blitzvariante: Die Aprikosen müssen nicht unbedingt gehäutet werden.

Obst austauschen: Nehmen Sie auch mal Mirabellen, Pflaumen oder Kirschen.

Heidelbeer-Pfannkuchen

Schnell	●●	20 Min.
Vorbereiten	●●	(+ 50 Min. Backzeit)
Preiswert	●●	

Pro Pfannkuchen ca. 470 kcal
15 g Eiweiß · 22 g Fett · 53 g Kohlenhydrate

ZUTATEN FÜR 8 PFANNKUCHEN:
6 Eier
5 EL Zucker
2 EL Vanillezucker
400 g Mehl · 3/4 l Milch
400 g kleine Heidelbeeren
300 g Schmand (24 % Fett)
1/2 unbehandelte Zitrone
Butterschmalz zum Backen
Puderzucker zum Bestäuben

1 Die Eier mit 3 EL Zucker, Vanillezucker, Mehl und Milch gut verquirlen. Den Teig ruhen lassen. Die Heidelbeeren verlesen und abbrausen. Den Schmand mit dem übrigen Zucker, 2 EL Zitronensaft und der Zitronenschale verrühren.

2 Etwas Schmalz in einer beschichteten Pfanne erhitzen, 1 1/2 Schöpfkellen Teig hineingießen, kurz backen, dann 3 EL Heidelbeeren darauf verteilen; weiterbacken, bis die Unterseite goldbraun ist. Den Eierkuchen wenden und die andere Seite bei schwacher Hitze bräunen. Nacheinander 8 Eierkuchen backen; warm halten.

3 Die Pfannkuchen mit der Zitronencreme auf Tellern anrichten und mit Puderzucker dick bestäuben.

Extra gesund: Das Mehl durch 200 g Weizenmehl Type 1050 und 75 g Buchweizenmehl ersetzen.

Aus dem Vorrat: TK-Beeren direkt mitbacken – eventuell etwas länger. Rote Johannisbeeren geben den Pfannkuchen eine säuerliche Note.

Johannisbeer-Quark-Schmarren

Schnell	●	30 Min.
Vorbereiten	●●	
Preiswert	●●●	

Pro Portion ca. 330 kcal
15 g Eiweiß · 16 g Fett · 31 g Kohlenhydrate

ZUTATEN FÜR 4 PORTIONEN:
125 g Magerquark · 100 g Mehl
30 g Zucker · 4 Eier · 1/8 l Milch
200 g rote Johannisbeeren
40 g Butter

1 Den Quark abgießen; mit Mehl, Zucker, Eiern und Milch zum Teig verrühren und ruhen lassen. Die Beeren von den Stielen zupfen und unter den Teig heben. Den Backofen auf 200° vorheizen.

2 Die Butter in einer großen Pfanne erhitzen. Den Teig darin backen, bis er unten gebräunt ist. Wenden, bei schwacher Hitze 5 Min. backen, mit Gabeln in Stücke reißen, den Schmarren in einer ofenfesten Form im Ofen (Mitte, Umluft 180°) ca. 3 Min. ausdampfen lassen.

Obst austauschen: Die Johannisbeeren durch Sauerkirschen ersetzen.

Aus dem Vorrat: Statt der Beeren können Sie 50 g Rosinen nehmen. Den Teig dann mit abgeriebener Zitronenschale aromatisieren.

Bild: Heidelbeer-Pfannkuchen

Kirschwaffeln mit Eis

Schnell	●	30 Min.
Vorbereiten	○	
Preiswert	●●●	

Bei 8 Waffeln pro Stück ca. 290 kcal
6 g Eiweiß · 16 g Fett · 30 g Kohlenhydrate

ZUTATEN FÜR 6–8 WAFFELN:
100 g Butter · 60 g Puderzucker
1 Päckchen Vanillezucker · 2 Eier
100 g Mehl · 1/2 TL Backpulver
50 g zarte Haferflocken
ca. 200 ml Buttermilch
350 g Sauerkirschen
250 ml Stracciatella-Eis

1 Die Butter mit 50 g Puderzucker und dem Vanillezucker cremig rühren. Die Eier unter die Schaummasse mengen. Das Mehl mit Backpulver und Haferflocken mischen und ebenfalls unterarbeiten.

2 So viel Buttermilch einarbeiten, daß der Teig zähflüssig vom Löffel fällt. Die Kirschen entsteinen. 100 g schöne Kirschen beiseite legen, den Rest unter den Teig heben.

3 Pro Waffel ca. 2 EL Teig in das Waffeleisen geben und goldbraun backen. Auf einem Kuchengitter ausdampfen lassen. Die Waffeln mit 2 Mini-Eiskugeln und einigen Kirschen auf einem Teller anrichten und mit Puderzucker bestäuben.

Resteküche: Übrige Waffeln einfrieren. Kurz aufgetoastet zum Sahne-Beeren-Eis von Seite 116 reichen.

Obst austauschen: Wer keine Sauerkirschen mag, bekommt Brombeer- oder Heidelbeerwaffeln.

Extra gesund: Gelingt auch mit Dinkel-Vollkornmehl super. Dann etwas mehr Buttermilch nehmen.

Klassischer Pfirsich Melba

Schnell	●	30 Min.
Vorbereiten	●●	
Preiswert	●●	

Pro Portion ca. 260 kcal
5 g Eiweiß · 6 g Fett · 45 g Kohlenhydrate

ZUTATEN FÜR 4 PORTIONEN:
4 reife Pfirsiche · 2 TL Vanillezucker
3 EL Zitronensaft · 250 g Himbeeren
2 EL Puderzucker
200 g Vanille-Eis
4 Eiswaffeln

1 Die Pfirsiche überbrühen, abschrecken und enthäuten, dann halbieren und entsteinen. Pfirsichhälften in Spalten schneiden und auf vier Desserttellern dekorativ anrichten. Das Obst mit dem Vanillezucker bestreuen und mit 1 EL Zitronensaft beträufeln.

2 Himbeeren mit Puderzucker und dem übrigen Zitronensaft pürieren. Vom Eis Kugeln abstechen und neben die Pfirsiche setzen. Mit dem Himbeerpüree überziehen und mit je 1 Eiswaffel garnieren. Sofort servieren.

Blitzvariante: Wenn Sie Nektarinen anstelle der Pfirsiche nehmen, brauchen Sie vorher nicht die Haut abziehen. Oder Pfirsichhälften aus der Dose abtropfen lassen, mit Eiskugeln anrichten und mit einer Mischung aus halb Erdbeerkonfitüre und halb rotem Johannisbeergelee überziehen.

Aus dem Vorrat: Statt der frischen Himbeeren TK-Himbeeren auftauen lassen und samt dem gezogenen Saft verwenden.

Mit Pep: Himbeerpüree kommt auch als heiße Sauce über die Pfirsiche gegossen gut an. Wenn keine Kinder mitessen, können Sie das Püree noch mit 2 EL Himbeergeist abschmecken.

Himbeer-Mascarpone

Schnell	●	25 Min.
Vorbereiten	●●●	(+ 5 Std. Kühlzeit)
Preiswert	●	

Bei 8 Portionen pro Portion ca. 320 kcal
5 g Eiweiß · 24 g Fett · 19 g Kohlenhydrate

ZUTATEN FÜR 6–8 PORTIONEN:
400 g Himbeeren
Saft und etwas abgeriebene Schale
von 1/2 unbehandelten Zitrone
2 Eigelbe · 50 g Zucker
250 g Mascarpone · 75 g Joghurt
200 g Cantuccini (italienische harte Mandelkekse)
2 EL Mandelsplitter

1 Die Hälfte der Himbeeren mit 1 EL Zitronensaft pürieren. Eigelbe und Zucker cremig schlagen. Mascarpone, Joghurt und Himbeerpüree nach und nach unterziehen. Mit 1 TL Zitronenschale würzen.

2 Eine flache Form mit den Keksen auslegen. Die Himbeercreme darauf verteilen und glattstreichen. Das Dessert mindestens 5 Std. in den Kühlschrank stellen.

3 Mandeln goldbraun rösten. Das Dessert mit den übrigen Himbeeren garnieren und mit den Mandeln bestreuen.

Blitzvariante: Gekaufte Himbeersauce einrühren.

Obst austauschen: Gut passen auch Erdbeeren, Heidelbeeren, Brombeeren oder gehäutete Aprikosen.

Aus dem Vorrat: Aufgetaute TK-Beeren nehmen.

Bild oben: Kirschwaffeln mit Eis
Bild unten links:
Klassischer Pfirsich Melba
Bild unten rechts:
Himbeer-Mascarpone

Gratinierte Nektarinen

Schnell	●●	20 Min.
Vorbereiten	●	
Preiswert	●●	

Pro Portion ca. 230 kcal
4 g Eiweiß · 11 g Fett · 27 g Kohlenhydrate

ZUTATEN FÜR 4 PORTIONEN:
4 große reife Nektarinen
Butter für die Form
80 g Amarettini (italienische Mandelmakrönchen)
2 EL Orangensaft
20 g gehackte Mandeln
fein abgeriebene Schale von 1/2 unbehandelten Zitrone
1 EL Crème fraîche
1 Eigelb
1/8 l roter Traubensaft

1 Den Backofen auf 225° vorheizen. Die Nektarinen halbieren und den Stein entfernen. Eine kleine ofenfeste Form einfetten. Die Nektarinenhälften auf die Hautseite hineinsetzen.

2 Die Amarettini mit der Teigrolle zerbröseln und mit dem Orangensaft beträufeln. Mit Mandeln, Zitronenschale, Crème fraîche und Eigelb vermischen. Die Füllung mit einem Teelöffel auf die Nektarinen verteilen. Den Saft angießen.

3 Die Früchte im heißen Backofen (Mitte, Umluft 200°) 10 Min. gratinieren.

Beilage: Das Gratin mit leicht angeschlagener Vanillesahne oder mit Vanille-Eis anrichten.

Obst austauschen: Gratinieren Sie doch einmal statt der Nektarinen gehäutete Pfirsiche oder Pflaumen.

Aus dem Vorrat: Pfirsiche aus der Dose sind eine preiswerte Alternative zu den frischen Nektarinen.

Beerengrütze mit Vanillesahne

Schnell	●	30 Min.
Vorbereiten	●●●	(+ 2 Std. Kühlzeit)
Preiswert	●●	

Bei 6 Portionen pro Portion ca. 240 kcal
3 g Eiweiß · 13 g Fett · 26 g Kohlenhydrate

ZUTATEN FÜR 4–6 PORTIONEN:
500 g gemischte Beeren (z. B. Erdbeeren, Himbeeren, Johannisbeeren, Heidelbeeren)
1/2 l Sauerkirschnektar
3 1/2 EL Speisestärke
60 g Zucker
1 Stück unbehandelte Zitronenschale
250 g Sahne · 1 Vanilleschote

1 Die Beeren waschen und verlesen, die Erdbeeren vierteln. 6 EL Kirschsaft mit 3 EL Speisestärke verrühren.

2 In einem Topf den übrigen Saft mit 50 g Zucker, der Zitronenschale und allen Beeren zum Kochen bringen. Geschlossen 2 Min. köcheln lassen, dann die angerührte Stärke dazugeben und nochmals 3 Min. garen. Die Grütze 2 Std. kalt stellen.

3 Die Sahne mit ausgekratztem Vanillemark und der Schote, dem übrigen Zucker und 1 TL Stärke verrühren. 2 Min. kochen, dann abkühlen lassen; die Vanilleschote entfernen. Die Vanillesahne zur Grütze reichen.

Obst austauschen: Grützen aus anderen Früchten, von Aprikosen über Sauerkirschen bis hin zu Zwetschgen, sorgen für farbliche und geschmackliche Abwechslung.

Extra gesund: Die Vanillesahne mit 1–2 EL feingemahlenen Mandeln oder Pistazien ergänzen.

Aus dem Vorrat: Greifen Sie ruhig auf gemischte TK-Beeren zurück.

Schnelles Sahne-Beeren-Eis

Schnell	●●●	5 Min.
Vorbereiten	●●●	(+ 25 Min. Antauzeit)
Preiswert	●●●	

Pro Portion ca. 120 kcal
1 g Eiweiß · 8 g Fett · 9 g Kohlenhydrate

ZUTATEN FÜR 4 PORTIONEN:
250 g TK-Himbeeren
2 EL Puderzucker
100 g Sahne

1 Die Himbeeren in einer Schüssel ca. 25 Min. antauen lassen. Die Antauzeit richtet sich nach den Außentemperaturen, achten Sie deshalb darauf, daß die Himbeeren zum Verarbeiten noch eiskalt und fest sind!

2 Die Beeren mit dem Puderzucker und der Sahne pürieren und das Eis sofort servieren.

Resteküche: Sollte wider Erwarten etwas von dem Eis übriggeblieben sein, einfach in Eis-am-Stiel-Formen füllen (gibt's in Haushaltswarengeschäften) und die Förmchen in die Tiefkühltruhe legen.

Obst austauschen: Schmeckt auch mit TK-Erdbeeren und -Kirschen. Oder Sie probieren eine Beeren- oder Gartenfruchtmischung.

Mit Pep: Aus dem Himbeer-Eis wird ein erfrischender Begrüßungsdrink, wenn Sie je 1 Kugel Eis in ein großes Glas füllen und es mit eiskaltem Früchtetee, Fruchtsaft oder (für Erwachsene) mit Sekt oder Prosecco aufgießen.

Bild oben:
Beerengrütze mit Vanillesahne
Bild unten links:
Gratinierte Nektarinen
Bild unten rechts:
Schnelles Sahne-Beeren-Eis

Johannisbeer-Kuchen mit Guß

Schnell	●	25 Min.
Vorbereiten	●●●	(+ 30 Min. Backzeit)
Preiswert	●●	

Bei 12 Stücken pro Stück ca. 290 kcal
5 g Eiweiß · 14 g Fett · 36 g Kohlenhydrate

ZUTATEN FÜR 1 SPRINGFORM (Ø 26 cm):
400 g Mürbeteig (Kühlregal)
Mehl zum Ausrollen
Butter für die Form
2 Eier
300 g Crème fraîche
75 g Zucker
1 Päckchen Vanillezucker
50 g gemahlene Mandeln
je 250 g rote und schwarze Johannisbeeren, von den Rispen gestreift

1 Den Backofen auf 200° vorheizen. Den Teig auf der bemehlten Arbeitsfläche ausrollen und in die gefettete Form geben. Einen Rand hochdrücken. Den Teig im Ofen (Mitte, Umluft 180°) 10 Min. vorbacken.

2 Für den Guß Eier mit Crème fraîche, Zucker, Vanillezucker und den Mandeln verrühren.

3 Die Johannisbeeren auf dem vorgebackenen Boden verteilen und den Guß darübergießen. Den Kuchen weitere 30–35 Min. backen; abkühlen lassen.

🥕 **Obst austauschen:** Der Kuchen läßt sich mit Stachelbeeren oder Sauerkirschen variieren.

Himbeertorte mit Joghurt

Schnell	●	40 Min.
Vorbereiten	●●●	(+ 2 Std. Kühlzeit)
Preiswert	●●	

Bei 12 Stücken pro Stück ca. 340 kcal
6 g Eiweiß · 13 g Fett · 49 g Kohlenhydrate

ZUTATEN FÜR 1 TORTE (Ø 26 cm):
6 Blatt weiße Gelatine · 500 g Joghurt
150 g Schmand (24 % Fett)
100 g Zucker
2 Päckchen geriebene Zitronenschale
3 dunkle Biskuitböden (Ø 26 cm)
300 g Kirschkonfitüre
600 g Himbeeren · 250 g Sahne

1 Die Gelatine einweichen. Joghurt, Schmand, Zucker und Zitronenschale verrühren. Die Gelatine tropfnaß erwärmen, auflösen und unter die Joghurtcreme rühren; 1/2 Std. im Kühlschrank festwerden lassen.

2 2 Tortenböden mit je 100 g Konfitüre bestreichen und aufeinandersetzen. Den Rand einer Springform darumlegen.

3 100 g Himbeeren beiseite legen. Die Sahne steif schlagen, unter die Joghurtcreme heben, dann die Himbeeren. Die Hälfte auf die zusammengesetzen Biskuitböden streichen. Die übrige Konfitüre auf dem 3. Tortenboden verteilen und darauflegen. Mit der restlichen Creme bestreichen und mit den übrigen Himbeeren belegen. 2 Std. kalt stellen.

‼️ **Mit Pep:** Für den Boden 175 g Cornflakes zerbröseln; mit 150 g Zucker, 50 g Butter und 2–3 EL Wasser verkneten. Eine Springform damit auskleiden. Creme mit 200 g Frischkäse zubereiten; 500 g entsteinte gezuckerte Sauerkirschen statt Himbeeren unterheben. 100 g Sauerkirschen mit Kirschsaft, Zucker und Stärke zu Kompott kochen. Auf den Kuchenboden geben und festwerden lassen.

Brombeer-Törtchen

Schnell	●	30 Min.
Vorbereiten	●●	
Preiswert	●●	

Pro Stück ca. 200 kcal
6 g Eiweiß · 6 g Fett · 30 g Kohlenhydrate

ZUTATEN FÜR 8 TÖRTCHEN (Ø 9 cm):
400 g Brombeeren
1 Päckchen geriebene Orangenschale
200 g Ricotta (oder Doppelrahm-Frischkäse)
60 g Orangenmarmelade
1–2 TL Zitronensaft
8 Mürbeteig-Torteletts
Saft von 1 Orange
1 Päckchen klarer Tortenguß
2 EL Zucker

1 Die Brombeeren abbrausen, mit der Orangenschale vermischen und in ein Sieb geben. Den abtropfenden Saft auffangen. Den Ricotta mit Marmelade und Zitronensaft verrühren. In die Törtchen füllen. Die Beeren auf der Creme verteilen.

2 Den aufgefangenen Brombeersaft mit Orangensaft und Wasser auf 1/4 l auffüllen. Aus dem Tortengußpulver und Zucker nach Anweisung einen Guß herstellen; die Törtchen überziehen.

🥤 **Aus dem Vorrat:** Die Törtchen mit gekochtem und abgekühltem Vanillepudding füllen; statt frischer Brombeeren TK-Beeren nehmen.

Bild: Himbeertorte mit Joghurt

Stachelbeerkuchen mit Schokosahne

Schnell	●	30 Min.
Vorbereiten	●●	(+ 40 Min. Backzeit)
Preiswert	●●	

Bei 12 Stücken pro Stück ca. 280 kcal
4 g Eiweiß · 23 g Fett · 15 g Kohlenhydrate

ZUTATEN FÜR 1 SPRINGFORM
(Ø 26 cm):
400 g Stachelbeeren
1 Packung Backmischung für Obstkuchenteig (250 g)
150 g Butter (+ Butter für die Form)
2 Eier · 40 g Mandelstifte
80 g Zartbitter-Schokolade
250 g Sahne
1 Päckchen Vanillezucker
1 Päckchen Sahnesteif

1 Den Backofen auf 175° vorheizen. Den Boden der Springform einfetten. Die Beeren abbrausen und entstielen.

2 Die Backmischung nach Anweisung mit Butter und Eiern zu einem glatten Teig verarbeiten; in die Form streichen. Die Stachelbeeren auf dem Teig verteilen. Mit den Mandeln bestreuen. Im heißen Ofen (Mitte, Umluft 160°) 40–45 Min. backen; abkühlen lassen.

3 Die Schokolade hacken. Die Sahne mit dem Vanillezucker und Sahnesteif steif schlagen. 2/3 der Schokolade unterheben. Die Schokosahne auf dem Kuchen verteilen; mit der übrigen Schokolade bestreuen.

Obst austauschen: Außerhalb der Saison Stachelbeeren aus dem Glas nehmen. Gut schmeckt der Kuchen aber auch mit 500 g gehäuteten und entsteinten Aprikosenhälften.

Mit Pep: Dieses Rezept wird zum Blechkuchen, wenn Sie eine Rührteig-Backmischung (400 g) nehmen und die übrigen Zutaten verdoppeln.

Aprikosen-Mandel-Tarte

Schnell	●●	20 Min.
Vorbereiten	●●●	(+ 45 Min. Backzeit)
Preiswert	●●	

Bei 8 Stücken pro Stück ca. 280 kcal
5 g Eiweiß · 17 g Fett · 27 g Kohlenhydrate

ZUTATEN FÜR 1 TARTEFORM
(Ø 26 cm):
300 g TK-Blätterteig
ca. 750 g Aprikosen
150 g saure Sahne · 1 Ei
75 g Ahornsirup
Fett und gemahlene Mandeln für die Form
40 g Mandelblättchen

1 Die Teigplatten auftauen lassen. Die Aprikosen waschen, halbieren und entsteinen. Die saure Sahne mit Ei und Ahornsirup verrühren. Den Backofen auf 180° vorheizen. Die Tarteform oder eine Springform einfetten und mit Mandeln ausstreuen.

2 Den Teig zu einem Kreis von ca. 33 cm Ø ausrollen, in die Form legen und mehrfach einstechen. Den überstehenden Rand in ca. 2 cm Abstand bis zur Form einschneiden, je zwei Ecken zu einem Dreieck umbiegen, so daß der Rand Strahlen bekommt.

3 Die saure Sahne auf den Boden gießen, die Aprikosenhälften mit der Schnittfläche darauf kranzförmig anordnen, mit den Mandelblättchen bestreuen.

4 Die Tarte im vorgeheizten Backofen (Mitte, Umluft 160°) in ca. 45 Min. goldbraun backen.

Beilage: Köstlich schmeckt die Tarte lauwarm mit geschlagener Vanillesahne.

Extra gesund: Bei sehr saftigem Obst können Sie 3–4 EL fein geriebene Mandeln oder Pinienkerne zur sauren Sahne geben.

Heidelbeerkuchen mit Guß

Schnell	●●●	15 Min.
Vorbereiten	●●●	(+ 50 Min. Backzeit)
Preiswert	●●	

Bei 12 Stücken pro Stück ca. 300 kcal
4 g Eiweiß · 18 g Fett · 28 g Kohlenhydrate

ZUTATEN FÜR 1 SPRINGFORM
(Ø 26 cm):
250 g Heidelbeeren
200 g weiche Butter (+ Butter für die Form)
170 g Zucker · 3 Eier
200 g Mehl
250 g saure Sahne

1 Den Backofen auf 180° vorheizen. Die Springform einfetten. Die Heidelbeeren waschen und gut abtropfen lassen.

2 Die Butter mit 100 g Zucker, 1 Ei und Mehl verkneten. Den Teig in die Springform geben und glattstreichen. Die Heidelbeeren darüberstreuen.

3 Die übrigen Eier mit der sauren Sahne und dem restlichen Zucker verquirlen; über die Heidelbeeren gießen.

4 Den Kuchen im Backofen (Mitte, Umluft 160°) ca. 50 Min. backen.

Obst austauschen: Den Teig mit 500 g Zwetschgen belegen; Mandelblättchen und Zimt darüberstreuen. In den Sauerrahmguß dann aber etwas weniger Zucker geben.

Mit Pep: Servieren Sie den Heidelbeerkuchen auch einmal warm als Dessert. Einfach göttlich!

**Bild oben: Aprikosen-Mandel-Tarte
Bild unten links:
Stachelbeerkuchen mit Schokosahne
Bild unten rechts:
Heidelbeerkuchen mit Guß**

Herbst

was koche ich, wenn ...

... es superschnell gehen soll:

Apfelcarpaccio mit Meerrettichdressing 130
Bananen-Dickmilch 127
Bohnen-Lamm-Eintopf 140
Feldsalat mit Weintrauben 130
Hackfleisch-Gemüse-Pie 152
Hähnchen-Grillpfanne 152
Hot-Dog mit Zwiebelbaguette 128
Kartoffel-Croque mit Greyerzer 134
Lachskotelett mit Kräutercreme 154
Pilztoast mit Walnüssen 136
Schweinefilet mit Fruchtpüree 148
Strammer Otto mit Kresse 134
Zwetschgen-Clafoutis 164

... der herbstliche Garten uns mit Obst und Gemüse überschüttet:

Apfelcarpaccio mit Meerrettichdressing 130
Apfeltee 124
Apfel-Zwieback-Auflauf 164
Birnensülzchen mit Orangensauce 166
Bohnen-Lamm-Eintopf 140
Cremige Kürbissuppe 138
Feldsalat mit Weintrauben 130
Fenchel-Birnen-Salat 132
Geschnetzeltes mit Möhren-Weißkohl 150
Gratinierte Wirsingspalten 142
Grüne Kartoffeln mit Mozzarella 162
Gurken-Eintopf mit Schafskäse 140
Gurken-Gemüse mit Kabeljaufilet 154
Hagebuttenmix 124
Hefekuchen mit Zwetschgen 170
Kalte Traubentorte 168
Kartoffel-Apfel-Gratin 160
Kotelett mit Apfel-Lauch-Gemüse 146
Kürbis-Hirsotto 158

Lamm mit Birnen-Kartoffel-Gratin 146
Medaillons mit Zwetschgen-Lauch 144
Quarkauflauf mit Birnen 164
Roter Birnen-Mohn-Kuchen 170
Süße Zwetschgen-Tortilla 166
Traubensalat mit Apfel-Zabaione 166
Zwetschgen-Clafoutis 164

... es aus dem Vorrat sein soll:

Apfel-Zwieback-Auflauf 164
Erbsen-Schinken-Rührei 127
Hackfleisch-Gemüse-Pie 152
Hähnchen-Grillpfanne 152
Kartoffel-Apfel-Gratin 160
Kümmel-Kartoffeln mit Schmand 160
Lachskotelett mit Kräutercreme 154
Pancakes mit Ahornsirup 126
Quarktaschen 168
Tomatensuppe mit Mais und Erdnüssen 138
Zimt-Apfelstreusel 170

... es besonders preiswert sein soll:

Apfelcarpaccio mit Meerrettichdressing 130
Apfel-Zwieback-Auflauf 164
Auberginen mit Kartoffelcreme 134
Bandnudeln mit Pilzragout 156
Couscous-Pfanne 158
Cremige Kürbissuppe 138
Gratinierte Wirsingspalten 142
Gurken-Eintopf mit Schafskäse 140
Hackfleisch-Gemüse-Pie 152
Hefekuchen mit Zwetschgen 170
Kartoffel-Apfel-Gratin 160
Kartoffeleintopf mit Würstchen 140
Kümmel-Kartoffeln mit Schmand 160
Kürbis-Hirsotto 158
Nudelblech 158

Paprika-Hackfleisch-Pfanne 152
Quarkauflauf mit Birnen 164
Schafskäse mit Pfannengemüse 162
Semmelknödel mit Sahnegemüse 160
Spareribs mit Corn-Fritters 150
Süße Zwetschgen-Tortilla 166
Tomatensuppe mit Mais und Erdnüssen 138
Zimt-Apfelstreusel 170

Pilztoast mit Walnüssen 136
Raclette-Gemüse-Toast 129
Roquefort-Toast mit Birne 129
Strammer Otto mit Kresse 134
Überbackene Frikadellen-Rösti 136
Zwiebel-Speck-Muffins 128

... es etwas Besonderes sein soll:

Geschnetzeltes mit Möhren-Weißkohl 150
Kalbfleisch Stroganoff 146
Kalbsgeschnetzeltes mit Fenchel 144
Lachskotelett mit Kräutercreme 154
Lamm mit Birnen-Kartoffel-Gratin 146
Mariniertes Filet auf Paprika 144
Medaillons mit Zwetschgen-Lauch 144
Rindfleisch-Gemüse-Pfanne 150
Roter Birnen-Mohn-Kuchen 170
Steaks mit Spinat-Kartoffel-Gratin 148

... es gut vorzubereiten sein soll:

Apfel-Walnuß-Brot 168
Birnensülzchen mit Orangensauce 166
Bohnen-Lamm-Eintopf 140
Bunte Puten-Peperonata 154
Cremige Kürbissuppe 138
Hackfleisch-Gemüse-Pie 152
Hefekuchen mit Zwetschgen 170
Kalte Traubentorte 168
Mariniertes Filet auf Paprika 144
Quarkauflauf mit Birnen 164
Quarktaschen 168
Tomatensuppe mit Mais und Erdnüssen 138
Zimt-Apfelstreusel 170
Zwetschgen-Clafoutis 164

... es was für's Kinderfest geben soll:

Hackfleisch-Gemüse-Pie 152
Hefekuchen mit Zwetschgen 170
Herzhafte Gyros-Brötchen 128
Kinder-Cappuccino 125
Mais-Paprika-Tarteletts 129
Nudelblech 158
Pancakes mit Ahornsirup 126
Raclette-Gemüse-Toast 129
Überbackene Frikadellen-Rösti 136

... nur ein kleiner Imbiß gefragt ist:

Auberginen mit Kartoffelcreme 134
Champignons mit Polentafüllung 142
Erbsen-Schinken-Rührei 127
Geflügel-Ananas-Salat 132
Gefüllte fritierte Spitzpaprika 136
Gefüllte Zucchini mit Ratatouille 142
Herzhafte Gyros-Brötchen 128
Hot-Dog mit Zwiebelbaguette 128
Kartoffel-Croque mit Greyerzer 134
Mais-Paprika-Tarteletts 129
Pancakes mit Ahornsirup 126

Fit und vital: Drinks, Tips

Drink 1: Apfeltee – sanft beruhigend

Für 4 Gläser Apfeltee 4 getrocknete Apfelringe hacken, mit 1 Prise Anis und 1 TL Melisseblätter in einen Teebeutel geben und mit 400 ml kochendem Wasser überbrühen. Den Tee 15 Min. ziehen lassen. Mit 100 ml heißem Apfelsaft und 2 TL Ahornsirup mischen, auf die Gläser verteilen und heiß servieren.

Drink 2: Nußmilch – die baut auf

Das Einweichen, die Vorstufe zum Keimvorgang läßt den Vitamin- und Enzymgehalt in Nüssen steigen, Mineralstoffe werden leichter verfügbar: Für 4 Gläser Nußmilch 30 g Haselnüsse über Nacht einweichen, abgießen, mit 1/4 l fettarmer Milch und 100 ml weißem Traubensaft pürieren.

Drink 3: Hagebuttenmix – macht Appetit

Hagebuttenmark wirkt appetitanregend, Joghurt tut der Darmflora gut, und Banane liefert schnell verfügbare Energie: Für 2 Gläser Hagebuttenmix 1 Becher fettarmen Joghurt mit 2–3 EL Hagebuttenmark und 1/2 Banane pürieren, auf 2 Gläser verteilen und mit Mineralwasser aufgießen.

Familienspaß im Herbst

Licht gegen die Dunkelheit: Kürbis und Runkelrübe

Am 31. Oktober wird Halloween, das Gruselfest für Kinder und Erwachsene gefeiert, am 11. November Sankt Martin, das Laternenfest. Es macht Spaß, aus Kürbissen und Rüben mit Kindern Laternen zu schnitzen. Die kleinen Zierkürbisse eignen sich ausgehöhlt als Laternen besser als die dicken Markkürbisse. Das Kürbisfleisch wird natürlich weiterverarbeitet (s. Rezepte Seite 138, 158). Auch die Runkelrübe wird »geköpft« und ausgehöhlt – lassen Sie aber genug Bodenmasse stehen. Und zuletzt bekommen die Kürbis- und Rübenlaternen dann noch ein Gesicht geschnitzt.
Zur Beleuchtung nehmen Sie am besten Stumpenkerzen. Als Stab zum Tragen der Laterne eignet sich ein alter Besenstiel.

Gesundes Sammelgut: Maroni, Bucheckern und Nüsse

Herbstspaziergänge sind aufregend, weil man viel sammeln kann: Bunte Blätter, Kastanien, Zapfen und Eicheln, sie bringen Herbstfarben ins Haus und ergeben wunderschöne Arrangements. Noch besser, wenn das Sammelgut geknabbert werden kann: Bucheckern, Hasel- und Walnüsse sind reich an ungesättigten Fettsäuren, Eiweiß, Eisen und B-Vitaminen – also reine Nervennahrung. Maroni sind fettärmer. Kreuzweise eingeritzt und auf einem Blech im Kaminfeuer geröstet schmecken sie köstlich. Im Backofen bei 200° klappt's ebenso. Für Süßspeisen Maroni ca. 15 Min. in Salzwasser kochen, schälen, mit Milch und Zucker weich garen und pürieren.

und Hausrezepte

Drink 4: Kinder-Cappuccino – der heizt ein
Für 4 Tassen 1 TL Kakaopulver, 1 TL Instant-Kinderkaffee und 1 TL Rohrzucker mit je 1 Prise Zimt und Ingwer und 1/2 l Milch aufkochen; 100 ml Orangensaft zugeben. 100 ml Milch aufschäumen. Den Cappuccino auf 4 Tassen verteilen, den Milchschaum darübergeben, mit Kakaopulver bestreuen.

Drink 5: Kartoffeldrink – gegen »Bäuerchen«
Der Saft roher Kartoffeln hilft gegen Sodbrennen und Aufstoßen – geben Sie ihn am besten in Tomatensaft! Pro Glas 150 ml Tomatensaft mit 2 EL Kartoffelsaft (Reformhaus oder selbst aus pürierten rohen Kartoffeln abgesiebt) mischen, mit je 1 Spritzer Schwarzkümmelöl und Sojasauce würzen.

Drink 6: Hot Peppermint – tut dem Magen gut
Wer im Orient einmal Tee aus frischer Minze getrunken hat, der findet Pfefferminztee aus dem Beutel langweilig: Stellen Sie 2 Stengel Minze in ein Teeglas, gießen Sie mit kochendem Wasser auf und geben Sie 1 TL Honig zu. Der Duft wirkt erfrischend, die Wirkstoffe lindern Blähungen.

Hausrezepte

Zitrone des Nordens: die Eberesche
Roh sollten Sie sie nicht essen, die Füchte der Eberesche, die Vogelbeeren. Selbst gekocht und gesüßt schmeckt der Saft immer noch bitter. Gefrieren Sie die Beeren erst einmal ein, das macht sie milder. Dann auf 500 g Beeren 1/4 l Wasser geben und 30 Min. kochen. Durch ein Sieb streichen und pro 100 ml Saft 80 g Zucker zugeben; rühren, bis der Zucker sich aufgelöst hat. Nochmals aufkochen, in Flaschen füllen und diese mit Gummihauben (Haushaltswarengeschäft) verschließen. Der säuerlich-bittere Ebereschensirup stärkt gerade im Herbst die Abwehrkräfte. Mineralwasser wird mit 1–2 EL Sirup zur herben Limonade, oder Sie geben den Sirup ins Müsli oder mixen ihn mit heißem Wasser und etwas Zimt zum Punsch.

Lavendel und Walnuß für die Wäsche
Nun werden die Sommersachen wieder weggepackt. Gut ist es, wenn Sie sie gegen Motten schützen. Am besten mit Lavendel – dieser Duft ist uns sehr angenehm, Insekten dagegen »stinkt« er und hält sie ab. Sie können die getrockneten Lavendelblüten auch mit getrockneten Rosenblättern mischen. Geben Sie beides in Stofftaschentücher und verschließen Sie diese mit einer Kordel. – Das ist übrigens auch ein schönes duftendes Mitbringsel. Sie können aber auch selbst aus Resten von feinem Stoff kleine Kissen nähen und prall mit den Lavendelblüten füllen.
Eine Anti-Insektenwirkung haben übrigens auch Walnußblätter: Legen Sie einfach einige frische Walnußblätter zwischen die Wäschestapel im Schrank, am besten zwischen zwei Bogen Seidenpapier, damit nichts färbt.

Wechselgüsse härten ab
Der Körper muß jetzt von Wärme auf Kälte von außen umschalten. Sie können diese Anpassung fördern – z. B. mit heiß-kalten Fußbädern: Dazu zwei Schüsseln bereitstellen, in eine kühles Wasser von ca. 28°, in die andere Schüssel 38° warmes Wasser füllen. Die Füße für 1–2 Min. ins warme, anschließend für 1/2 Min. ins kühle Wasser stellen. Nach zwei bis drei Wechseln die Füße kräftig trockenrubbeln. 1 Tropfen Rosmarinöl im Wasser regt die Durchblutung noch zusätzlich an.

Frühstücksideen

Schokomüsli mit Bananenschaum

ZUTATEN FÜR 4 PORTIONEN:
100 g kernige Haferflocken
60 g gehackte Haselnüsse
2 säuerliche Äpfel (z. B. Boskop)
3 EL Zitronensaft
60 g Zartbitter-Schokolade
2 kleine Bananen · 2 EL Honig
100 ml Milch
200 g Dickmilch

Zubereitungszeit: 25 Min.

Pro Portion ca. 390 kcal
9 g Eiweiß · 19 g Fett · 46 g Kohlenhydrate

1 Haferflocken und Nüsse in einer Pfanne rösten; vom Herd nehmen.

2 Die Äpfel vierteln und vom Kerngehäuse befreien. Die Viertel in kleine Stücke schneiden. Sofort mit 2 EL Zitronensaft vermengen. Die Schokolade hacken und bis auf 4 TL mit den Äpfeln unter die Müslimischung heben. Auf vier Schälchen verteilen.

3 Die Bananen schälen und grob zerteilen. Mit dem Honig, dem übrigen Zitronensaft und der Milch cremig pürieren. Die Dickmilch untermixen. Den Bananenschaum über die Müsliportionen verteilen und mit der restlichen Schokolade bestreuen.

Obstsalat mit Mohn-Quarkcreme

ZUTATEN FÜR 4 PORTIONEN:
2 EL Zitronensaft · 2 EL Vanillezucker
2 Kiwis · 1 Orange
je 100 g blaue und grüne Weintrauben
1 Birne · 1 säuerlicher Apfel
500 g Magerquark
100 g Mohn-Backmischung

Zubereitungszeit: 30 Min.

Pro Portion ca. 280 kcal
20 g Eiweiß · 6 g Fett · 36 g Kohlenhydrate

1 Zitronensaft mit dem Vanillezucker gut verquirlen. Die Kiwis schälen, halbieren und in Scheiben schneiden. Das Orangenfruchtfleisch filetieren, den abtropfenden Saft auffangen. Die Trauben waschen, halbieren und entkernen. Birne und Apfel schälen, in Stückchen schneiden. Alle Früchte in der Sauce mischen.

2 Quark, Mohnmischung, Orangensaft und 3–4 EL Wasser verrühren, auf vier Frühstücksteller verteilen. Den Obstsalat darauf anrichten; sofort servieren.

!! Mit Pep: Für ein feines Dessert den Mohnquark mit 6 Blatt aufgelöster Gelatine mischen, in Förmchen erstarren lassen, stürzen und mit dem Obstsalat anrichten.

Pancakes mit Ahornsirup

ZUTATEN FÜR 4 PORTIONEN:
1/4 l Buttermilch
2 Eier · 3 EL Zucker
1 EL abgeriebene Zitronenschale
150 g Mehl
1 gehäufter TL Backpulver
3 TL Butterschmalz
4–6 EL Ahornsirup

Zubereitungszeit: 30 Min.

Pro Portion ca. 310 kcal
8 g Eiweiß · 7 g Fett · 54 g Kohlenhydrate

1 Für den Teig die Buttermilch mit Eiern, Zucker und Zitronenschale gut verrühren. Das Mehl mit dem Backpulver vermischen und unterschlagen.

2 In einer großen beschichteten Pfanne 1 TL Butterschmalz erhitzen. Pro Pfannkuchen 2 EL Teig in die Pfanne geben, flachdrücken und bei mittlerer Hitze in 5 Min. goldbraun backen. Wenden und von der anderen Seite noch 1 Min. braten. Nacheinander 16 Pancakes backen. Auf vier Frühstückstellern anrichten und mit dem Ahornsirup beträufeln.

Extra gesund: Sie können die kleinen Pfannkuchen zusätzlich mit frischem Obst anrichten.

Bananen-Dickmilch

ZUTATEN FÜR 1 PORTION:
1 kleine reife Banane
100 g Dickmilch
knapp 1 EL Hefeflocken
1 EL zarte Haferflocken

Zubereitungszeit: 5 Min.

Ca. 150 kcal
8 g Eiweiß · 5 g Fett · 23 g Kohlenhydrate

1 In einer kleinen Glas- oder Porzellanschüssel die Banane mit einer Gabel zerquetschen.

2 Die Dickmilch unterrühren. Hefe- und Haferflocken dazurühren.

Obst austauschen: Sie können statt der Banane auch einen Apfel in die Dickmilch reiben. Oder für kleine Obsthasser die Dickmilch nur mit Flocken, Zucker und Zimt zubereiten.

Aus dem Vorrat: Zerquetschen lassen sich am besten reife Bananen, solche mit schwarzen Pünktchen auf der Schale. Mit diesem Rezept können Sie also Bananen verbrauchen, die zum Mitnehmen und Aus-der-Hand-essen nicht mehr geeignet sind, weil sie schon zu weich sind.

Erbsen-Schinken-Rührei

ZUTATEN FÜR 4 PORTIONEN:
6 Eier · 2 EL Crème fraîche
Salz · Pfeffer
2 Schalotten (oder 1 Zwiebel)
200 g TK-Erbsen
150 g gekochter Schinken in Scheiben
1 EL Butter

Zubereitungszeit: 30 MIn.

Pro Portion ca. 290 kcal
20 g Eiweiß · 20 g Fett · 8 g Kohlenhydrate

1 Die Eier mit der Crème fraîche gut verschlagen, mit Salz und Pfeffer würzen. Die Schalotten sehr fein würfeln. Die Erbsen antauen lassen. Den Schinken in Streifen schneiden.

2 Die Butter in einer großen beschichteten Pfanne zerlassen. Die Schalotten darin glasig dünsten. Die Erbsen 5 Min. mitdünsten; salzen und pfeffern.

3 Die Eimasse hineingeben, etwas stocken lassen und verrühren. Das Rührei auf vier Teller verteilen und mit den Schinkenstreifen bestreuen.

Gemüse austauschen: Braten Sie statt der Erbsen in feine Streifen geschnittene Zucchini mit.

Zwiebel-Käse-Brötchen

ZUTATEN FÜR 8 BRÖTCHEN:
30 g geräucherter Bauchspeck
1/2 kleine Zwiebel, fein gewürfelt
20 g geraspelter Emmentaler
4 TL TK-8-Kräuter-Mischung
1 Dose Fertigteig für 8 Brötchen
1 Eigelb, mit 2 EL Wasser verquirlt
Mehl zum Ausrollen

Zubereitungszeit: 30 Min.
(+ 20 Min. Backzeit)

Pro Brötchen ca. 130 kcal
5 g Eiweiß · 5 g Fett · 15 g Kohlenhydrate

1 Den Backofen auf 200° vorheizen. Den Speck in sehr feine Würfel schneiden; bis auf 1 EL in einer Pfanne auslassen, die Zwiebel zugeben und glasig dünsten. Den Käse mit den Kräutern vermischen, 1 EL beiseite legen.

2 Brötchenteig auf der dünn bemehlten Fläche ausbreiten. Auf 4 Teigstücke jeweils Zwiebel- und Käsemischung verteilen. Den Teig zu Kugeln formen, auf ein mit Backpapier belegtes Blech legen. Über Kreuz einschneiden.

3 Die Brötchen mit verquirltem Eigelb bestreichen, mit dem übrigen Käse und Speck belegen. Im heißen Backofen 15–20 Min. (Mitte, Umluft 180°) backen.

snackig – Snacks und and

Herzhafte Gyros-Brötchen

ZUTATEN FÜR 4–6 PORTIONEN:
1 weiße Zwiebel · 250 g TK-Gyros
1 EL Öl · Salz · Pfeffer
6 Sesambrötchen
1 große Tomate · 100 g Salatgurke
2–3 Kopfsalatblätter
150 g griechischer Joghurt

Zubereitungszeit: 30 Min.

Bei 4 Portionen pro Portion ca. 360 kcal
23 g Eiweiß · 6 g Fett · 52 g Kohlenhydrate

1 Die Zwiebel in feine Ringe schneiden. Das (unaufgetaute) Gyros und die Zwiebel im Öl unter Rühren 2–3 Min. anbraten; salzen und pfeffern, noch 8 Min. weiterbraten.

2 Von den Brötchen einen flachen Deckel abschneiden. Aus den Unterteilen die Krume bis auf einen Rand von 1 cm herauslösen. Tomate entkernen, Gurke schälen und beides würfeln. Den Salat zerpflücken.

3 Tomaten- und Gurkenwürfel unter das Gyros mischen. Die ausgehöhlten Brötchenhälften mit den Salatblättern auslegen. Erst die Gyrosmischung, dann den Joghurt darauf verteilen. Die oberen Brötchenhälften auflegen und leicht andrücken.

Hot-Dog mit Zwiebelbaguette

ZUTATEN FÜR 4 PORTIONEN:
4 Schweinsbratwürstchen · 1 EL Öl
1 Gewürzgurke (ca. 80 g)
1 kleine weiße Zwiebel (alternativ braune Zwiebel)
75 g Salatmayonnaise (50 % Fett)
2 TL Senf · Salz · Pfeffer
1 EL Schnittlauchröllchen
4 kleine Zwiebelbaguette-Stangen

Zubereitungszeit: 20 Min.

Pro Portion ca. 430 kcal
10 g Eiweiß · 27 g Fett · 35 g Kohlenhydrate

1 Die Bratwürstchen im heißen Öl in ca. 10 Min. rundherum braun braten.

2 Die Gurke in kleine Würfel schneiden. Die Zwiebel fein hacken. Die Mayonnaise mit Senf, Salz, Pfeffer und Schnittlauch verrühren. Gurken- und Zwiebelwürfel untermischen.

3 Die Brötchen der Länge nach tief einschneiden. Je 1 Wurst in die Öffnung legen und die Mayonnaise-Mischung daraufgeben. Sofort servieren.

Blitzvariante: Lyonerstreifen unter die Mayonnaise-Mischung heben und diese in die Brötchen füllen.

Zwiebel-Speck-Muffins

ZUTATEN FÜR 8 STÜCK:
50 g Bacon (Frühstücksspeck)
1 kleine Zwiebel · 1 EL Öl
Salz · Pfeffer
175 g Mehl
70 g geriebener mittelalter Gouda
1/2 TL Backpulver
2 Eier · 6 EL Milch
16 Papiermanschetten (Ø 7 cm)

Zubereitungszeit: 30 Min.
(+ 30 Min. Backzeit)

Pro Stück ca. 180 kcal
8 g Eiweiß · 9 g Fett · 16 g Kohlenhydrate

1 Den Speck in sehr kleine Würfel schneiden. Die Zwiebel fein hacken. Den Speck im heißen Öl auslassen. Die Zwiebel 3 Min. mitdünsten. Mit Salz und Pfeffer würzen und die Masse etwas abkühlen lassen.

2 Den Backofen auf 175° vorheizen. Mehl, Käse, Backpulver, Salz und Pfeffer vermischen. Die Eier mit der Milch verrühren; nach und nach die Mehlmischung sowie die Zwiebel-Speck-Masse untermischen.

3 Je 2 Papiermanschetten ineinandersetzen und Teig einfüllen. Im Ofen (Mitte, Umluft 160°) in 30 Min. goldbraun backen.

ere Kleinigkeiten

Mais-Paprika-Tarteletts

ZUTATEN FÜR 4 TARTELETT-
FÖRMCHEN (Ø ca. 10 cm):
150 g TK-Blätterteig
1 rote Paprikaschote, fein gewürfelt
1 EL Öl · 150 g Mais (aus der Dose)
100 g geriebener mittelalter Gouda
Salz · Pfeffer
1 Ei · 100 g Crème fraîche
Mehl zum Ausrollen

Zubereitungszeit: 30 Min.
(+ 30 Min. Backzeit)

Pro Tartelett ca. 500 kcal
14 g Eiweiß · 33 g Fett · 39 g Kohlenhydrate

1 Den Blätterteig antauen lassen. Die Paprikawürfel im heißen Öl 2 Min. andünsten. Den Mais dazugeben.

2 Den Ofen auf 200° vorheizen. Teigplatten auf der bemehlten Fläche übereinanderlegen, dünn ausrollen. 4 Kreise à ca. 13 cm Ø ausstechen. Förmchen kalt ausspülen, Teigkreise hineindrücken. Unter den Paprika-Mais 50 g Gouda mischen, salzen und pfeffern; auf den Teig geben.

3 Ei und Crème fraîche, etwas Salz und Pfeffer verrühren; darübergießen. Übrigen Käse aufstreuen. Tarteletts ca. 30 Min. (unten, Umluft 180°) backen.

Raclette-Gemüse-Toast

ZUTATEN FÜR 4 PORTIONEN:
1 Stange Lauch · 1 Möhre
1/2 Bund Petersilie
50 g Räucherspeck, fein gewürfelt
Salz · Pfeffer
Muskat
4 Scheiben Raclettekäse (je ca. 30 g)
4 Scheiben Dreikorntoast

Zubereitungszeit: 30 Min.

Pro Portion ca. 230 kcal
13 g Eiweiß · 15 g Fett · 11 g Kohlenhydrate

1 Den Backofengrill vorheizen. Den Lauch waschen und in feine Ringe schneiden. Die Möhre schälen und stifteln. Die Petersilienblättchen fein hacken.

2 Eine beschichtete Pfanne erhitzen. Den Speck darin anbraten. Die Lauchringe und Möhrenstifte unterrühren und kurz mitdünsten. Etwas Wasser angießen und alles zugedeckt 3–5 Min. dünsten. Die Petersilie unterrühren, vorsichtig mit Salz, Pfeffer und Muskat würzen.

3 Die Rinde vom Raclettekäse entfernen, die Scheiben eventuell halbieren. Das Lauchgemüse auf den Toasts verteilen, mit Käse bedecken und unter dem heißen Grill in 5 Min. schmelzen lassen.

Roquefort-Toast mit Birne

ZUTATEN FÜR 4 PORTIONEN:
8 Scheiben Vollkorntoast
50 g weiche Butter · 50 g Roquefort
2 kleine Birnen · 2 TL Zitronensaft
Salz · Pfeffer
4 Streifen Bacon (Frühstücksspeck)
1/2 Bund Petersilie

Zubereitungszeit: 30 Min.

Pro Portion ca. 340 kcal
9 g Eiweiß · 21 g Fett · 27 g Kohlenhydrate

1 Den Backofengrill vorheizen. Das Toastbrot rösten. Die Butter mit dem Roquefort zerdrücken und gut vermischen. Die Brote damit bestreichen.

2 Birnen schälen und vierteln. Viertel in Scheiben schneiden; überlappend auf der Käsecreme anrichten. Mit Zitronensaft beträufeln, salzen und pfeffern.

3 Den Bacon in feine Streifen schneiden. Einige Petersilienblättchen zum Garnieren beiseite legen, den Rest fein hacken und mit dem Speck mischen. Auf die Brote streuen.

4 Die Toasts unter dem heißen Grill 3–5 Min. grillen. Mit Pfeffer übermahlen und mit der übrigen Petersilie garnieren.

Feldsalat mit Weintrauben

Schnell	●●●	15 Min.
Vorbereiten	●●	
Preiswert	●●	

Pro Portion ca. 210 kcal
3 g Eiweiß · 19 g Fett · 10 g Kohlenhydrate

ZUTATEN FÜR 4 PORTIONEN:
100 g Feldsalat · 150 g Weintrauben
50 g Walnußkerne (alternativ Haselnußkerne)
4 EL Olivenöl
2 EL Aceto balsamico
2 EL Traubensaft
1 EL gehackte Salatkräuter

1 Den Feldsalat waschen, die Weintrauben waschen und halbieren. Die Walnußkerne in einen Gefrierbeutel geben und mit dem Teigroller grob zerstoßen. (Haselnüsse, falls verwendet, mit dem Messer oder im Mixer grob hacken.)

2 Olivenöl, Essig, Traubensaft und Kräuter in einer großen Schüssel verrühren. Die Trauben unterrühren, den Feldsalat untermischen. Den Salat auf vier Tellern verteilen und mit den Walnüssen bestreuen.

Kraft und Power: Mit Pilzen und geräuchertem Bauchspeck wird der Salat zu einem leichten Hauptgericht: 100 g rohen geräucherten Bauchspeck in Würfel schneiden, in einer Pfanne knusprig braten, herausnehmen und über den Salat streuen. 100 g Champignons oder Egerlinge in Scheiben schneiden und im verbliebenen Bratfett ca. 3 Min. braten. Mit Salz und Pfeffer würzen und auf dem Salat anrichten. Frisches Weißbrot nicht vergessen!

Mit Pep: Erwachsene bereiten das Salatdressing statt mit Traubensaft mit Sherry zu. Den besten Geschmack gibt ein halbtrockener Sherry.

Apfelcarpaccio mit Meerrettichdressing

Schnell	●●●	15 Min.
Vorbereiten	●	
Preiswert	●●●	

Pro Portion ca. 80 kcal
1 g Eiweiß · 3 g Fett · 14 g Kohlenhydrate

ZUTATEN FÜR 4 PORTIONEN:
3–4 Äpfel
4 EL Sahne
1 EL Essig
1 TL geriebener Meerrettich (aus dem Glas)
2 EL Kapern

1 Die Äpfel schälen und das Kerngehäuse mit einem Apfelausstecher herauslösen. 1 Apfel in grobe Stücke schneiden und mit Sahne, Essig und dem Meerettich fein pürieren.

2 Die restlichen Äpfel in hauchdünne Scheiben schneiden und auf vier Tellern anrichten. Die Sauce darüber verteilen und das Apfelcarpaccio mit den Kapern bestreuen.

Beilage: Dazu schmeckt frisches Baguette oder Toastbrot sehr gut.

Extra gesund: Streuen Sie statt Kapern grob gehackte Walnüsse über die Apfelscheiben.

Mit Pep: Nehmen Sie für diese Vorspeise doch einmal einen milden Himbeer- oder Sherryessig – das verleiht eine sehr feine Geschmacksnote.

Friséesalat mit Nüssen

Schnell	●	30 Min.
Vorbereiten	●●	
Preiswert	●●	

Pro Portion ca. 320 kcal
4 g Eiweiß · 30 g Fett · 8 g Kohlenhydrate

ZUTATEN FÜR 4 PORTIONEN:
75 g gehackte Haselnüsse
1 Kopf Friséesalat
300 g Staudensellerie
1 großer rotschaliger Apfel
3 EL Essig
Salz · Pfeffer
9 EL Öl (davon nach Belieben 3 EL Haselnuß- oder Walnußöl)

1 Die Nüsse kurz in einer Pfanne ohne Fett rösten. Den Salat waschen und mundgerecht zerpflücken. Den Staudensellerie waschen, 4 Blätter zum Garnieren beiseite legen, Stangen in dünne Scheiben schneiden. Den Apfel waschen, vierteln und die Viertel in dünne Scheiben schneiden.

2 Essig, Salz und Pfeffer verquirlen, (Nußöl und) Öl unterschlagen. Sellerie, Apfel, Frisée und Nüsse unter die Sauce heben und auf Tellern anrichten. Mit den Sellerieblättern garnieren.

Gemüse und Obst austauschen: Mit Römersalat, 150 g blauen Weintrauben und Walnüssen ergibt sich auch eine reizvolle Verbindung.

Bild: Feldsalat mit Weintrauben

Avocadosalat mit Tomatenvinaigrette

Schnell ● 30 Min.
Vorbereiten ●●
Preiswert ●●

Pro Portion ca. 500 kcal
7 g Eiweiß · 50 g Fett · 3 g Kohlenhydrate

ZUTATEN FÜR 4 PORTIONEN:
2 reife Avocados
2–3 EL Zitronensaft
4 kleine Tomaten
4 EL Essig
Salz · Pfeffer
6 EL Olivenöl
1/2 Bund Schnittlauch
8 Scheiben roher Schinken (ca. 100 g)

1 Die Avocados schälen, der Länge nach halbieren und das Fruchtfleisch in dünne Scheiben schneiden; sofort mit dem Zitronensaft beträufeln. Die Tomaten halbieren und entkernen; das Fruchtfleisch in sehr kleine Würfel schneiden.

2 Essig, Salz und Pfeffer verquirlen, das Öl nach und nach unterschlagen. Den Schnittlauch in Röllchen schneiden und mit den Tomatenwürfeln unter die Sauce heben.

3 Die Avocadospalten auf Tellern anrichten, die Tomatenvinaigrette darüber verteilen. Je 2 Scheiben Schinken dazulegen. Mit Pfeffer übermahlen.

Gemüse austauschen: Blanchierter Broccoli oder Blumenkohl harmonieren ebenso gut mit der Tomatenvinaigrette wie weißer oder grüner Spargel.

Extra gesund: Die Avocados mit 100 g frischen Alfalfasprossen bestreuen.

Mit Pep: Servieren Sie den Avocadosalat mal ganz edel mit dünnen Scheiben von mild geräuchertem Lachs statt mit Schinken.

Fenchel-Birnen-Salat

Schnell ● 30 Min.
Vorbereiten ●●
Preiswert ●●

Pro Portion ca. 370 kcal
12 g Eiweiß · 28 g Fett · 19 g Kohlenhydrate

ZUTATEN FÜR 4 PORTIONEN:
2 kleine Fenchelknollen
4 kleine Birnen · 100 g Feldsalat
2 EL Zitronensaft
Salz · Pfeffer
4 EL Olivenöl · 150 g Gorgonzola
200 g saure Sahne

1 Den Fenchel putzen und das zarte Grün beiseite legen. Die Fenchelknollen vierteln, vom Strunk befreien und in sehr feine Streifen schneiden. Die Birnen eventuell schälen, vierteln; die Viertel in dünne Scheiben schneiden. Den Feldsalat waschen und abtropfen lassen. Alle Zutaten dekorativ anrichten.

2 Aus Zitronensaft, Salz, Pfeffer und Olivenöl eine Sauce rühren; über den Salat träufeln.

3 Den Gorgonzola zerkleinern und mit der sauren Sahne zu einer cremigen Sauce pürieren; auf dem Salat verteilen. Das Fenchelgrün grob hacken und darüberstreuen.

Gemüse und Obst austauschen: Den Fenchel können Sie durch Chicorée oder Radicchio ersetzen und filetierte Orangen statt Birnen nehmen.

Extra gesund: Verwenden Sie kaltgepreßtes Olivenöl mit seinem hohen Anteil an ungesättigten Fettsäuren. Das Tüpfelchen auf dem i sind geröstete Pinienkerne obendrauf.

Kraft und Power: Für eine kleine sättigende Mahlzeit 200 g Lachsschinken in Scheiben oder Bündner Fleisch dazulegen.

Geflügel-Ananas-Salat

Schnell ● 30 Min.
Vorbereiten ●●
Preiswert ●●

Pro Portion ca. 230 kcal
30 g Eiweiß · 2 g Fett · 21 g Kohlenhydrate

ZUTATEN FÜR 4 PORTIONEN:
400 g gebratenes Hähnchenfleisch
1/2 Ananas
200 g Eisbergsalat
1 kleine Zwiebel · 4 EL Essig
1 TL brauner Zucker · Salz · Pfeffer
150 g Tomatenketchup
1/8 l Gemüsefond (aus dem Glas)

1 Das Fleisch in feine Streifen schneiden. Die Ananas schälen und das Fruchtfleisch in kleine Stücke schneiden. Den Salat putzen, gut waschen und in mundgerechte Stücke zerpflücken.

2 Für das Dressing die Zwiebel schälen und sehr fein würfeln. Mit dem Essig, Zucker, Salz und Pfeffer verrühren. Das Tomatenketchup und den Fond dazugeben, das Dressing glattrühren.

3 Den Eisbergsalat auf einer Platte ausbreiten. Ananas und Fleisch mit der Sauce vermischen, auf dem Salat anrichten.

Obst austauschen: Auch Mangos harmonieren mit dem süß-sauren Hähnchensalat.

Aus dem Vorrat: Sie können auch Ananas aus der Dose nehmen, das geht zudem schneller – allerdings sollten Sie dann den Zucker für das Dressing weglassen – Dosenananas sind gesüßt.

Bild oben:
Avocadosalat mit Tomatenvinaigrette
Bild unten links:
Fenchel-Birnen-Salat
Bild unten rechts:
Geflügel-Ananas-Salat

Kartoffel-Croque mit Greyerzer

Schnell	●●	20 Min.
Vorbereiten	●●	
Preiswert	●●●	

Pro Portion ca. 290 kcal
19 g Eiweiß · 17 g Fett · 15 g Kohlenhydrate

ZUTATEN FÜR 4 PORTIONEN:
8 kleine gekochte Pellkartoffeln
(ruhig auch vom Vortag)
1 Bund Schnittlauch
1/2 Bund Petersilie
Salz · Pfeffer
2 dickere Scheiben gekochter
Schinken
4 Scheiben Greyerzer
1 EL Butter (+ Butter für die Form)

1 Den Backofen auf 220° vorheizen. Die Kartoffeln pellen und längs halbieren. Die Kräuter hacken; mit Salz und Pfeffer mischen. Die Kartoffelhälften mit der Schnittfläche in die Kräutermischung stippen.

2 8 Kartoffelhälften in eine gebutterte ofenfeste Form setzen, Kräuterseite nach oben – eventuell unten etwas abflachen. Die Schinken- und Käsescheiben jeweils vierteln. Jeweils 1 Scheibe Greyerzer, Schinken und wieder Greyerzer auf die Kartoffelhälften legen. Darauf die andere Kartoffelhälfte setzen.

3 Auf die Kartoffeln jeweils 1 Butterflöckchen geben, die Kartoffeln salzen und pfeffern und im heißen Ofen (Mitte, Umluft 180°) 12–14 Min. überbacken. Mit den restlichen Kräutern bestreut servieren.

Aus dem Vorrat: Statt Schinken dünn aufgeschnittene Reste vom Sonntagsbraten, statt Greyerzer Gouda oder Bergkäse nehmen.

Mit Pep: Mischen Sie unter die Kräuter ein paar Blättchen Brunnenkresse.

Strammer Otto mit Kresse

Schnell	●●●	15 Min.
Vorbereiten	●●	
Preiswert	●●	

Pro Portion ca. 290 kcal
19 g Eiweiß · 11 g Fett · 27 g Kohlenhydrate

ZUTATEN FÜR 4 PORTIONEN:
4 Scheiben dunkles Bauernbrot
(je ca. 50 g)
1 1/2 EL weiche Butter
100 g dünn aufgeschnittener
Lachsschinken
3–4 Fleischtomaten
1 Gemüsezwiebel (oder 2 kleine
braune Zwiebeln)
Salz · Pfeffer
4 Eier
1/2 Beet Kresse

1 Die Brotscheiben auf vier Tellern verteilen, mit der Hälfte der Butter dünn bestreichen, mit dem Lachsschinken belegen.

2 Die Tomaten waschen und in Scheiben schneiden. Gemüsezwiebel schälen und in dünne Ringe schneiden. Die Schinkenbrote mit Tomaten und Zwiebel belegen, salzen, pfeffern.

3 Die restliche Butter in einer beschichteten Pfanne erhitzen, Spiegeleier darin braten. Inzwischen die Kresse abschneiden. Die Spiegeleier auf die Brote legen, etwas salzen und mit reichlich Kresse bestreuen.

Aus dem Vorrat: 2 EL Olivenöl, etwas gerebeltes Basilikum, Pfeffer und Salz mischen. Brot mit Salami- und Tomatenscheiben belegen, mit Oliven- oder Gewürzöl beträufeln, mit Käsewürfelchen bestreuen und überbacken. Oder Ananas und übriggebliebenes Hähnchenfleisch fein würfeln. Etwas Staudensellerie in hauchfeine Scheibchen schneiden, das Brot damit belegen und mit Blauschimmelkäse überbacken.

Auberginen mit Kartoffelcreme

Schnell	●	30 Min.
Vorbereiten	●●	
Preiswert	●●●	

Pro Portion ca. 270 kcal
4 g Eiweiß · 21 g Fett · 18 g Kohlenhydrate

ZUTATEN FÜR 4 PORTIONEN:
400 g mehligkochende Kartoffeln
Salz · 800 g Auberginen
Pfeffer
1 Knoblauchzehe
2 EL Essig
8 EL Gemüsefond (aus dem Glas)
8 EL Olivenöl (+ Olivenöl zum
Einfetten und Beträufeln)

1 Den Ofen auf 250° vorheizen. Die Kartoffeln schälen, zerteilen und in Salzwasser 20 Min. kochen.

2 Inzwischen die Auberginen in knapp 1 cm dicke Scheiben schneiden. Auf ein geöltes Blech legen. Salzen und pfeffern und mit Olivenöl beträufeln. Im Ofen (Mitte, Umluft 220°) 20 Min. braten, nach 10 Min. wenden.

3 Kartoffeln abgießen und sofort durch die Presse drücken. Knoblauch dazupressen. Nach und nach Essig, Fond und Olivenöl unterschlagen, bis die Masse geschmeidig ist. Mit Salz und Pfeffer würzen. Die Kartoffelcreme mit den Gemüsescheiben anrichten.

Beilage: Dazu paßt Fladenbrot und Oliven.

Gemüse austauschen: Ersetzen Sie die Hälfte oder die gesamte Menge an Auberginen durch Zucchini.

Bild oben:
Kartoffel-Croque mit Greyerzer
Bild unten links:
Strammer Otto mit Kresse
Bild unten rechts:
Auberginen mit Kartoffelcreme

Pilztoast mit Walnüssen

Schnell	●●	20 Min.
Vorbereiten	●●	(+ 10 Min. Backzeit)
Preiswert	●●	

Pro Portion ca. 370 kcal
12 g Eiweiß · 26 g Fett · 22 g Kohlenhydrate

ZUTATEN FÜR 4 PORTIONEN:
300 g Champignons · 2 EL Olivenöl
1 Knoblauchzehe
2 TL Thymianblättchen
Salz · Pfeffer
50 g gehackte Walnüsse (alternativ Sonnenblumenkerne)
8 Scheiben Vollkorntoast · 2 EL Butter
100 g mittelalter Gouda in Scheiben

1 Die Pilze putzen und in dünne Scheiben schneiden. Im Öl bei mittlerer Hitze 3 Min. anbraten. Den Knoblauch dazupressen. Mit 1 TL Thymian, Salz und Pfeffer würzen; die Nüsse untermischen. Den Oofen auf 180° vorheizen.

2 Toastbrote leicht rösten, mit der Butter bestreichen und auf ein Blech legen. Die Pilzmischung darauf verteilen. Den Käse in Streifen schneiden und auf die Toasts legen. Im Ofen (Mitte, Umluft 200°) 10–12 Min. überbacken, mit Thymian bestreuen.

🥕 Gemüse austauschen: Auf die gleiche Art Spinat- oder Zucchinitoasts zubereiten.

‼️ Mit Pep: Die Pilz-Nuß-Mischung auf ein gebratenes Seelachs- oder Kabeljaufilet geben und im Ofen gratinieren.

Gefüllte fritierte Spitzpaprika

Schnell	●	30 Min.
Vorbereiten	●●	(+ 15 Min. Fritierzeit)
Preiswert	●●	

Pro Portion ca. 580 kcal
28 g Eiweiß · 36 g Fett · 38 g Kohlenhydrate

ZUTATEN FÜR 4 PORTIONEN:
8 gelbe Spitzpaprika
300 g Camembert
100 g Doppelrahm-Frischkäse
1 TL edelsüßes Paprikapulver
Salz · Pfeffer
2 Eier
60 g Mehl
100 g Semmelbrösel
200 ml milde Tacosauce (aus dem Glas)
Fett zum Fritieren

1 Die Paprikaschoten waschen, längs aufschlitzen und entkernen. Den Camembert entrinden, würfeln und zerdrücken. Den Frischkäse mit Paprika, Salz und Pfeffer gut untermischen. Die Masse zu kleinen Würstchen formen und in die Paprika füllen.

2 Das Fritierfett erhitzen. Eier in einem Teller verquirlen. Mehl und Semmelbrösel auf zwei Tellern bereitstellen. Die Paprika im Mehl, dann in Eiern und Semmelbröseln wenden. Im heißen Fett portionsweise in 5 Min. goldbraun ausbacken. Auf Küchenpapier abtropfen lassen und sofort mit der Tacosauce zum Dippen servieren.

🥕 Gemüse austauschen: Die Hüte von großen weißen Champignons mit der Käsemasse füllen, rundherum panieren und fritieren.

🍌 Extra gesund: Die gefüllten Spitzpaprika als Rohkost mit der Sauce reichen.

🚀 Kraft und Power: Statt Camembert Rinderhackfleisch verwenden.

Überbackene Frikadellen-Rösti

Schnell	●	30 Min.
Vorbereiten	●●	
Preiswert	●●	

Pro Portion ca. 420 kcal
15 g Eiweiß · 21 g Fett · 41 g Kohlenhydrate

ZUTATEN FÜR 4 PORTIONEN:
4 TK-Rösti (ca. 400 g)
4 EL Öl
2 Gewürzgurken
2 kleine Tomaten
4 Thymianzweige
Salz · Pfeffer
4 kleine Geflügel- oder Fleischfrikadellen (Kühlregal)
100 g Raclettekäse in Scheiben

1 Den Backofen auf 250° vorheizen. Die gefrorenen Rösti im heißen Öl bei mittlerer Hitze in 4–5 Min. von jeder Seite goldbraun braten.

2 Gurken und Tomaten in Scheiben schneiden. Thymianblättchen abzupfen, etwas davon zum Garnieren beiseite legen.

3 Rösti auf ein Blech legen, abwechselnd mit Tomaten- und Gurkenscheiben überlappend belegen. Den Thymian aufstreuen, leicht salzen und pfeffern. Die Frikadellen daraufgeben. Den Käse in Streifen schneiden, obenauf verteilen. Im Ofen (Mitte, Umluft 220°) 8 Min. überbacken. Mit dem übrigen Thymian bestreuen.

Bild: Gefüllte fritierte Spitzpaprika

Cremige Kürbissuppe

Schnell	●	30 Min.
Vorbereiten	●●●	
Preiswert	●●●	

Pro Portion ca. 150 kcal
2 g Eiweiß · 8 g Fett · 16 g Kohlenhydrate

ZUTATEN FÜR 4 PORTIONEN:
500 g Kürbis
1 Zwiebel
250 g Möhren · 1 Apfel
2 EL Öl
Salz · Pfeffer
3/4 l Gemüsebrühe
1 Prise Muskat
3 EL saure Sahne
2 EL gehackte Petersilie

1 Den Kürbis schälen, Kerne und grobe Fasern im Innern entfernen und das Kürbisfleisch in grobe Streifen schneiden. Die Zwiebel würfeln, Möhren und Apfel grob raspeln.

2 In einem Topf im Öl Kürbis, Zwiebeln, Möhren- und Apfelraspel unter Rühren braten. Wenn der Kürbis gar, aber noch fest ist, die Brühe zugießen. Kochen, bis das Gemüse weich ist und die Suppe pürieren. 1 Msp. Muskat und saure Sahne einrühren. Mit der Petersilie garnieren.

🍌 Extra gesund: Ein wenig kaltgepreßtes Kürbiskernöl nach dem Kochen in die Suppe rühren. Es ist reich an mehrfach ungesättigten Fettsäuren, Vitaminen und Eiweiß und gibt der Suppe ein ganz eigenes Aroma und eine grünliche Tönung. Alternativ jeden Teller mit gehackten, leicht angerösteten Kürbiskernen garnieren.

🚀 Kraft und Power: Sättigender wird die Suppe, wenn Sie noch 2 gewürfelte Kartoffeln mitgaren oder reichlich Croûtons dazureichen. Kinder lieben die Suppe mit Wienerwürstchen-Scheiben.

Tomatensuppe mit Mais und Erdnüssen

Schnell	●●	25 Min.
Vorbereiten	●●●	
Preiswert	●●●	

Pro Portion ca. 600 kcal
18 g Eiweiß · 42 g Fett · 37 g Kohlenhydrate

ZUTATEN FÜR 4 PORTIONEN:
250 g Erdnüsse in der Schale
2–3 Frühlingszwiebeln
2 EL Butter
2 EL Mehl
3/4 l Tomatensaft
2 EL gekörnte Brühe
1 kleine Dose Mais (140 g Abtropfgewicht)
200 g Sahne, steif geschlagen

1 Die Erdnüsse schälen, grob hacken und kurz ohne Fett rösten; sofort aus der Pfanne nehmen. Die Frühlingszwiebeln in feine Ringe schneiden.

2 Die Butter mit dem Mehl erhitzen, hellbeige schwitzen und unter Rühren mit dem Tomatensaft ablöschen. Mit der gekörnten Brühe würzen; 5 Min. köcheln lassen. Mais und Zwiebeln zufügen; heiß werden lassen.

3 Die Sahne unterziehen und die Suppe abschmecken. Mit Erdnüssen bestreut servieren.

⏱ Blitzvariante: Schneller geht's mit 100 g bereits gewürzten Knabber-Erdnüssen.

🚀 Kraft und Power: Gehaltvoller wird die Suppe, wenn sie mit Speck und Zwiebeln garniert wird. Dazu 80 g gewürfelten, durchwachsenen Speck auslassen und dann 1 gewürfelte Zwiebel mitbraten, bis sie gebräunt, aber nicht verbrannt ist.

❗ Mit Pep: Ein richtig italienisches Flair bekommt die Suppe, wenn Sie 1 gehäuften EL Pesto (gibt's fertig im Glas) einrühren.

Pilzrahmsuppe mit Speckknödelchen

Schnell	●	30 Min.
Vorbereiten	●●	
Preiswert	●●	

Pro Portion ca. 410 kcal
9 g Eiweiß · 34 g Fett · 15 g Kohlenhydrate

ZUTATEN FÜR 4 PORTIONEN:
3 Semmelknödel (aus der Packung)
300 g Egerlinge oder Champignons
1 Zwiebel · 2 EL Butter
1 gehäufter EL Mehl
800 ml Gemüsefond (aus dem Glas)
250 g Sahne
Salz · Pfeffer
60 g Bacon (Frühstücksspeck)

1 Die Knödel nach Packungsangabe quellen lassen. Die Pilze putzen und in Scheiben schneiden; 4 EL zum Garnieren beiseite legen. Die Zwiebel würfeln. Die Pilze in der Butter 5 Min. andünsten. Das Mehl darüberstäuben und kurz anschwitzen. Fond und Sahne zugießen; salzen und pfeffern. Die Suppe offen 10 Min. leise kochen lassen.

2 Den Speck sehr klein würfeln und kroß ausbraten. Die Semmelknödel aus dem Kochbeutel nehmen und mit dem Speck verkneten. Aus der Masse 12 kleine Knödel formen; in kochendem Salzwasser 5 Min. ziehen lassen.

3 Die Pilzsuppe pürieren, aufkochen und würzen. Die Suppe mit den Speckknödeln und rohen Champignons anrichten.

⏱ Blitzvariante: Als Suppengrundlage Champignoncremesuppe aus der Dose nehmen, dazu einige frische Pilze.

Bild oben:
Pilzrahmsuppe mit Speckknödelchen
Bild unten links:
Cremige Kürbissuppe
Bild unten rechts:
Tomatensuppe mit Mais und Erdnüssen

Bohnen-Lamm-Eintopf

Schnell	●●	20 Min.
Vorbereiten	●●●	(+ 45 Min. Garzeit)
Preiswert	●●	

Pro Portion ca. 410 kcal
22 g Eiweiß · 26 g Fett · 20 g Kohlenhydrate

ZUTATEN FÜR 4 PORTIONEN:
400 g Lammschlegel
Salz · Pfeffer
2 EL Butterschmalz
500 g grüne Bohnen
500 g Kartoffeln
1/4 l Gemüsebrühe
getrockneter Oregano

1 Vom Fleisch Fett und Sehnen wegschneiden. Das Fleisch in kleine Würfel schneiden, mit Salz und Pfeffer würzen und im heißen Butterschmalz rundherum anbraten.

2 Die Bohnen putzen und in Stücke schneiden. Die Kartoffeln schälen und würfeln. Bohnen und Kartoffeln zum Fleisch geben. Die Gemüsebrühe angießen, den Oregano darüberstreuen und den Eintopf zugedeckt ca. 45 Min. schmoren lassen. Falls die Flüssigkeit währenddessen vollständig verdampft, noch etwas Brühe nachgießen. Der Topfboden soll immer leicht bedeckt sein.

Beilage: Gut paßt frisches Weißbrot dazu.

Kraft und Power: 150 g rohen geräucherten Bauchspeck fein würfeln, ohne zusätzliches Fett ausbraten und 10 Min. vor dem Servieren unter den Eintopf rühren.

 Aus dem Vorrat: Statt frischer Bohnen können Sie auch TK-Bohnen verwenden.

Mit Pep: Fruchtiger schmeckt der Eintopf, wenn Sie noch 2 gewürfelte Tomaten daruntermischen.

Kartoffeleintopf mit Würstchen

Schnell	●	30 Min.
Vorbereiten	●●	
Preiswert	●●●	

Pro Portion ca. 470 kcal
26 g Eiweiß · 30 g Fett · 21 g Kohlenhydrate

ZUTATEN FÜR 4 PORTIONEN:
500 g Kartoffeln · 400 g Lauch
150 g Bacon (Frühstücksspeck)
100 g TK-Suppengrün
800 ml Fleischbrühe
25 g tiefgekühlte italienische Kräuter
Salz · Pfeffer
250 g Debrecziner Würstchen
1 Dose geschälte Tomaten (400 g)

1 Die Kartoffeln schälen und würfeln. Den Lauch in 1/2 cm dünne Ringe schneiden.

2 Den Bacon in Streifen schneiden und in einem Topf ausbraten. Das gefrorene Suppengrün 2 Min. mitdünsten. Lauch und Kartoffeln hinzufügen, kurz anschwitzen; mit der heißen Brühe auffüllen. Mit den Kräutern, Salz und Pfeffer würzen; aufkochen und zugedeckt 10 Min. köcheln lassen.

3 Die Würstchen in Scheiben schneiden. Mit den Tomaten samt Saft in den Topf geben und zugedeckt noch 5 Min. ziehen lassen. Den Eintopf mit Salz und Pfeffer abschmecken.

 Blitzvariante: Den frischen Lauch durch 300 g TK-Porree ersetzen.

Gurken-Eintopf mit Schafskäse

Schnell	●	30 Min.
Vorbereiten	●●	
Preiswert	●●●	

Pro Portion ca. 380 kcal
21 g Eiweiß · 16 g Fett · 38 g Kohlenhydrate

ZUTATEN FÜR 4 PORTIONEN:
750 g Schmorgurken (alternativ Salatgurken)
1 große rote Paprikaschote · 1 Zwiebel
2 EL Olivenöl · 3/4 l Gemüsebrühe
2 TL Kräuter der Provence
Salz · Pfeffer
1 große Dose Kichererbsen (800 g)
200 g Schafskäse, zerbröckelt

1 Die Gurken schälen, längs halbieren und entkernen, die Paprikaschote putzen; beides würfeln. Die Zwiebel fein hacken.

2 Das Gemüse in einem Topf im Öl anbraten. Mit der Brühe ablöschen, die Kräuter dazugeben, salzen und pfeffern. Den Eintopf aufkochen und zugedeckt 10 Min. köcheln lassen.

3 Die Kichererbsen abtropfen lassen; 5 Min. mitgaren. Den Eintopf abschmecken und portionieren; den Käse aufstreuen.

Gemüse austauschen: Statt Gurken Zucchini oder Kürbis nehmen.

Extra gesund: Gehackten Dill mit aufstreuen.

Bild: Bohnen-Lamm-Eintopf

Champignons mit Polentafüllung

Schnell	●	30 Min.
Vorbereiten	○	
Preiswert	●●	

Pro Portion ca. 220 kcal
7 g Eiweiß · 10 g Fett · 24 g Kohlenhydrate

ZUTATEN FÜR 4 PORTIONEN:
500 g große Champignons
3 EL Öl
100 g Polentagrieß
250 ml Gemüsebrühe
1 Bund Rucola (Alternativen s. Tip)
2 EL trockener Sahnequark
100 g saure Sahne

1 Die Champignons abreiben. Die Stiele herausdrehen, kleinhacken und in 1 EL Öl anbraten. Polentagrieß und Brühe zugeben und ca. 15 Min. garen. Rucola waschen und fein hacken, mit dem Quark unter die Polenta ziehen.

2 Die Masse in die Pilzköpfe drücken und diese in einer beschichteten Pfanne im restlichen Öl zugedeckt anbraten. Nach ca. 10 Min. wenden, noch kurz weiterbraten, dann aus der Pfanne nehmen und warm stellen. Den Bratensatz mit der sauren Sahne loskochen, würzen und zu den Pilzen servieren.

🥕 Gemüse austauschen: Anstelle von Rucola können Sie gemischte Kräuter unter die Polenta ziehen. Sehr lecker schmeckt auch gehackter Spinat. Dafür am besten 150-g-Würfel TK-Blattspinat nehmen.

Gratinierte Wirsingspalten

Schnell	●	30 Min.
Vorbereiten	●●	(+ 10 Min. Backzeit)
Preiswert	●●●	

Pro Portion ca. 250 kcal
9 g Eiweiß · 20 g Fett · 10 g Kohlenhydrate

ZUTATEN FÜR 4 PORTIONEN:
1 Wirsing (ca. 1 kg)
Salz
200 g kleine Champignons
2 EL Butter (+ Butter für die Form)
2 EL Mehl
150 g Crème fraîche
1 Bund Petersilie
Pfeffer

1 Den Ofen auf 250° vorheizen. Den Wirsing putzen, achteln und den Strunk nur soweit entfernen, daß die Blätter nicht auseinanderfallen. Den Wirsing in Salzwasser 6–7 Min. blanchieren; abtropfen lassen. Vom Kochsud 3/8 l abmessen.

2 Die Pilze putzen, in Scheibchen schneiden und in der Butter 3 Min. andünsten. Das Mehl darüberstäuben und anschwitzen. Wirsingsud und Crème fraîche einrühren; 5 Min. köcheln. Die Petersilienblättchen fein hacken und die Hälfte unterrühren. Salzen und pfeffern.

3 Eine Gratinform einfetten. Die Wirsingspalten hineinlegen, mit Salz und Pfeffer würzen. Die Sauce darübergießen. Im heißen Ofen (Mitte, Umluft 200°) 10 Min. überbacken. Mit der Petersilie bestreuen.

🥕 Gemüse austauschen: Das Gratin aus je 1/3 Wirsing, Rotkohl und Weißkohl zubereiten – das bringt farblichen und aromatischen Kontrast. Rot- und Weißkohl jedoch 10 Min. garen.

🍌 Extra gesund: Das fertige Gericht mit 2 EL gerösteten Sonnenblumenkernen bestreuen.

Gefüllte Zucchini mit Ratatouille

Schnell	●	30 Min.
Vorbereiten	●●	(+ 20 Min. Backzeit)
Preiswert	●●●	

Pro Portion ca. 180 kcal
9 g Eiweiß · 13 g Fett · 6 g Kohlenhydrate

ZUTATEN FÜR 4 PORTIONEN:
4 Zucchini · 1 gelbe Paprikaschote
200 g Aubergine · 1 kleine Zwiebel
2 EL Olivenöl (+ Öl für die Form)
Salz · Pfeffer · Kräuter der Provence
2 feste Tomaten
100 g geriebener Gratinkäse (Kühlregal)

1 Den Backofen auf 200° vorheizen. Die Zucchini längs halbieren, bis auf 1/2 cm Rand aushöhlen; 100 g Fruchtfleisch hacken. Paprika, Aubergine und Zwiebel fein würfeln. Alle Gemüsewürfel im heißen Öl 5 Min. dünsten, mit Salz, Pfeffer und 1 TL Kräutern würzen. Die Tomaten entkernen, würfeln und untermischen.

2 Die Zucchinihälften in eine gefettete Gratinform setzen, salzen und pfeffern. Die Füllung darauf verteilen, mit Käse bestreuen; 20–25 Min. (Mitte, Umluft 180°) überbacken.

 Beilage: Dazu paßt eine Tomatensauce.

 Kraft und Power: 250 g Rinderhack mitbraten.

Bild: Gratinierte Wirsingspalten

Medaillons mit Zwetschgen-Lauch

Schnell	●	30 Min.
Vorbereiten	●●	(+ 1 Std. Marinierzeit)
Preiswert	●	

Pro Portion ca. 400 kcal
36 g Eiweiß · 19 g Fett · 21 g Kohlenhydrate

ZUTATEN FÜR 4 PORTIONEN:
600 g Schweinefilet (Mittelstück)
Saft und abgeriebene Schale von
1 unbehandelten Zitrone
4 EL Sojasauce
2 EL Zucker
500 g Zwetschgen
500 g zarter Lauch
4 EL Butterschmalz
1/8 l Fleischbrühe
Salz · Pfeffer

1 Das Filet in 8 Scheiben schneiden. Zitronensaft und -schale, Sojasauce und Zucker verquirlen. Das Fleisch darin wenden und 1 Std. marinieren.

2 Ca. 1/2 Std. vor dem Servieren die Zwetschgen waschen, halbieren und entsteinen. Den Lauch putzen, nur das Weiße und Hellgrüne verwenden und in dünne Ringe schneiden.

3 In einer Pfanne 2 EL Schmalz erhitzen. Das Fleisch trockentupfen (die Marinade auffangen!) und im heißen Fett braun anbraten.

4 Im übrigen Schmalz den Lauch anbraten. Mit der Marinade und der Brühe ablöschen, 2 Min. köcheln lassen. Die Zwetschgen dazugeben und 2 Min. ziehen lassen. Salzen und pfeffern; mit den Medaillons anrichten.

🥕 <u>Obst austauschen:</u> Eine feine Lauch-Mischung ergibt sich auch mit Äpfeln oder Mango statt Zwetschgen.

🍌 <u>Extra gesund:</u> Mit den Zwetschgen noch 100 g Sojasprossen untermischen.

Kalbsgeschnetzeltes mit Fenchel

Schnell	●	40 Min.
Vorbereiten	●●	
Preiswert	●	

Pro Portion ca. 390 kcal
38 g Eiweiß · 22 g Fett · 9 g Kohlenhydrate

ZUTATEN FÜR 4 PORTIONEN:
2 Fenchelknollen
3 Schalotten oder 2 kleine Zwiebeln
600 g mageres Kalbfleisch, geschnetzelt
2 EL Butterschmalz
Salz · Pfeffer · 1 EL Mehl
1/8 l Kalbsfond (aus dem Glas)
200 g Schmand (24 % Fett)
150 g Kirschtomaten

1 Fenchel putzen, das Grün abschneiden und beiseite legen. Die Knollen vierteln, vom Strunk befreien und in feine Streifen schneiden. Die Schalotten hacken.

2 In einer großen Pfanne das Fleisch portionsweise in Butterschmalz anbraten. Herausnehmen, salzen und pfeffern. Schalotten und Fenchel im Bratfett 5 Min. dünsten. Das Mehl darüberstäuben, mit Fond ablöschen. Den Schmand einrühren, alles aufkochen und 5 Min. köcheln lassen.

3 Die Tomaten waschen und halbieren. Mit dem Fleisch in die Pfanne geben, eben erhitzen. Mit Salz und Pfeffer abschmecken. Das Fenchelgrün grob hacken und darüberstreuen.

⏱ <u>Blitzvariante:</u> TK-Sahnegemüse nehmen und mit den angebratenen Fleischstreifen vermischen.

🥕 <u>Gemüse austauschen:</u> Statt Fenchel 300 g Spitzkohl, Champignons oder Möhren nehmen.

❗ <u>Mit Pep:</u> Etwas abgeriebene Zitronenschale und 2 EL Kapern untermischen.

Mariniertes Filet auf Paprika

Schnell	●●	25 Min.
Vorbereiten	●●●	(+ 1 Std. Marinierzeit)
Preiswert	●	(+ 30 Min. Bratzeit)

Pro Portion ca. 260 kcal
35 g Eiweiß · 10 g Fett · 7 g Kohlenhydrate

ZUTATEN FÜR 4 PORTIONEN:
600 g Schweinefilet
2–3 EL Öl (+ Öl zum Braten)
2 EL Sojasauce
Pfeffer · 2 TL Senf
2 EL Ajvar (Paprikamus; alternativ Tomatenmark)
1 EL Essig
je 2 rote und gelbe Paprikaschoten
1 Gemüsezwiebel · Salz

1 Fleisch von Sehnen und Häutchen befreien. Aus 2 EL Öl, Sojasauce, Pfeffer, Senf, Ajvar und Essig eine Marinade rühren. Das Filet damit einstreichen und fest in Frischhaltefolie packen. Im Kühlschrank 1 Std. ziehen lassen.

2 Paprikaschoten längs in 6–8 Segmente teilen und putzen. Zwiebel in Ringe schneiden.

3 Den Backofen auf 200° vorheizen. Das Filet in einer ofenfesten Pfanne in wenig Öl anbraten, herausnehmen; dann Zwiebel und Paprika anbraten, mit Salz und Pfeffer würzen. Das Filet auf das Gemüse setzen, restliche Marinade zugeben, Deckel auflegen und das Fleisch im Ofen (Mitte, Umluft 180°) 30–35 Min. garen.

🍲 <u>Beilage:</u> Dazu paßt Polenta (s. Beilagentip Seite 38). Die Masse auskühlen lassen, in Scheiben schneiden und in heißer Butter ausbacken.

Bild oben: Mariniertes Filet auf Paprika
Bild unten links:
Medaillons mit Zwetschgen-Lauch
Bild unten rechts:
Kalbsgeschnetzeltes mit Fenchel

Kalbfleisch Stroganoff

Schnell ●	30 Min.
Vorbereiten ●●	
Preiswert ●	

Pro Portion ca. 270 kcal
24 g Eiweiß · 16 g Fett · 7 g Kohlenhydrate

ZUTATEN FÜR 4 PORTIONEN:
1 Zwiebel
150 g Champignons oder Egerlinge
400 g Kalbsschnitzel
Salz · Pfeffer · 2 EL Öl
4 Gewürzgurken, klein gewürfelt
1 EL Mehl · 1/4 l Fleischbrühe
125 g Sahne · Zitronensaft

1 Die Zwiebel fein würfeln. Die Pilze putzen und in Scheiben schneiden.

2 Das Fleisch in Streifen schneiden, salzen und pfeffern und im Öl rundherum scharf anbraten; warm stellen. Die Zwiebel im Bratfett glasig dünsten, die Pilze kurz mitbraten, die Gurken dazugeben.

3 Das Mehl in der Pfanne verrühren, mit Brühe und Sahne ablöschen. Mit Salz, Pfeffer und Zitronensaft abschmecken. Das Fleisch unterrühren und wieder heiß werden lassen.

Beilage: Servieren Sie dazu selbstgemachte Spätzle (s. Seite 206).

Blitzvariante: Champignonscheiben aus dem Glas sparen Vorbereitungszeit.

Kotelett mit Apfel-Lauch-Gemüse

Schnell ●	30 Min.
Vorbereiten ●	
Preiswert ●●●	

Pro Portion ca. 420 kcal
39 g Eiweiß · 25 g Fett · 10 g Kohlenhydrate

ZUTATEN FÜR 4 PORTIONEN:
3 Stangen Lauch · 2 säuerliche Äpfel
1–2 EL Öl
4 Schweinekoteletts (ca. 180 g)
Salz · Pfeffer
Paprikapulver
gerebelter Thymian
4 EL Crème fraîche

1 Den Lauch längs aufschlitzen, waschen und in breite Ringe schneiden. Die Äpfel halbieren und in schmale Spalten schneiden.

2 Die Koteletts in einer großen schweren Pfanne im heißen Öl von beiden Seiten kräftig anbraten. Lauchringe und Apfelspalten zugeben. Alles mit Salz, Pfeffer, Paprika und Thymian würzen; ca. 5 Min. schmoren lassen. Falls es zu trocken wird, etwas Wasser hinzufügen. Wenn der Lauch gar ist, das Gemüse nochmals abschmecken. Zum Kotelett servieren und mit einem Klecks Crème fraîche krönen.

‼️ Mit Pep: Ganz fein schmecken die Koteletts, wenn sie mit Camembert oder Brie überbacken werden. Käsescheiben auf das Fleisch legen und die Pfanne mit einem Deckel schließen.

Lamm mit Birnen-Kartoffel-Gratin

Schnell ●	30 Min.
Vorbereiten ●●	(+ 40 Min. Backzeit)
Preiswert ●	

Pro Portion ca. 870 kcal
31 g Eiweiß · 71 g Fett · 26 g Kohlenhydrate

ZUTATEN FÜR 4 PORTIONEN:
3 reife Birnen · 500 g Kartoffeln
100 g Gorgonzola
Salz · Pfeffer · 125 g Sahne
8 doppelte Lammkoteletts
2 EL Butterschmalz (+ Fett für die Form)

1 Den Backofen auf 200° vorheizen. Eine ofenfeste Form einfetten. Die Birnen schälen, vierteln und in Spalten schneiden. Die Kartoffeln schälen und in dünne Scheiben schneiden. Den Gorgonzola fein würfeln.

2 Birnenspalten und Kartoffelscheiben abwechselnd in die Auflaufform schichten. Mit Salz und Pfeffer bestreuen. Die Sahne darübergießen, den Gorgonzola daraufstreuen. Das Gratin im Ofen (Mitte, Umluft 180°) ca. 40 Min. backen.

3 Ca. 20 Min. bevor das Gratin fertig ist, die Lammkoteletts salzen und pfeffern. Im Butterschmalz von jeder Seite ca. 7 Min. braten; zum Birnen-Kartoffel-Gratin servieren.

Beilage: Die klassische Gemüsebeigabe sind grüne Bohnen. Aber auch weiße Bohnen mit etwas Knoblauch und Olivenöl schmecken lecker.

Obst austauschen: Statt Birnen Äpfel nehmen.

Extra gesund: Gehackte Nüsse Ihrer Wahl über das Gratin streuen.

Bild: Lamm mit Birnen-Kartoffel-Gratin

Steaks mit Spinat-Kartoffel-Gratin

Schnell	●	30 Min.
Vorbereiten	●●	(+ 45 Min. Backzeit)
Preiswert	●	

Pro Portion ca. 580 kcal
33 g Eiweiß · 39 g Fett · 22 g Kohlenhydrate

ZUTATEN FÜR 4 PORTIONEN:
500 g Kartoffeln
300 g Spinat
Salz · Pfeffer · 150 ml Milch
200 g Ziegenfrischkäse oder
Doppelrahm-Frischkäse
100 g Walnuß- oder Haselnußkerne
4 kleine Kalbssteaks
2 EL Butterschmalz (+ Fett für die Form)

1 Den Backofen auf 200° vorheizen. Eine Auflaufform einfetten. Die Kartoffeln schälen und in dünne Scheiben schneiden.

2 Den Spinat waschen; tropfnaß mit etwas Salz in einen Topf geben und bei starker Hitze zusammenfallen lassen. Die Hälfte des Spinats in die Form geben, darauf die Kartoffelscheiben; salzen und pfeffern.

3 Milch und Frischkäse verquirlen, über die Kartoffeln gießen und den restlichen Spinat darüber verteilen. Die Nüsse grob hacken und daraufstreuen. Im Ofen (Mitte, Umluft 180°) ca. 45 Min. garen.

4 Ca. 15 Min. bevor das Gratin fertig ist, die Steaks waschen und trockentupfen, mit Salz und Pfeffer würzen. Die Steaks im Schmalz von jeder Seite ca. 7 Min. braten; zum Gratin servieren.

🕐 Blitzvariante: TK-Spinat nehmen; in der Mikrowelle auftauen lassen.

‼ Mit Pep: Den Spinat mit durchgepreßtem Knoblauch oder Zwiebelwürfelchen und etwas Muskat würzen.

Schweinefilet mit Fruchtpüree

Schnell	●●	20 Min.
Vorbereiten	●●●	
Preiswert	●●	

Pro Portion ca. 280 kcal
28 g Eiweiß · 10 g Fett · 17 g Kohlenhydrate

ZUTATEN FÜR 4 PORTIONEN:
1 kleiner Apfel
60 g getrocknete Pflaumen
60 g getrocknete Aprikosen
6 dicke Scheiben Schweinefilet (ca. 500 g)
Salz · Pfeffer
2 EL Butterschmalz

1 Den Apfel schälen und das Fruchtfleisch zusammen mit dem Trockenobst pürieren.

2 Das Fleisch mit Salz und Pfeffer würzen; im Butterschmalz von beiden Seiten 4–5 Min. braten. Das Fleisch muß durchgebraten, aber noch zartrosa sein, sonst wird es zu trocken. Die Schweinemedaillons mit Fruchtpüree servieren.

🍲 Beilage: Als Beilage schmecken z. B. Rösti oder Kräuterkartoffeln (s. Seite 96). Wer Reis, Nudeln oder selbstgemachte Spätzle (s. Seite 206) dazu servieren möchte, braucht eine Sauce: Dafür die Schweinefilets aus der Pfanne nehmen und warm stellen. Den Bratensatz mit etwas Wasser oder Brühe ablöschen, 1–2 EL vom Fruchtpüree und 3–4 EL Crème fraîche unterrühren und die Sauce mit Salz und Pfeffer abschmecken.

🥣 Resteküche: Übriggebliebenes Püree können Sie kalt als Dip für Käsewürfelchen reichen.

‼ Mit Pep: Braten Sie mit dem Schweinefilet ein paar Scheiben Frühstücksspeck aus, und belegen Sie das Fleisch vor dem Servieren damit.

Kartoffel-Fisch-Ragout

Schnell	●	30 Min.
Vorbereiten	●	
Preiswert	●●	

Pro Portion ca. 590 kcal
27 g Eiweiß · 33 g Fett · 32 g Kohlenhydrate

ZUTATEN FÜR 4 PORTIONEN:
750 g festkochende Kartoffeln
500 g Lauch · 1 große Zwiebel
2 EL Butter
400 ml Hühnerfond (aus dem Glas)
Salz · Pfeffer
150 g Crème fraîche
1 EL Speisestärke
400 g Lachsfilet, in Streifen geschnitten

1 Kartoffeln schälen und in 1 cm kleine Würfel schneiden. Den Lauch putzen und schräg in feine Ringe schneiden.

2 Die Zwiebel hacken und in einem breiten Topf in der Butter andünsten. Kartoffeln und Lauch 2 Min. mitdünsten. Mit dem Fond ablöschen, salzen und pfeffern. Alles aufkochen und zugedeckt 10 Min. garen.

3 Die Crème fraîche mit Stärke, etwas Salz und Pfeffer verrühren; unter das Gemüse ziehen. Alles einmal aufkochen. Den Fisch salzen, pfeffern und dazugeben. Zugedeckt bei schwacher Hitze 3 Min. ziehen lassen.

🥕 Gemüse austauschen: Statt Lauch können Sie Möhren oder Fenchel nehmen.

🚀 Kraft und Power: Dazu 4 wachsweich gekochte Eier servieren.

Bild oben:
Steaks mit Spinat-Kartoffel-Gratin
Bild unten links:
Schweinefilet mit Fruchtpüree
Bild unten rechts:
Kartoffel-Fisch-Ragout

Geschnetzeltes mit Möhren-Weißkohl

Schnell	●	30 Min.
Vorbereiten	●●	(+ 1 Std. Marinierzeit)
Preiswert	●	

Pro Portion ca. 380 kcal
24 g Eiweiß · 27 g Fett · 10 g Kohlenhydrate

ZUTATEN FÜR 4 PORTIONEN:
400 g Rinderrouladen
4 EL Öl · 2 EL Ketchup
1 EL Senf
1 EL Sojasauce
250 g Möhren, geraspelt
250 g Weißkohl, fein geschnitten
1/4 l Gemüsebrühe
200 g Sahne · Pfeffer

1 Das Fleisch in sehr feine Streifen schneiden und in der Mischung aus Öl, Ketchup, Senf und Sojasauce 1 Std. ziehen lassen; dann rundherum gut anbraten.

2 Das Gemüse zugeben, kurz andünsten, dann Brühe und Sahne zugießen. Ca. 10 Min. köcheln lassen, bis die Karotten gar sind und die Sauce sämig wird. Mit Pfeffer abschmecken.

Beilage: Dazu passen chinesische Eiernudeln oder Naturreis.

Blitzvariante: Lassen Sie sich das Fleisch schon beim Metzger schnetzeln.

Extra gesund: Nehmen Sie statt Weißkohl rohes Sauerkraut – das bringt jede Menge Vitamin C, dazu Vitamin B12, Folsäure und Ballaststoffe.

Spareribs mit Corn-Fritters

Schnell	●	30 Min.
Vorbereiten	●●	(+ 15 Min. Quellzeit)
Preiswert	●●●	

Pro Portion ca. 540 kcal
35 g Eiweiß · 25 g Fett · 43 g Kohlenhydrate

ZUTATEN FÜR 4 PORTIONEN:
12 mittelgroße Schweinerippchen
2 EL Ketchup
1 EL Sojasauce
1 EL Senf
2 EL Öl
je 50 g Mais- und Weizenmehl
2 Eier, getrennt
2–3 EL saure Sahne
1 Dose Mais (140 g)
Salz · Pfeffer
Muskat
Butterschmalz zum Braten

1 Die Rippchen zwischen den Knochen voneinander trennen. Ketchup, Sojasauce, Senf und Öl mischen und die Rippchen damit bestreichen; kühl stellen.

2 Beide Mehlsorten mischen; mit Eigelben und saurer Sahne zu einem festen Teig verarbeiten. Mais samt Flüssigkeit untermischen. Mit Salz, Pfeffer und Muskat würzen, 15 Min. quellen lassen. Backofengrill vorheizen.

3 Eiweiße steif schlagen und unter den Teig ziehen. In einer beschichteten Pfanne eßlöffelgroße Portionen in heißes Butterschmalz setzen; von beiden Seiten braten; auf Küchenpapier entfetten.

4 Während die Fritters backen, die Spareribs unter dem Grill von beiden Seiten goldbraun grillen.

Beilage: Gurkensalat mit Sauerrahm-Dressing.

 Mit Pep: Direkt vor dem Braten 2 Löffel Cornflakes zum Teig für die Fritters geben – das macht sie herrlich knusprig.

Rindfleisch-Gemüse-Pfanne

Schnell	●	40 Min.
Vorbereiten	●●	
Preiswert	●	

Pro Portion ca. 320 kcal
26 g Eiweiß · 17 g Fett · 11 g Kohlenhydrate

ZUTATEN FÜR 4 PORTIONEN:
2 rote Paprikaschoten
1 Zwiebel
200 ml Geflügelfond (aus dem Glas)
4 EL Sojasauce
2 TL Speisestärke
400 g Rumpsteak, in dünne Streifen geschnitten
6 EL Öl · Salz · Pfeffer
300 g aufgetauter TK-Broccoli

1 Die Paprikaschoten putzen und in feine Streifen schneiden. Die Zwiebel fein würfeln. Fond, Sojasauce und Stärke verquirlen.

2 In einer großen Pfanne das Fleisch in 2 EL Öl portionsweise braun anbraten; herausnehmen, salzen und pfeffern. Dann mit dem übrigen Öl Zwiebel und Paprika 2 Min. braten. Den Broccoli hinzufügen; alles 4 Min. braten. Mit Salz und Pfeffer würzen.

3 Die Würzsauce angießen, das Fleisch unterheben und die Sauce bei starker Hitze andicken lassen. Abschmecken.

Gemüse austauschen: Statt Broccoli können Sie auch Erbsen nehmen.

Bild: Spareribs mit Corn-Fritters

Hackfleisch-Gemüse-Pie

Schnell	●●	20 Min.
Vorbereiten	●●●	(+ 30 Min. Backzeit)
Preiswert	●●●	

Pro Portion ca. 540 kcal
27 g Eiweiß · 34 g Fett · 31 g Kohlenhydrate

ZUTATEN FÜR 4 PORTIONEN:
etwas Öl für die Pieform
450 g gekochter Reis
250 g Rinderhackfleisch
1 Ei · Salz · Pfeffer
1 TL edelsüßes Paprikapulver
Worcestersauce
1 Stange Lauch · 300 g Tomaten
200 g Sahne
100 g Reibekäse

1 Den Backofen auf 200° vorheizen und eine Pieform mit Öl auspinseln. Reis mit Fleisch, Ei, Salz, Pfeffer, Paprika und Worcestersauce zu einem Teig kneten; in die Form drücken.

2 Den Lauch und die Tomaten waschen. Lauch in Ringe, Tomaten in Spalten schneiden. Das Gemüse segmentweise auf den Fleischteig legen und in den heißen Backofen (Mitte; Umluft 180°) schieben.

3 Sahne und Reibekäse verquirlen, salzen und pfeffern; nach 10 Min. Backzeit über dem Gemüse verteilen und die Pie weitere 20 Min. backen.

Beilage: Dazu paßt ein Kartoffel-Möhren-Püree: Von den Kartoffeln für Püree 1/3 durch Möhren ersetzen, garen, zusammen durch die Kartoffelpresse drücken. Etwas kochende Milch dazurühren und mit Salz, Pfeffer und Muskatnuß abschmecken. Mit Schnittlauch garnieren.

Mit Pep: Fein schmeckt die Pie mit Kürbiswürfeln statt mit Lauch belegt. Dann zusätzlich 2 EL Pinienkerne darüberstreuen.

Paprika-Hackfleisch-Pfanne

Schnell	●	30 Min.
Vorbereiten	●	
Preiswert	●●●	

Pro Portion ca. 460 kcal
32 g Eiweiß · 35 g Fett · 5 g Kohlenhydrate

ZUTATEN FÜR 4 PORTIONEN:
750 g bunte Paprikaschoten
1 Zwiebel · 2 EL Olivenöl
500 g gemischtes Hackfleisch
Salz · Pfeffer · 4 EL Tomatenmark
1/4 l Fleischbrühe
100 g Schafskäse, zerbröckelt

1 Die Paprikaschoten putzen und in kleine Würfel schneiden. Die Zwiebel fein hacken. Beides in einer großen Pfanne im Öl unter Wenden 3 Min. dünsten. Das Hackfleisch dazugeben, unter Rühren in weiteren 5 Min. braun und krümelig braten. Salzen und pfeffern.

2 Tomatenmark und Brühe einrühren. Unter gelegentlichem Umrühren 3–4 Min. kochen lassen. Abschmecken und den Käse darüberstreuen.

Blitzvariante: Das Hackfleisch braten, aufgetautes TK-Gemüse untermengen.

Gemüse austauschen: Die Pfanne mit Möhren und Lauch zubereiten.

Extra gesund: Reichlich Sojasprossen und gehackte Petersilie untermischen.

Hähnchen-Grillpfanne

Schnell	●●	20 Min.
Vorbereiten	●●	(+ 40 Min. Backzeit)
Preiswert	●●	

Pro Portion ca. 460 kcal
32 g Eiweiß · 23 g Fett · 29 g Kohlenhydrate

ZUTATEN FÜR 4 PORTIONEN:
750 g kleine Kartoffeln
500 g kleine Zwiebeln
1 Paprikaschote
4 Hähnchenschenkel
3 EL Öl
Salz · Pfeffer
2 TL edelsüßes Paprikapulver

1 Den Backofen auf 200° vorheizen. Die Kartoffeln schälen und achteln, Zwiebeln schälen und vierteln. Die Paprika putzen und in Rauten schneiden.

2 Die Hähnchenschenkel mit einer Mischung aus Öl, 1 TL Salz, Pfeffer und Paprikapulver einpinseln, den Rest mit dem Gemüse vermengen.

3 Das Gemüse in eine Auflaufform füllen, die Hähnchenschenkel darauflegen. Im Ofen (Mitte, Umluft 180°) ca. 40 Min. braten. Eventuell zwischendurch etwas Wasser angießen.

Gemüse austauschen: Statt der Zwiebeln Zucchini nehmen – das ist milder – und mit etwas Rosmarin bestreuen.

Bild: Hackfleisch-Gemüse-Pie

Bunte Puten-Peperonata

Schnell ● 30 Min.
Vorbereiten ●●● (+ 2 Std. Marinierzeit)
Preiswert ●●

Pro Portion ca. 260 kcal
39 g Eiweiß · 6 g Fett · 11 g Kohlenhydrate

ZUTATEN FÜR 4 PORTIONEN:
2 Zwiebeln · 1/8 l Apfelessig
2 EL Senfkörner
1 Lorbeerblatt
600 g Putenbrust am Stück
Salz · Pfeffer
je 2 rote, grüne und gelbe
Paprikaschoten
1–2 EL Öl · 1/4 l Möhrensaft
1 Prise Zucker

1 Die Zwiebeln grob würfeln. Den Essig mit Senfkörnern, Lorbeerblatt und den Zwiebeln aufkochen; abkühlen lassen. Das Fleisch mit Salz und Pfeffer einreiben; kühl gestellt mindestens 2 Std. in der Beize ziehen lassen.

2 Paprika putzen und in 4 cm große Rauten schneiden. Das Fleisch aus der Marinade heben, abtupfen und salzen. Die Marinade abseihen. Fleisch im heißen Öl rundherum anbraten. Paprika kurz mitbraten, Möhrensaft und marinierte Zwiebeln zugeben; würzen und alles 20 Min. garen.

3 Den fertigen Braten aufschneiden. Gemüse mit Marinade und Zucker abschmecken und zum Fleisch servieren.

Beilage: Dazu passen Salzkartoffeln oder Kartoffelwürfel, die Sie gleich in der Peperonata garen. Dann aber zusätzlich noch 200 ml Gemüsebrühe zugeben.

Blitzvariante: Fleischwurstpeperonata: Zwiebeln, Paprika und Fleischwurst anbraten, mit Möhrensaft und 1–2 EL Apfelessig ablöschen und gardünsten.

Lachskotelett mit Kräutercreme

Schnell ●●● 10 Min.
Vorbereiten ●● (+ 20 Min. Backzeit)
Preiswert ●

Pro Portion ca. 450 kcal
31 g Eiweiß · 35 g Fett · 1 g Kohlenhydrate

ZUTATEN FÜR 4 PORTIONEN:
4 kleine Lachskoteletts (je ca. 150 g)
Saft und 1 TL abgeriebene Schale von
1/2 unbehandelten Zitrone
Salz · 1/2 Beet Kresse
je 1/2 Bund Schnittlauch und
Petersilie
einige Blättchen Zitronenmelisse
150 g Crème fraîche · Pfeffer

1 Backofen auf 200° vorheizen. Jedes Lachskotelett auf ein Stück Alufolie legen, mit Zitronensaft beträufeln und salzen.

2 Die Kräuter fein schneiden, bzw. hacken; mit der Crème fraîche, der abgeriebenen Zitronenschale, 1 EL Zitronensaft und nach Bedarf 1 EL Wasser glattrühren, mit Salz und Pfeffer kräftig würzen.

3 Jeweils gut 1 EL Kräutercreme auf die Lachskoteletts geben. Die Folie darüber locker verschließen; die Päckchen im heißen Backofen (Mitte, Umluft 180°) 15–20 Min. garen.

Beilage: Dazu passen kleine Pellkartoffeln. Und mit einem Teil der Kräuter und einer leichten Vinaigrette können Sie einen Gurkensalat anmachen.

Resteküche: Übriggebliebene Kräutercreme mit gekochten gewürfelten Kartoffeln und eventuell etwas Joghurt mischen, nachwürzen und als Salat servieren.

Aus dem Vorrat: TK-Lachsfilets auftauen lassen und mit einem Klecks fertiger Kräuter-Crème-fraîche garen.

Gurken-Gemüse mit Kabeljaufilet

Schnell ● 30 Min.
Vorbereiten ●
Preiswert ●●

Pro Portion ca. 400 kcal
29 g Eiweiß · 23 g Fett · 13 g Kohlenhydrate

ZUTATEN FÜR 4 PORTIONEN:
800 g Schmor- oder Salatgurken
1 Zwiebel · 6 EL Butter
1/4 l Hühnerfond (aus dem Glas)
600 g Kabeljaufilet
Salz · Pfeffer
125 g Sahne · 3 EL Mehl
1 Bund Dill, gehackt

1 Die Gurken schälen, längs halbieren, entkernen und in dünne Scheiben schneiden. Die Zwiebel würfeln und in 2 EL Butter glasig dünsten. Die Gurken 2–3 Min. mitdünsten. Den Fond angießen, aufkochen und das Gemüse zugedeckt 10 Min. garen.

2 Das Fischfilet in Portionsstücke schneiden; salzen und pfeffern. In der übrigen Butter bei mittlerer Hitze in 10 Min. auf beiden Seiten braten.

3 Die Sahne mit dem Mehl verrühren, unter das Gemüse mischen und köcheln lassen, bis es gebunden ist. Mit Salz und Pfeffer abschmecken. Den Dill unterrühren. Das Gemüse mit dem Fisch anrichten.

Blitzvariante: Schneller geht's, wenn Sie die Gurken in einer Béchamelsauce aus der Packung kurz garen.

Gemüse austauschen: Zucchini statt Gurken sind ebenso geeignet.

Bild oben:
Gurken-Gemüse mit Kabeljaufilet
Bild unten links:
Lachskotelett mit Kräutercreme
Bild unten rechts:
Bunte Puten-Peperonata

Bandnudeln mit Pilzragout

Schnell	●●	25 Min.
Vorbereiten	●	
Preiswert	●●●	

Pro Portion ca. 560 kcal
15 g Eiweiß · 20 g Fett · 80 g Kohlenhydrate

ZUTATEN FÜR 4 PORTIONEN:
350 g vollreife Tomaten
1 Bund Petersilie
200 g gemischte Pilze
50 g Kräuterbutter (Fertigprodukt)
150 ml Gemüsebrühe
100 g Sahne
400 g breite Bandnudeln (z. B. Pappardelle, Reginette, Trinette)
Salz · Pfeffer

1 Die Tomaten überbrühen, häuten, entkernen und würfeln. Die Petersilie hacken. Die Pilze putzen, flache Pilze in feine Streifen, Pilze mit Hüten in feine Scheiben schneiden.

2 In einer beschichteten Pfanne die Petersilie in der Kräuterbutter kurz andünsten. Die Pilze dazugeben und 5 Min. bei mittlerer Hitze braten. Die Tomatenwürfel unterrühren, Brühe und Sahne angießen. Das Pilzragout offen sämig einköcheln lassen.

3 Nudeln in Salzwasser bißfest kochen. Das Pilzragout mit Salz und Pfeffer abschmecken. Die Nudeln sofort mit dem Pilzragout servieren.

<u>Aus dem Vorrat:</u> Falls Sie nur Champignons bekommen haben, mischen Sie getrocknete Steinpilze unter das Ragout: Die Pilze zunächst einweichen, dann mit andünsten. Gießen Sie das Einweichwasser (durch ein Sieb) mit zur Sauce.

<u>Mit Pep:</u> So richtig italienisch wird das Gericht, wenn Sie zum Servieren geriebenen Parmesan oder Pecorino darüberstreuen.

Bunte Paprika-Spaghetti

Schnell	●	30 Min.
Vorbereiten	●	
Preiswert	●●	

Pro Portion ca. 530 kcal
17 g Eiweiß · 14 g Fett · 82 g Kohlenhydrate

ZUTATEN FÜR 4 PORTIONEN:
400 g Spaghetti · Salz
750 g rote, gelbe und grüne Paprikaschoten
2 EL Olivenöl
1/4 l Gemüsefond (aus dem Glas)
2 TL Thymianblättchen (frisch oder getrocknet)
Pfeffer
1–2 TL Aceto balsamico
4 EL Pesto (aus dem Glas)

1 Die Spaghetti in reichlich Salzwasser bißfest garen. Die Paprikaschoten putzen und in feine Streifen schneiden; in einer großen Pfanne im Olivenöl bei mittlerer Hitze 5 Min. unter Rühren anbraten. Den Fond dazugießen, den Thymian einrühren und alles zugedeckt in 5 Min. weich dünsten. Mit Salz, Pfeffer und Essig abschmecken.

2 Die Nudeln gut abtropfen lassen. Sofort mit den gedünsteten Paprika vermischen. Auf vorgewärmten Tellern mit je 1 EL Pesto anrichten.

<u>Gemüse austauschen:</u> Auch Zwiebeln, Zucchini und Auberginen harmonieren gut mit den Pesto-Spaghetti.

<u>Extra gesund:</u> Kochen Sie Vollkorn-Spaghetti anstelle der »weißen« Nudeln und mischen Sie mit den Paprikastreifen noch 50 g feingehackte Walnüsse unter.

<u>Kraft und Power:</u> 100 g Streifen von gekochtem Schinken oder von würzigem Hart- bzw. Schnittkäse unter die Spaghetti mischen.

Salbei-Möhren-Ravioli

Schnell	●●	25 Min.
Vorbereiten	●	
Preiswert	●●	

Pro Portion ca. 540 kcal
17 g Eiweiß · 38 g Fett · 31 g Kohlenhydrate

ZUTATEN FÜR 4 PORTIONEN:
500 g Ravioli mit Pilzfüllung (Kühlregal)
Salz
12 frische Salbeiblätter (oder 1 EL getrockneter Salbei)
500 g Möhren
125 g Butter
Pfeffer
50 g geriebener Parmesan

1 Die Ravioli nach Packungsangabe garen. Die Möhren schälen und schräg in dünne Scheiben schneiden. Den Salbei abbrausen und trockentupfen.

2 Die Möhren in einer großen Pfanne in der Butter zugedeckt 5 Min. dünsten. Salbei, Salz und Pfeffer unterrühren.

3 Die Ravioli abtropfen lassen und mit den Buttermöhren vermischen. Auf Tellern anrichten, mit Pfeffer übermahlen und mit etwas Parmesan bestreuen. Den übrigen Käse extra dazu reichen.

<u>Beilage:</u> Feldsalat mit Senf-Vinaigrette.

<u>Gemüse austauschen:</u> Auch Lauch und Pilze passen gut zur Salbeibutter.

<u>Mit Pep:</u> Die Buttermöhren mit gehobelten Mandeln, Mohn, Pinienkernen oder Sesam verfeinern.

Bild oben: Salbei-Möhren-Ravioli
Bild unten links:
Bandnudeln mit Pilzragout
Bild unten rechts:
Bunte Paprika-Spaghetti

Nudelblech

Schnell	●	30 Min.
Vorbereiten	●	(+ 25 Min. Backzeit)
Preiswert	●●●	

Bei 4 Portionen pro Portion ca. 780 kcal
30 g Eiweiß · 28 g Fett · 104 g Kohlenhydrate

ZUTATEN FÜR 4–6 PORTIONEN:
400 g Farfalle · Salz
400 g Zucchini
4 kleine Tomaten
1 EL Butter für das Blech
125 g Sahne · 1/8 l Milch
3 Eier · Pfeffer
je 1 TL getrockneter Thymian und Oregano
1 kleine Dose Mais (140 g)
100 g geriebener Käse

1 Die Nudeln in Salzwasser bißfest kochen; kalt abschrecken. Die Zucchini waschen und in dünne Scheiben hobeln. Tomaten waschen und längs halbieren. Den Backofen auf 180° vorheizen. Ein Backblech mit Butter einfetten.

2 Sahne, Milch und Eier miteinander verquirlen. Mit Salz, Pfeffer und Kräutern kräftig würzen. Die Nudeln auf dem Backblech verteilen und mit der Eier-Milch begießen.

3 Zucchini, Mais, Tomaten und den Käse gleichmäßig auf den Nudeln verteilen. Im heißen Ofen (Mitte, Umluft 160°) ca. 25 Min. backen.

🥕 **Gemüse austauschen:** Ersetzen Sie die Zucchini durch Lauch und würzen Sie mit Kümmel statt mit Kräutern.

🚀 **Kraft und Power:** 200 g krümelig gebratenes Hackfleisch dazugeben.

🥫 **Aus dem Vorrat:** Statt Farfalle eine Packung Knödelpulver halb und halb, nach Anleitung angerührt, auf dem Blech verteilen.

Couscous-Pfanne

Schnell	●●	25 Min.
Vorbereiten	●●	(+ 20 Min. Quellzeit)
Preiswert	●●●	

Pro Portion ca. 470 kcal
27 g Eiweiß · 13 g Fett · 58 g Kohlenhydrate

ZUTATEN FÜR 4 PORTIONEN:
1/2 l kräftige Gemüsebrühe
300 g Instant-Couscous
300 g Hähnchenbrustfilet
300 g rote und gelbe Paprikaschote
300 g kleine Zucchini
1 Zwiebel
4 EL Olivenöl
Salz · Pfeffer

1 Die Brühe aufkochen, über den Couscous gießen und diesen zugedeckt 20 Min. quellen lassen; durchrühren.

2 Das Fleisch in feine Streifen schneiden. Paprika putzen und in Würfel schneiden. Die Zucchini längs halbieren und in dünne Scheiben schneiden. Die Zwiebel fein hacken. Das Fleisch in einer großen Pfanne in 2 EL Öl unter Rühren braun anbraten; herausnehmen. Zwiebel, Paprika und Zucchini im Bratfett 5 Min. bei mittlerer Hitze anbraten.

3 Den Couscous mit dem übrigen Öl in die Pfanne geben und 5 Min. braten, dabei ständig wenden. Mit Salz und Pfeffer kräftig abschmecken. Das Fleisch untermischen und alles zugedeckt 2–3 Min. ziehen lassen.

🍲 **Beilage:** Dazu paßt Sahnejoghurt mit reichlich gehackter Petersilie verrührt.

⏱ **Blitzvariante:** Einfach tiefgekühltes italienisches Gemüse nehmen.

🥕 **Gemüse austauschen:** Die Pfanne schmeckt auch mit Pilzen, Möhren, Lauch oder Staudensellerie sehr gut.

Kürbis-Hirsotto

Schnell	●	30 Min.
Vorbereiten	●●	
Preiswert	●●●	

Pro Portion ca. 530 kcal
19 g Eiweiß · 24 g Fett · 63 g Kohlenhydrate

ZUTATEN FÜR 4 PORTIONEN:
2 Zwiebeln · 800 g Kürbis
4 EL Öl · 300 g Hirse
600 ml Hühnerbrühe
100 g Bacon (Frühstücksspeck)
1 Bund Petersilie
Salz · Pfeffer
1–2 EL Zitronensaft

1 Die Zwiebeln fein würfeln. Den Kürbis schälen, entkernen und in Würfel schneiden. Das Öl in einem breiten Topf erhitzen, Zwiebeln und Kürbis darin 3 Min. andünsten. Die Hirse unterrühren, mit der heißen Brühe auffüllen und zugedeckt 25 Min. garen.

2 Den Speck in Streifen schneiden und ohne weiteres Fett kroß ausbraten. Die Petersilienblätter fein hacken.

3 Das fertige Hirse-Gemüse mit Salz, Pfeffer und dem Zitronensaft abschmecken. Die Petersilie untermischen und den Bacon daraufgeben.

⏱ **Blitzvariante:** Wer's sehr eilig hat, nimmt statt Hirse 8-Minuten-Kurzzeitreis.

🥕 **Gemüse austauschen:** Statt Kürbis passen auch sehr gut Möhren.

‼ **Mit Pep:** Das Gemüse mit gemahlenem Ingwer und gemahlenen Nelken abschmecken.

Bild oben: Kürbis-Hirsotto
Bild unten links:
Nudelblech
Bild unten rechts:
Couscous-Pfanne

Semmelknödel mit Sahnegemüse

Schnell	●	30 Min.
Vorbereiten	●	
Preiswert	●●●	

Pro Portion ca. 380 kcal
9 g Eiweiß · 29 g Fett · 19 g Kohlenhydrate

ZUTATEN FÜR 4 PORTIONEN:
8 Semmelknödel (aus der Packung)
Salz · 400 g Champignons
2–3 EL Zitronensaft
300 g Wirsing · 1 Zwiebel
2 EL Butter · 300 g Sahne · Pfeffer

1 Die Semmelknödel nach Packungsangabe quellen lassen und in Salzwasser garen.

2 Die Pilze putzen und in dünne Scheiben schneiden. Mit 2 EL Zitronensaft beträufeln. Den Wirsing putzen und in feine Streifen schneiden.

3 Die Zwiebel fein hacken und in einer großen Pfanne in der Butter glasig dünsten. Pilze und Wirsing dazugeben und 5 Min. anbraten. Die Sahne angießen, das Gemüse weitere 10 Min. zugedeckt köcheln lassen. Mit Salz, Pfeffer und Zitronensaft abschmecken; mit den Knödeln anrichten.

⏱ <u>Blitzvariante:</u> Wer es eilig hat, nimmt TK-Champignonscheiben.

‼ <u>Mit Pep:</u> Das Gericht mit kroß gebratenem Speck abrunden.

Kümmel-Kartoffeln mit Schmand

Schnell	●●	25 Min.
Vorbereiten	●●	
Preiswert	●●●	

Pro Portion ca. 280 kcal
9 g Eiweiß · 15 g Fett · 27 g Kohlenhydrate

ZUTATEN FÜR 4 PORTIONEN:
800 g kleine Kartoffeln
1 EL Sonnenblumenöl
1 TL Kümmel
1 TL grobes Meersalz
100 g Magerquark
200 g Schmand (24 % Fett)
je 1 Bund Schnittlauch und Dill
einige Blättchen Brunnenkresse (nach Belieben)
Salz · Pfeffer

1 Den Backofen auf 200° vorheizen. Die Kartoffeln waschen, abbürsten und trockentupfen. Auf ein Backblech Backpapier legen, mit Öl bepinseln, Kümmel und Salz daraufstreuen.

2 Die Kartoffeln längs halbieren, mit der Schnittfläche nach unten auf das Blech setzen und im heißen Backofen (Mitte, Umluft 180°) in ca. 20 Min. garen.

3 Den Quark mit Schmand und 2–3 EL Wasser glattrühren. Die Kräuter klein schneiden, unterrühren und mit Salz und Pfeffer abschmecken. Zu den gegarten Kartoffeln servieren.

🍌 <u>Extra gesund:</u> Reichen Sie dazu unbedingt ein paar »Rohköstlichkeiten«: gut geeignet sind z. B. Möhrenscheiben, Kohlrabistiftchen, Paprikastreifen und/oder Chicoreeblätter.

<u>Aus dem Vorrat:</u> Als Sauce zu den Kartoffeln einfach Quark mit etwas Sahne glattrühren und mit klein gewürfelter roter Paprikaschote und, falls vorhanden, gehackter Petersilie mischen. Mit Salz, Pfeffer und scharfem Paprikapulver abschmecken.

Kartoffel-Apfel-Gratin

Schnell	●	30 Min.
Vorbereiten	●●	(+ 40 Min. Backzeit)
Preiswert	●●●	

Pro Portion ca. 490 kcal
13 g Eiweiß · 33 g Fett · 34 g Kohlenhydrate

ZUTATEN FÜR 4 PORTIONEN:
700 g festkochende Kartoffeln
2–3 säuerliche Äpfel (z. B. Boskop)
2 EL Zitronensaft · Salz · Pfeffer
2 TL gehackter Thymian (frisch oder getrocknet)
250 g Sahne · 150 g Camembert
2 EL Butter (+ Butter für die Form)

1 Den Backofen auf 200° vorheizen. Eine große Gratinform dick mit Butter einfetten. Die Kartoffeln schälen und in sehr dünne Scheiben schneiden. Die Äpfel schälen, vierteln und in dünne Spalten schneiden; mit Zitronensaft beträufeln.

2 In die Form abwechselnd Kartoffel- und Apfelscheiben schichten. Jeweils mit Salz, Pfeffer und etwas Thymian würzen. Die Sahne darübergießen.

3 Den Camembert in Scheiben und zuletzt die Butter in Flöckchen obenauf legen. Das Gratin im Ofen (Mitte, Umluft 180°) ca. 40 Min. backen.

🚀 <u>Kraft und Power:</u> Unter die Sahne 2 Eier rühren.

Bild: Kümmel-Kartoffeln mit Schmand

Schafskäse mit Pfannengemüse

Schnell	●	30 Min.
Vorbereiten	●	
Preiswert	●●●	

Pro Portion ca. 600 kcal
36 g Eiweiß · 43 g Fett · 16 g Kohlenhydrate

ZUTATEN FÜR 4 PORTIONEN:
5 EL Olivenöl
1 Knoblauchzehe
2 Packungen tiefgekühltes italienisches Pfannengemüse (600 g)
Salz · Pfeffer
2 Eiweiß
50 g Semmelbrösel
50 g geschälte gemahlene Mandeln
4 dicke Scheiben Schafskäse (ca. 600 g)

1 1 EL Öl in einer Pfanne erhitzen. Den Knoblauch hineinpressen und kurz andünsten. Dann das Gemüse unaufgetaut hinzufügen und bei starker Hitze in 4 Min. anbraten. Bei mittlerer Hitze 5–6 Min. weiterbraten, salzen und pfeffern.

2 Auf einem Teller die verquirlten Eiweiße, auf einem zweiten Teller Semmelbrösel mit Mandeln gemischt bereitstellen. Käsescheiben erst im Eiweiß, dann in der Brösel-Mandel-Mischung wenden; Panade andrücken.

3 Die Käsescheiben im übrigen Öl bei schwacher Hitze auf beiden Seiten goldbraun braten; mit dem Gemüse anrichten.

Blitzvariante: Fertig panierten TK-Camembert braten.

Champignontarte mit Emmentaler

Schnell	●	30 Min.
Vorbereiten	●●	(+ 40 Min. Backzeit)
Preiswert	●●●	

Bei 8 Stücken pro Stück ca. 370 kcal
19 g Eiweiß · 20 g Fett · 30 g Kohlenhydrate

ZUTATEN FÜR 1 SPRINGFORM (Ø 28 cm):
300 g Mehl (+ Mehl zum Ausrollen)
1/2 Päckchen Backpulver
150 g trockener Magerquark
300 ml Milch
7 EL Öl (+ Öl für die Form)
Salz · 300 g Champignons
Pfeffer · 4 Eier
200 g geriebener Emmentaler

1 Den Backofen auf 200° vorheizen. Die Form einfetten. Mehl, Backpulver, Quark, 6 EL Milch, 6 EL Öl und Salz rasch zum Teig kneten. Auf wenig Mehl ausrollen. In die Form legen, einen Rand formen und den Boden mehrmals einstechen. Im Ofen (Mitte, Umluft 180°) 10 Min. vorbacken.

2 Die Pilze putzen und in feine Scheiben schneiden. Im restlichen Öl 5 Min. braten, mit Salz und Pfeffer würzen.

3 Eier, die restliche Milch und Käse verrühren und würzen. Die Pilze untermischen und die Masse auf dem vorgebackenen Boden verteilen. Die Tarte in 30–35 Min. fertigbacken.

Beilage: Dazu paßt ein frischer Salat.

Grüne Kartoffeln mit Mozzarella

Schnell	●	30 Min.
Vorbereiten	●●	
Preiswert	●●●	

Pro Portion ca. 500 kcal
25 g Eiweiß · 27 g Fett · 38 g Kohlenhydrate

ZUTATEN FÜR 4 PORTIONEN:
1 kg kleine Kartoffeln
700 g Spinat · Salz
1 großes Bund Frühlingszwiebeln
250 g Mozzarella
2 EL Butterschmalz
75 g Cashewkerne (ersatzweise Mandeln)
1 Knoblauchzehe
Thymian (frisch oder getrocknet)
Pfeffer · Muskat

1 Die Kartoffeln in der Schale garen, pellen und größere Kartoffeln halbieren.

2 Den Spinat waschen, in Salzwasser blanchieren, gut abtropfen lassen und grob hacken. Frühlingszwiebeln putzen und schräg in ca. 1/2 cm breite Ringe schneiden. Mozarella würfeln.

3 Die Kartoffeln in einer Pfanne im Butterschmalz ca. 5 Min. braten, dann Cashewkerne, Zwiebeln und Spinat zugeben, den Knoblauch dazupressen. Weitere 5 Min. unter Rühren braten. Thymianblättchen nach Belieben und den Mozzarella untermischen, mit Salz, Pfeffer und Muskat würzen. Die Platte abschalten, den Deckel auflegen und den Käse zerlaufen lassen.

Aus dem Vorrat: 1 großes Paket TK-Rahm-Spinat auftauen. Dazu schmeckt Blauschimmelkäse.

Mit Pep: Besonders pikant wird's mit etwas zerkleinertem Sardellenfilet.

Bild: Grüne Kartoffeln mit Mozzarella

Apfel-Zwieback-Auflauf

Schnell	●●	25 Min.
Vorbereiten	●●	(+ 25 Min. Backzeit)
Preiswert	●●●	

Pro Portion ca. 380 kcal
9 g Eiweiß · 10 g Fett · 64 g Kohlenhydrate

ZUTATEN FÜR 4 PORTIONEN:
Fett für die Form
100 g Zwieback · 3/4 l Milch
1 Päckchen Vanillepudding-Pulver
2 EL Zucker · 6 Äpfel
Zimtzucker zum Bestreuen

1 Eine Auflaufform einfetten. Den Backofen auf 200° vorheizen. Den Zwieback in die Auflaufform legen und mit 1/4 l Milch begießen.

2 3 EL Milch mit dem Puddingpulver und dem Zucker verrühren. Die übrige Milch zum Kochen bringen, das angerührte Puddingpulver unterrühren, kurz aufkochen und über den Zwieback gießen.

3 Die Äpfel schälen, vierteln, entkernen und in Spalten schneiden; auf dem Pudding verteilen und mit Zimtzucker bestreuen. Im Ofen (Mitte, Umluft 180°) 25 Min. backen.

Obst austauschen: Der Auflauf schmeckt auch mit Birnen, Zwetschgen und Beerenfrüchten.

Extra gesund: Vollkornzwieback verwenden und den Auflauf zusätzlich mit gehackten Mandeln bestreuen.

Aus dem Vorrat: Wer kein Puddingpulver da hat, kann auch 250 g Doppelrahm-Frischkäse oder Quark mit 3 Eigelben schaumig schlagen und nach Belieben süßen. Die Masse über den Zwieback gießen, mit Äpfeln belegen und backen wie oben angegeben.

Zwetschgen-Clafoutis

Schnell	●●	20 Min.
Vorbereiten	●●●	(+ 50 Min. Backzeit)
Preiswert	●●●	

Bei 6 Portionen pro Portion ca. 310 kcal
9 g Eiweiß · 9 g Fett · 47 g Kohlenhydrate

ZUTATEN FÜR 1 SPRINGFORM
(Ø 24 cm):
Fett für die Form
3 Eier, getrennt · 100 g Zucker
100 g Magerquark
100 g Mehl
500 g Zwetschgen
50 g gehackte Mandeln
4 EL Zimtzucker

1 Die Form einfetten. Den Backofen auf 200° vorheizen. Die Eigelbe mit Zucker, Quark und dem Mehl dickschaumig schlagen. Die Eiweiße steif schlagen und unterheben. Den Teig in die Form füllen.

2 Die Zwetschgen waschen, halbieren und entsteinen. Den Teig damit belegen. Mit den Mandeln und dem Zimtzucker bestreuen. Im Ofen (Mitte, Umluft 180°) 50 Min. backen. Warm servieren.

Blitzvariante: Mit Früchten aus Glas, Dose oder der Tiefkühltruhe geht's extra schnell. Glas- und Dosenfrüchte gut abtropfen lassen.

Obst austauschen: Gut schmecken auch Äpfel oder Birnen und im Sommer Kirschen, Heidelbeeren oder Aprikosen.

Quarkauflauf mit Birnen

Schnell	●●	25 Min.
Vorbereiten	●●●	(+ 45 Min. Backzeit)
Preiswert	●●●	

Pro Portion ca. 450 kcal
18 g Eiweiß · 16 g Fett · 58 g Kohlenhydrate

ZUTATEN FÜR 4 PORTIONEN:
Fett für die Form
100 g Amaretti (ital. Mandelkekse)
800 g Birnen
50 g kernige Haferflocken
5 Eigelbe
6 EL Zucker
300 g Magerquark
2 EL Vanillepudding-Pulver

1 Den Ofen auf 180° vorheizen. Eine Auflaufform fetten. Die Amaretti in einer Plastiktüte leicht zerbröseln.

2 Die Birnen schälen, vierteln, entkernen und in Spalten schneiden. In die Form schichten und mit der Hälfte der Keksbrösel und den Haferflocken bestreuen.

3 Die Eigelbe mit dem Zucker dickschaumig schlagen. Quark und Puddingpulver gut unterrühren. Über die Birnen gießen, mit restlichen Bröseln und Haferflocken bestreuen. Im Ofen (Mitte, Umluft 160°) 45 Min. backen.

Aus dem Vorrat: Wer keine Amaretti zuhause hat, zerbröselt Butterkekse.

Bild: Apfel-Zwieback-Auflauf

Traubensalat mit Apfel-Zabaione

Schnell	●	30 Min.
Vorbereiten	●●	
Preiswert	●●●	

Pro Portion ca. 220 kcal
3 g Eiweiß · 5 g Fett · 41 g Kohlenhydrate

ZUTATEN FÜR 4 PORTIONEN:
2 EL Mandelblättchen
je 250 g blaue und grüne Weintrauben
2 säuerliche Äpfel
2 1/2 EL Zitronensaft
1 EL Ahornsirup
2 Eigelbe
3 EL Zucker
2 Prisen Zimt
1/8 l Apfelsaft (ohne Zucker)

1 Die Mandeln ohne Fett goldbraun rösten. Die Trauben waschen, halbieren und eventuell entkernen. Die Äpfel schälen, vierteln und in dünne Spalten schneiden. Mit 2 EL Zitronensaft und dem Ahornsirup vermischen.

2 Eigelbe, Zucker, übrigen Zitronensaft und den Zimt verrühren. Auf einem heißen Wasserbad schlagen, bis die Masse schön schaumig ist, dabei den Apfelsaft zugießen.

3 Den Traubensalat anrichten und mit der Zabaione überziehen. Die Mandelblättchen aufstreuen.

Blitzvariante: Statt der Zabaione Sahne mit Vanillezucker steif schlagen und etwas Haselnußkrokant untermischen.

Obst austauschen: Den Salat mit Birnen, Zwetschgen und/oder Orangen zubereiten.

Kraft und Power: Üppiger wird der Salat mit 3 EL gerösteten Haferflocken.

Mit Pep: Eigelbe und Zucker mit 2 EL Mandelmus aufschlagen.

Birnensülzchen mit Orangensauce

Schnell	●	30 Min.
Vorbereiten	●●●	(+ 2 Std. Gelierzeit)
Preiswert	●●●	

Pro Portion ca. 150 kcal
4 g Eiweiß · 2 g Fett · 26 g Kohlenhydrate

ZUTATEN FÜR 4 PORTIONEN:
4 Blatt weiße Gelatine
300 ml roter Traubennektar
4 EL Zucker · 1/2 TL Zimt
1/2 Päckchen Vanillesaucen-Pulver
1/4 l Milch
1 Päckchen abgeriebene Orangenschale
1 große Birne · 1 EL Zitronensaft

1 Die Gelatine einweichen. Den Saft mit 2 EL Zucker und Zimt erhitzen. Die Gelatine ausdrücken und im heißen Saft auflösen. Je 1/2 cm hohe Spiegel in 4 Portionsförmchen (1/8 l Inhalt) gießen. Im Gefrierfach in 10 Min. erstarren lassen.

2 Aus dem Saucenpulver mit der Milch, dem übrigen Zucker und der Orangenschale eine Sauce nach Packungsangabe kochen; kalt stellen.

3 Die Birne vierteln, schälen und in Stücke schneiden. Mit dem Zitronensaft beträufeln und auf dem erstarrten Saft verteilen. Den übrigen Saft dazugießen. Im Kühlschrank mindestens 2 Std. gelieren lassen. Zum Servieren das Gelee stürzen und mit der Orangensauce umgießen.

Extra gesund: Die Sülze wird mit Vitamin C angereichert, wenn Sie 50 ml des roten Nektars durch frisch gepreßten Orangensaft ersetzen.

Mit Pep: Den Saft mit je 1 unbehandelten Zitronen- und Orangenscheibe, 1/2 Zimtstange und 2 Nelken 15 Min. ziehen lassen, durch ein Sieb gießen und gelieren lassen.

Süße Zwetschgen-Tortilla

Schnell	●	30 Min.
Vorbereiten	●●	(+ 20 Min. Backzeit)
Preiswert	●●●	

Pro Portion ca. 430 kcal
13 g Eiweiß · 12 g Fett · 67 g Kohlenhydrate

ZUTATEN FÜR 4 PORTIONEN:
Butter für die Form
700 g Zwetschgen · 60 g Zucker
Saft und etwas abgeriebene Schale von 1 unbehandelten Zitrone
1 Prise Zimt · 100 g Zwieback
6 Eier · 1 TL Speisestärke
Puderzucker zum Bestäuben

1 Eine Gratinform fetten. Den Backofen auf 200° vorheizen. Die Zwetschgen vierteln und entsteinen. 30 g Zucker und den Zitronensaft 5 Min. einkochen lassen. Zwetschgen und Zimt dazugeben; bei milder Hitze 2 Min. dünsten.

2 Den Zwieback zerbröseln. Eier mit restlichem Zucker und Stärke schaumig rühren; mit Zitronenschale aromatisieren.

3 Die Zwetschgen in der Form verteilen, mit Zwiebackbröseln bestreuen, die Eimasse darübergießen. Im heißen Ofen (Mitte, Umluft 180°) 20–25 Min. backen. Mit Puderzucker bestäuben.

Blitzvariante: Vier kleine Förmchen statt der großen Form nehmen – das spart ca. 10 Min. Backzeit.

Obst austauschen: Das Omelett ist auch mit Äpfeln, Birnen, Aprikosen oder Kirschen ein Hochgenuß.

Bild oben:
Birnensülzchen mit Orangensauce
Bild unten links:
Traubensalat mit Apfel-Zabaione
Bild unten rechts:
Süße Zwetschgen-Tortilla

Apfel-Walnuß-Brot

Schnell ●	40 Min.
Vorbereiten ●●●	(+ 1 1/4 Std. Backzeit)
Preiswert ●●●	

Bei 20 Scheiben pro Stück ca. 190 kcal
3 g Eiweiß · 11 g Fett · 21 g Kohlenhydrate

ZUTATEN FÜR 1 KASTENFORM
(30 cm Länge):
500 g Äpfel (z. B. Boskop)
Saft und abgeriebene Schale von
1/2 unbehandelten Zitrone
4 EL Orangensaft · 50 g Rosinen
100 g Walnußkerne, gehackt
150 g Butter (+ Butter für die Form)
150 g brauner Zucker · 3 Eier
250 g feines Weizen-Vollkornmehl
(+ Mehl zum Bestäuben)
2 TL Backpulver

1 Die Äpfel schälen und grob raspeln; mit 2 EL Zitronensaft und dem Orangensaft beträufeln. Rosinen und Walnüsse untermischen und ziehen lassen.

2 Die Form fetten und mit Mehl bestäuben. Ofen auf 175° vorheizen. Butter schaumig schlagen; Zucker, Zitronenschale und die Eier nach und nach unterschlagen. Mehl und Backpulver mischen, nach und nach abwechselnd mit der Apfelmischung unterheben. Teig in die Form füllen.

3 Das Brot 1 1/4 Std. (Mitte, Umluft 160°) backen, nach 30 Min. oben längs einschneiden. Das fertige Brot noch 10 Min. in der Form ruhen lassen, dann auf ein Gitter stürzen.

Quarktaschen

Schnell ●	30 Min.
Vorbereiten ●●●	(+ 25 Min. Backzeit)
Preiswert ●●●	

Pro Stück ca. 290 kcal
7 g Eiweiß · 18 g Fett · 24 g Kohlenhydrate

ZUTATEN FÜR 10 STÜCK:
1 Packung TK-Blätterteig (450 g)
250 g Speisequark (20 % Fett)
50 g Zucker
1 Päckchen Vanillezucker
1 Ei · 1 Eigelb · 2 TL Speisestärke
50 g gemahlene Mandeln
1 TL abgeriebene Schale einer
unbehandelten Zitrone
2 EL Rosinen · 3 EL Milch
Mehl zum Ausrollen

1 Die Teigscheiben auftauen lassen. Quark, Zucker, Vanillezucker, Ei, Stärke, Mandeln und Zitronenschale verrühren. Die Rosinen untermischen.

2 Den Ofen auf 200° vorheizen. Ein Blech mit Backpapier belegen. Jede Teigplatte auf der bemehlten Arbeitsfläche auf 24 x 12 cm ausrollen und in je 2 Quadrate von 12 x 12 cm schneiden. Jeweils 1 EL von der Quarkmischung daraufsetzen. Eigelb und Milch verquirlen, die Teigränder damit bestreichen und zu Dreiecken zusammenklappen. Teigränder fest zusammendrücken.

3 Die Teigtaschen auf das Blech legen, mit der übrigen Eiermilch bestreichen und im Ofen (Mitte, Umluft 180°) in 25 bis 30 Min. goldbraun backen.

Kalte Traubentorte

Schnell ●	30 Min.
Vorbereiten ●●●	(+ 2 Std. Kühlzeit)
Preiswert ●●	

Bei 12 Stücken pro Stück ca. 340 kcal
4 g Eiweiß · 21 g Fett · 33 g Kohlenhydrate

ZUTATEN FÜR 1 SPRINGFORM
(26 cm Ø):
200 g Löffelbiskuits, zerbröselt
60 g weiche Butter · 4 Blatt Gelatine
400 g Doppelrahm-Frischkäse
Saft und abgeriebene Schale von
1 unbehandelten Zitrone
125 g Zucker · 250 g Sahne
je 250 g blaue und grüne Weintrauben, halbiert und entkernt

1 Die Biskuitbrösel mit der Butter verkneten und in die Form drücken; kalt stellen.

2 Gelatine einweichen. Frischkäse mit Zitronensaft, -schale und Zucker verrühren. Gelatine auflösen und unterrühren. Sahne steif schlagen und unterheben.

3 1/3 der Käsemasse auf den Bröselboden streichen und mit der Hälfte der Trauben belegen. Die übrige Käsecreme daraufstreichen. Mit den restlichen Weintrauben verzieren. Die Torte im Kühlschrank mindestens 2 Std. fest werden lassen.

Blitzvariante: Wer es eilig hat, nimmt statt de Weintrauben abgetropfte Früchte aus der Dose, z. B. Mandarinen, Pfirsiche oder Aprikosen.

Obst austauschen: Die Torte mit Zwetschgen oder Nektarinen variieren.

Aus dem Vorrat: Die Löffelbisquits durch Cornflakes, den Frischkäse durch Quark ersetzen.

Bild: Kalte Traubentorte

Hefekuchen mit Zwetschgen

Schnell	●	30 Min.
Vorbereiten	●●○	(+ 1 1/2 Std. Ruhezeit)
Preiswert	●●●	(+ 45 Min. Backzeit)

Bei 12 Stücken pro Stück ca. 160 kcal
4 g Eiweiß · 5 g Fett · 26 g Kohlenhydrate

ZUTATEN FÜR 1 SPRINGFORM
(Ø 26 cm):
250 g Mehl · 1/2 Würfel Hefe (20 g)
100 ml lauwarme Milch
50 g weiche Butter (+ Butter für die Form)
40 g Zucker
1 Prise Salz · 1 Ei
750 g Zwetschgen, halbiert und entsteint
Zimtzucker zum Bestreuen

1 Das Mehl in eine große Schüssel geben. Hefe mit der Milch verrühren, in eine Mulde in die Mitte des Mehls gießen, mit Mehl bestäuben und den Vorteig zugedeckt ca. 30 Min. gehen lassen.

2 Butter, Zucker, Salz und Ei dazugeben und alles zu einem glatten Teig verkneten. Nochmals 1 Std. gehen lassen.

3 Den Backofen auf 180° vorheizen. Die Springform einfetten. Den Teig kurz durchkneten und mit den Händen in die Form drücken. Die Zwetschgen in der Mitte etwas einschneiden und auf dem Teig verteilen. Den Kuchen im Ofen (Mitte, Umluft 160°) ca. 45 Min. backen. Nach 35 Min. mit Zimtzucker bestreuen.

Blitzvarianten: Den Kuchen mit Hefeteig aus der Tiefkühltruhe zubereiten – damit sparen Sie die Zeit für das Teigrühren und die Gehzeit für den Vorteig.
Eine praktische Erfindung ist die Hefeteigschüssel mit Deckel. Darin alle Zutaten verrühren, den Deckel schließen und die Schüssel in warmes Wasser stellen, bis sich der Deckel hebt. Spart 1 Std.!

Zimt-Apfelstreusel

Schnell	●●	25 Min.
Vorbereiten	●●●	(+ 50 Min. Backzeit)
Preiswert	●●●	

Bei 12 Stücken pro Stück ca. 350 kcal
3 g Eiweiß · 17 g Fett · 46 g Kohlenhydrate

ZUTATEN FÜR 1 SPRINGFORM
(Ø 26 cm):
300 g Mehl · 230 g Zucker
230 g weiche Butter (+ Butter für die Form)
1 Eigelb · Zimt
1 kg säuerliche Äpfel

1 Den Ofen auf 190° vorheizen, die Form fetten. Mehl mit Zucker, Butter, Eigelb und 1/4 TL Zimt mit den Knethaken des Handrührgerätes verkneten. Der Teig darf etwas bröselig sein.

2 Die Hälfte des Teiges zu einer Kugel formen, mit den Händen gleichmäßig in die Springform drücken.

3 Die Äpfel schälen, entkernen und in Spalten schneiden. Den Teig damit belegen. Etwas Zimt darüberstreuen.

4 Den restlichen Teig zwischen den Fingern zu Streuseln zerbröseln; über die Äpfel streuen. Im Ofen (Mitte, Umluft 170°) ca. 50 Min. backen.

Obst austauschen: Backen Sie den Kuchen doch auch einmal mit Birnen, Heidelbeeren, Zwetschgen, Pflaumen oder Mirabellen.

Aus dem Vorrat: Wenn Sie kein frisches Obst zuhause haben, verwenden Sie TK- oder Dosen-Früchte.

Mit Pep: Die ganze Menge Teig als Boden nehmen und den Kuchen nach dem Backen mit erwärmter Aprikosenkonfitüre bestreichen.

Roter Birnen-Mohn-Kuchen

Schnell	●	30 Min.
Vorbereiten	●●○	(+ 30 Min. Backzeit)
Preiswert	●●○	

Bei 12 Stücken pro Stück ca. 240 kcal
8 g Eiweiß · 6 g Fett · 39 g Kohlenhydrate

ZUTATEN FÜR 1 SPRINGFORM
(Ø 26 cm):
Fett für die Form
400 g Mürbeteig (Kühlregal)
250 g Magerquark
1 Packung Mohn-Backmischung (250 g)
1 Ei · 1 TL Zimt
abgeriebene Schale und Saft von 1/2 unbehandelten Zitrone
750 g kleine feste Birnen
50 g Preiselbeeren (aus dem Glas)

1 Den Backofen auf 200° vorheizen. Die Form einfetten, den Boden mit dem Teig auskleiden, den Rand 2 cm hochdrücken. Im Ofen (Mitte, Umluft 180°) 10 Min. vorbacken.

2 Den Quark mit der Mohnmischung, Ei, Zimt und Zitronenschale verrühren. Die Birnen schälen, halbieren und entkernen; mit 2 EL Zitronensaft beträufeln. Die Mohnmasse auf dem Teig verteilen. Die Birnen darauf mit der Schnittfläche nach unten kreisförmig anordnen. Im Ofen (Mitte) 30 Min. backen.

3 Kurz vor Ende der Backzeit die Preiselbeeren erhitzen, durch ein feines Sieb streichen und die Birnen damit bestreichen.

Kraft und Power: Üppiger wird's, wenn Sie noch 75 g gehackte Mandeln unter die Mohnmasse heben.

Bild oben: Hefekuchen mit Zwetschgen
Bild unten links:
Zimt-Apfelstreusel
Bild unten rechts:
Roter Birnen-Mohn-Kuchen

Winter
was koche ich, wenn ...

... es superschnell gehen soll:

Puten-Fleischsalat 177
Räucherlachs-Brötchen 177
Schinken-Käse-Croissants 177
Walnuß-Aprikosen-Cookies 178
Gestreifte Hochstapler 179
Pikantes Nizza-Baguette 179
Schafskäsepäckchen mit Spinat 182
Toastecken mit Forellendip 184
Kartoffelpizza mit Lauch und Pilzen 190
Nudeln mit eingelegten Tomaten 204

... trotz Winter etwas Frisches sein soll

Beeren aus dem Eis 175
Feldsalat mit roter Bete 180
Möhren-Kartoffel-Püfferchen 182
Möhrencremesuppe mit Putenbrust 186
Gefüllte Gans mit Beifuß-Äpfeln 192
Putenkeulen mit Apfel-Wirsing 194
Steckrüben-Reis-Auflauf 206
Sauerkraut-Quiche 210
Apfel-Milchreis-Pudding 212
Grieß-Spaghetti mit Beerensauce 212
Pfannkuchen-Röllchen 212
Bratäpfel 214
Apfel-Mohn-Strudel 216

... es aus dem Vorrat sein soll:

Arme Toast-Ritter 176
Mandarinenquark mit Pumpernickel 176
Spinat-Tortilla-Würfel 178
Gestreifte Hochstapler 179
Kartoffeln mit Béchamelsauce 188
Käsefrikadellen vom Blech 200
Fischstäbchen mit Joghurtremoulade 202
Spaghetti mit Hackfleischsauce 204
Selbstgemachte Käsespätzle 206
Knusperwürfel mit Spinat und Ei 208
Sauerkraut-Quiche 210
Grieß-Spaghetti mit Beerensauce 212
Pfannkuchen-Röllchen 212
Bratäpfel 214
Lebkuchen-Mousse 214
Blitz-Mürbteigplätzchen 220

... es besonders preiswert sein soll:

Möhren-Apfel-Salat 180
Möhren-Kartoffel-Püfferchen 182
Hühnersuppe mit Nudeln 186
Kartoffeln mit Béchamelsauce 188
Kräftiger Grünkohleintopf 188
Herzhafte Winter-Wähe 190
Käsefrikadellen vom Blech 200
Fischstäbchen mit Joghurtremoulade 202
Makkaroni mit grüner Sauce 204
Rosenkohl-Polenta-Gratin 206
Selbstgemachte Käsespätzle 206
Steckrüben-Reis-Auflauf 206
Kartoffel-Gemüse-Torte 208
Kartoffelgulasch 210
Sauerkraut-Paprika 210
Apfel-Milchreis-Pudding 212
Pfannkuchen-Röllchen 212
Lebkuchen-Mousse 214
Blitz-Mürbteigplätzchen 220
Lebkuchen-Kipferl 220

... es gut vorzubereiten sein soll:

Feldsalat mit roter Bete 180
Herzhafte Tellersülze 184
Toastecken mit Forellendip 184
Hühnersuppe mit Nudeln 186
Kräftiger Grünkohleintopf 188
Milder Linseneintopf 188
Kartoffelpizza mit Lauch und Pilzen 190
Buntes Familienfondue 198
Milder Sauerbraten 198
Orientalische Lammpfanne 200
Spaghetti mit Hackfleischsauce 204
Rosenkohl-Polenta-Gratin 206
Steckrüben-Reis-Auflauf 206
Kartoffelgulasch 210
Sauerkraut-Paprika 210
Apfel-Milchreis-Pudding 212
Lebkuchen-Mousse 214
Weihnachts-Eistorte 214

... nur ein kleiner Imbiß gefragt ist:

Puten-Fleischsalat 177
Räucherlachs-Brötchen 177
Chinesischer Blätterteig 178
Spinat-Tortilla-Würfel 178
Pikantes Nizza-Baguette 179
Würstchen im Schlafrock 179
Chicorée-Käse-Schiffchen 180
Gratiniertes Linsenbrot 182
Schafskäsepäckchen mit Spinat 182
Herzhafte Tellersülze 184
Toastecken mit Forellendip 184
Knusperwürfel mit Spinat und Ei 208
Apfel-Milchreis-Pudding 212

... es etwas Besonderes sein soll:

Avocado mit Krabbensalat 184
Flugente mit süßer Rotkohlfüllung 192
Gefüllte Gans mit Beifuß-Äpfeln 192
Gemüse-Couscous mit Entenbrust 192
Kalbsfilet mit Gorgonzolasahne 194
Lachs mit Zuckerschoten 196
Mildes Kokos-Fischcurry 196
Schinkenbraten mit Kastanien 198
Lachsragout mit Gurke 202
Pikanter Tomatenreis 208

... es was für's Kinderfest geben soll:

Beeren aus dem Eis 175
Gestreifte Hochstapler 179
Würstchen im Schlafrock 179
Möhren-Kartoffel-Püfferchen 182
Käsefrikadellen vom Blech 200
Spaghetti mit Hackfleischsauce 204
Selbstgemachte Käsespätzle 206
Grieß-Spaghetti mit Beerensauce 212
Bratäpfel 214
Schoko-Orangen-Napfkuchen 216
Blitz-Mürbteigplätzchen 220

Fit und vital: Drinks, Tips

Drink 1: Kräuterhexe – gegen Halsweh
Für 2–3 Tassen je 1 TL Anis- und Koriandersamen mit einem Löffel etwas zerdrücken, mit 3 TL getrocknetem Salbei und 1 Msp. Thymian in eine Teekanne geben und mit 1/2 l Wasser überbrühen. Nach 10 Min. durchsieben, mit 1–2 EL Honig und dem Saft von 1/2 Zitrone mischen. Heiß trinken.

Drink 2: Honig-Vanillemilch – tut einfach gut
Wenn sich Ihr Kind fröstelig fühlt, verwöhnt dieser milde Drink: Pro Glas 1/4 l Milch mit einem Stück Vanilleschote erhitzen. Kurz ziehen lassen und gelegentlich umrühren, damit sich keine Haut bildet. Das Vanillemark in die Milch kratzen, etwas Honig zugeben; die Vanillemilch schluckweise trinken.

Drink 3: Kiwi Sauer – hilft bei Magen-Überlastung
Zuviel Süßes wirkt im Körper säuernd – Saures, so seltsam es klingt, wirkt dem entgegen: Für 2 Gläser 1 Kiwi schälen, mit 1 TL Apfelessig und 200 ml Apfelsaft pürieren, mit etwas Agavendicksaft süßen, auf die Gläser verteilen und mit Leitungswasser aufgießen – Sprudel wirkt nämlich ebenfalls säuernd!

Familienspaß im Winter

Nachtwanderung im Schnee
Jetzt ist es schon um 18 Uhr zappenduster – eine tolle Gelegenheit, mit Schulkindern eine frühe Nachtwanderung zu unternehmen.
Besonders aufregend ist das mit Fackeln, am besten auf Petroleumbasis (gibt's im Baumarkt), die tropfen nicht, und der Wind bläst sie nicht so schnell aus. Geben Sie Fackeln aber nur Kindern über 10 Jahren in die Hand – die Kleineren bekommen Taschenlampen.
Sie selbst sollten den Weg gut kennen und nicht länger als 1 Stunde Gehzeit einplanen. Am Ziel gibt es ein kleines Picknick. Nehmen Sie dafür im Rucksack eine Thermoskanne mit Früchtetee und Stollen, Kuchen (s. Rezepte Seite 216) oder belegte Brötchen (s. Rezepte Seite 129) mit.

Düfte – Farben für die Nase
In der Adventszeit machen feine Düfte viel Stimmung: »Es roch so nach Äpfeln und Nüssen …«, heißt es in dem alten Vers. Gerüche gehören zu den nachhaltigsten Kindheitserinnerungen. Stellen Sie kleine, fein riechende und dekorative Potpourris zusammen. Geeignet sind Tannenzapfen, kleine Zweige, Äpfel, Bündel aus Zimtrinde, Sternanis oder mit Nelken dekorativ bestecke Zitrusfrüchte. Trocknen Sie Orangen- oder Apfelscheiben. Noch intensiver riechen Ihre Potpourris, wenn sie mit einem Tropfen ätherischem Öl (aus dem Bioladen oder der Apotheke) beträufelt werden: Zimtrinde, Zitrone und Tonka passen in die Weihnachtszeit.

und Hausrezepte

Drink 4: Hot Chocolate – regt die Lebensgeister an
Dieser herb-süße, dunkle Drink bringt Schwung: Für 2 Gläser 3–4 Datteln schälen, entkernen, mit 2 EL gesüßtem Sanddornsaft, etwas Zimt, 1 TL Kakaopulver und 100 ml Milch pürieren. Ca. 300 ml Milch bis zum Kochen erhitzen, den Mix zugeben, heiß werden lassen; in heiß gespülte Gläser füllen.

Drink 5: Cool Carotin – stärkt die Abwehr
Beta-Karotin erhöht die Abwehrkräfte – aber nur in Gegenwart von etwas Fett. Pürieren Sie im Mixer 1 kleine Möhre mit 2 getrockneten Aprikosen, 1 sauber geschälten Mandarine und 1/2 TL Weizenkeimöl. Gießen Sie 300 ml weißen Traubensaft zu – dann reicht die Menge für 2 Gläser.

Drink 6: Beeren aus dem Eis – ganz heiß
Für 1 Drink in ein großes Glas 2 EL TK-Beerenmischung mit 1 TL Honig, 1 TL Zitronensaft und 1 Prise Zimt geben. 200 ml schwarzer Johannisbeer-Nektar erhitzen und darübergießen. Der Punsch hat damit sofort eine angenehme Trinktemperatur und noch jede Menge Vitamine!

Hausrezepte
Sauna gegen Zimmerluft
Rotznasen wohin man blickt – muß das sein? Die Durchblutung der Schleimhäute ist bei Kälte verringert – das schwächt die Abwehr gegenüber Krankheitserregern. Auch trockene Heizungsluft wirkt abwehrschwächend, da sie der zarten Haut im Nasen-Rachen-Raum die für ihre Schutzfunktion nötige Feuchte nimmt. Kinder reagieren da besonders empfindlich. Gut ist viel Bewegung an der frischen Luft und der Wechsel zwischen Wärme und Kälte – das sorgt für eine ausreichende Durchblutung der Schleimhäute. Besonders intensiv passiert das aber beim Saunagang. Schon Kindergartenkinder können mitgehen, wenn sie mögen, das Schwitzen und der Wechsel zwischen Hitze und Abkühlung härten ab. Und: Ziehen Sie Ihre Kinder im geheizten Haus nicht zu warm an – auch das erhöht die Anfälligkeit.

Wickel gegen Fieber, Hals- und Ohrenschmerzen
Im Winter sind fiebrige Infekte häufig. Wenn das Fieber Ihr Kind quält, können Wadenwickel helfen: Stofftaschentücher mit ca. 18° kaltem Wasser tränken und um die Waden wickeln. Ein Handtuch darumschlagen und Stulpen oder alte Herrensocken darüberziehen. Nach ca. 15 Min. die Wickel abnehmen, die Haut trockenreiben; nach Bedarf wiederholen. Nur anwenden, wenn Beine und Füßchen wirklich heiß sind!
Hat Ihr Kind eine Halsentzündung, kann auch hier ein kühler Wickel (wie oben beschrieben) Linderung bringen. In keinem Fall anwenden, wenn das Kind friert. Bei Ohrenschmerzen hilft ein Zwiebelwickel: 1 Zwiebel fein würfeln, die Würfelchen in ein Taschentuch füllen, zusammenbinden, auf das Ohr legen und ein Stirnband darüberstreifen. Mindestens 1 Std. wirken lassen!

Singen für die Seele
Erst mit den eigenen Kindern beginnen wir selbst wieder zu singen. Wenn die anfängliche Scheu, seine eigenen Töne zu hören, überwunden ist, werden Sie merken, dass Singen guttut: Die Atmung vertieft und intensiviert sich, Verspannungen im Brustbereich lösen sich. Für Kinder ist das Gute-Nacht-Lied ein Ritus, der beim Einschlafen hilft. Traditionelle Lieder wie »Schlaf, Kindchen, schlaf«, die dem Ganztonsystem alter Heil- und Zauberlieder folgen, wirken beruhigend und lullen buchstäblich ein.

Frühstücksideen

Arme Toast-Ritter

ZUTATEN FÜR 4 PORTIONEN:
3 Eier
3/8 l Milch
2 EL Vanillezucker
8 Scheiben Vollkorntoast
30 g Butterschmalz
2 EL Zucker · 1/2 TL Zimt

Zubereitungszeit: 25 Min.

Pro Portion ca. 340 kcal
11 g Eiweiß · 17 g Fett · 36 g Kohlenhydrate

1 Eier mit Milch und Vanillezucker verquirlen. Die Toastbrotscheiben in die Eimasse legen; mehrmals wenden, damit sie die Eiermilch aufnehmen.

2 In einer großen Pfanne das Butterschmalz erhitzen und die Toastscheiben darin auf jeder Seite in 3 Min. goldbraun braten. Mit einer Gabel herausnehmen und auf Küchenpapier kurz abtropfen lassen.

3 Zucker und Zimt vermischen, die Toasts damit bestreuen und sofort servieren.

!! Mit Pep: Für reiche Ritter je 2 getränkte Toastscheiben mit Pflaumenmus bestreichen, zusammensetzen und im Fett braten.

Mandarinenquark mit Pumpernickel

ZUTATEN FÜR 4 PORTIONEN:
125 g Pumpernickel
5 Mandarinen (ca. 400 g)
500 g Speisequark (20 % Fett)
1 EL Zitronensaft · 50 g Zucker
1 EL Vanillezucker

Zubereitungszeit: 30 Min.

Pro Portion ca. 280 kcal
16 g Eiweiß · 7 g Fett · 38 g Kohlenhydrate

1 Pumpernickel in sehr kleine Würfel schneiden und in einer Pfanne ohne Fett bei mittlerer Hitze 5 Min. rösten. Brösel herausnehmen und abkühlen lassen.

2 1 Mandarine auspressen. Den Quark mit Mandarinen- und Zitronensaft, Zucker und Vanillezucker verrühren.

3 Die übrigen Mandarinen schälen und in Spalten teilen. Quark, Mandarinen und die Hälfte vom Pumpernickel abwechselnd in vier Glasschälchen schichten. Mit den übrigen Pumpernickelbröseln bestreuen.

Obst austauschen: Sie können den Quark auch mit Apfelmus, Zwetschgenspalten, Orangen- oder rosa Grapefruitfilets schichten.

Fruchtiges Wintermüsli

ZUTATEN FÜR 1 PORTION:
100 g Joghurt
1/2 EL flüssiger Honig
1 Clementine · 1/4 Apfel
4 Walnußhälften (oder 4 Haselnüsse)
2 EL gemischte Getreideflocken

Zubereitungszeit: 5 Min.

Ca. 210 kcal
6 g Eiweiß · 10 g Fett · 24 g Kohlenhydrate

1 Joghurt und Honig glattrühren. Die Clementine und das Apfelstück schälen. Die Clementine in Schnitze teilen, diese einmal quer halbieren. Das Apfelstück kleinschneiden.

2 Die Walnußhälften hacken und mit den Flocken und den Obststückchen unter den Honigjoghurt rühren.

Obst austauschen: Mischen Sie z. B. Banane oder Kiwi oder halbierte und entsteinte Weintrauben in das Müsli.

Extra gesund: Walnußkerne aus der Tüte schmecken oft muffig oder ranzig und sind außerdem auch nicht gerade billig. Kaufen Sie besser Nüsse in der Schale und knacken Sie sie selbst auf.

Schinken-Käse-Croissants

ZUTATEN FÜR 4 PORTIONEN:
1 Dose Croissant-Teig (Kühlregal)
3 Scheiben mittelalter Gouda
3 Scheiben gekochter Schinken

Zubereitungszeit: 15 Min.
(+ 15 Min. Backzeit)

Pro Portion ca. 490 kcal
16 g Eiweiß · 34 g Fett · 30 g Kohlenhydrate

1 Den Backofen auf 200° vorheizen. Ein Blech mit Backpapier belegen. Den Teig aus der Packung nehmen, die Teigdreiecke auseinandertrennen und auslegen.

2 Die Käse- und Schinkenscheiben halbieren. Jedes Teigdreieck mit 1 Käse- und Schinkenstück belegen, aufrollen und zum Hörnchen formen. Auf das Blech legen und im Ofen (Mitte, Umluft 180°) in 12–15 Min. goldbraun backen.

Aus dem Vorrat: Die Füllung für die Croissants können Sie nach Belieben variieren – je nachdem, was Sie gerade im Haus haben: Gut passen z. B. auch gebratener Speck mit Champignons, blanchierter Broccoli mit Mozzarella oder gedünstete rote Zwiebeln mit Thymian.

Puten-Fleischsalat

ZUTATEN FÜR 4–6 PORTIONEN:
100 g Joghurt
2 EL leichte Mayonnaise · 2 TL Senf
1 Gewürzgurke (+ 1 EL Gurkenwasser)
Salz · Pfeffer · Zucker
150 g Putenleberkäse oder Putenfleischwurst in dicken Scheiben
2 Frühlingszwiebeln

Zubereitungszeit: 10 Min.

Bei 4 Portionen pro Portion ca. 100 kcal
3 g Eiweiß · 9 g Fett · 2 g Kohlenhydrate

1 Joghurt, Mayonnaise, Senf und 1 EL Gurkenwasser mit dem Schneebesen gründlich verrühren, mit Salz, Pfeffer und 1 Prise Zucker abschmecken.

2 Gurke und Putenwurst in schmale kurze Streifen schneiden. Von den Frühlingszwiebeln weiße Teile hacken, grüne Teile in Ringe schneiden.

3 Joghurt-Mayonnaise, Gurken, Wurst und gehackte Frühlingszwiebel mischen; mit den Zwiebelringen bestreuen.

Gemüse austauschen: Im Sommer schmeckt der Fleischsalat statt Gurke mit Radieschenstiften. Statt Gurkenwasser dann 1 TL Essig unterrühren.

Räucherlachs-Brötchen

ZUTATEN FÜR 4 PORTIONEN:
einige Zweige Dill
12 EL Doppelrahm-Frischkäse
2 EL geriebener Meerrettich (Glas)
4 Brötchen (Sorte nach Wahl)
16 Scheiben Räucherlachs
Zitronensaft

Zubereitungszeit: 10 Min.

Pro Portion ca. 340 kcal
19 g Eiweiß · 16 g Fett · 29 g Kohlenhydrate

1 Vom Dill einige Spitzen zum Garnieren zurückbehalten, den Rest fein hacken. (Es wird etwa 1 TL gehackter Dill benötigt.) Den Frischkäse mit Meerrettich und Dill verrühren.

2 Die Brötchen aufschneiden und mit dem Meerrettichkäse bestreichen. Die Lachsscheiben darauflegen, mit etwas Zitronensaft beträufeln und mit Dillspitzen garnieren.

Extra gesund: Weniger fett wird's mit saurer Sahne oder Schmand statt Frischkäse.

Mit Pep: Eine interessante Geschmacksnote bekommen die belegten Brötchen, wenn Sie Koriandergrün statt Dill und Limette statt Zitrone nehmen.

snackig – Snacks und and

Walnuß-Aprikosen-Cookies

ZUTATEN FÜR ca. 20 STÜCK:
100 g Walnußkerne
100 g getrocknete Aprikosen
2 Eier · 1 EL Butter
1 TL Zimt · 5 EL Zucker
4 EL Mehl

Vorbereitungszeit: 10 Min.
(+ 10 Min. Backzeit)

Pro Stück ca. 70 kcal
2 g Eiweiß · 4 g Fett · 7 g Kohlenhydrate

1 Den Backofen auf 180° vorheizen. Ein Backblech mit Backpapier belegen.

2 Die Walnüsse im Blitzhacker mahlen, die Aprikosen grob pürieren.

3 Die Eier mit Butter, Zimt und Zucker dickschaumig schlagen. Walnüsse, Aprikosen und das Mehl unterheben.

4 Mit Hilfe von zwei Löffeln kleine Teighäufchen aufs Backblech setzen. Im Ofen (Mitte, Umluft 160°) etwa 10 Min. backen.

Nüsse austauschen: Wem Walnüsse zu teuer sind, der ersetzt sie durch Mandeln oder Haselnüsse.

Chinesischer Blätterteig

ZUTATEN FÜR 16 Stück:
4 Scheiben TK-Blätterteig (ca. 300 g)
1 Möhre · 2 Frühlingszwiebeln
150 g Rinderhackfleisch · 1 EL Öl
50 g TK-Erbsen · 2 EL Sojasauce
Salz · Pfeffer
1 Eigelb, mit 3 EL Wasser verquirlt
Mehl zum Ausrollen

Zubereitungszeit: 30 Min.
(+ 20 Min. Backzeit)

Pro Portion ca. 110 kcal
4 g Eiweiß · 8 g Fett · 7 g Kohlenhydrate

1 Teigplatten auftauen lassen. Möhre grob raspeln. Frühlingszwiebeln in feine Ringe schneiden.

2 Den Ofen auf 225° vorheizen. Das Hackfleisch im heißen Öl braun braten. Möhren, Frühlingszwiebeln und Erbsen untermischen, 5 Min. dünsten; mit Sojasauce, Salz und Pfeffer würzen.

3 Teigplatten auf der bemehlten Arbeitsfläche dünn ausrollen, in je 4 Vierecke schneiden. Die Füllung darauf verteilen, Ränder mit Wasser bestreichen. Den Teig zu Dreiecken falten, mit verquirltem Eigelb bestreichen und auf ein kalt abgespültes Backblech legen. Im Ofen (Mitte, Umluft 200°) in 20 Min. goldbraun backen.

Spinat-Tortilla-Würfel

ZUTATEN FÜR 4 PORTIONEN:
500 g Pellkartoffeln (vom Vortag)
1 Zwiebel · 1 Knoblauchzehe
2 EL Olivenöl (+ Öl für die Form)
400 g TK-Blattspinat, aufgetaut
2 TL getrockneter Oregano
Salz · Pfeffer · 6 Eier · 100 g Sahne

Zubereitungszeit: 30 Min.
(+ 15 Min. Backzeit)

Pro Portion ca. 340 kcal
15 g Eiweiß · 23 g Fett · 18 g Kohlenhydrate

1 Kartoffeln in Würfel schneiden. Den Spinat ausdrücken und hacken. Zwiebel und Knoblauch fein würfeln.

2 Den Ofen auf 200° vorheizen. Zwiebel und Knoblauch im Öl glasig dünsten. Kartoffeln dazugeben, unter Rühren 5 Min. braten. Spinat untermischen. Mit Oregano, Salz und Pfeffer würzen.

3 Die Mischung in eine geölte Gratinform füllen. Eier mit der Sahne, Salz und Pfeffer verquirlen, darübergießen. Die Tortilla im Ofen (Mitte, Umluft 180°) in 15 Min. stocken lassen; herausnehmen, etwas abkühlen lassen und in mundgerechte Würfel schneiden. Mit Cocktailspießen servieren.

ere Kleinigkeiten

Würstchen im Schlafrock

ZUTATEN FÜR 4 PORTIONEN:
400 g TK-Blätterteig · Salz · Pfeffer
1 Stange Lauch · 1 EL Butterschmalz
100 g Emmentaler in Scheiben
4 TL Senf
4 Frankfurter oder Wiener Würstchen
1 Eigelb, mit 3 EL Wasser verquirlt
Mehl zum Ausrollen

Zubereitungszeit: 30 Min.
(+ 20 Min. Backzeit)

Pro Portion ca. 700 kcal
23 g Eiweiß · 54 g Fett · 31 g Kohlenhydrate

1 Den Teig auftauen lassen. Vom Lauch nur das Helle in feine Ringe schneiden. Im Schmalz 3 Min. braten, salzen und pfeffern.

2 Backofen auf 225° vorheizen. Jede Teigplatte zu einem Rechteck dünn ausrollen, das ca. 6 cm länger ist als das Würstchen; mit Käse belegen, dabei einen Rand freilassen. Käse mit Senf bestreichen, Lauch darauf verteilen, Würstchen in die Mitte geben.

3 Die Teigränder mit Wasser bestreichen. Den Teig längs locker aufrollen. Auf ein kalt abgespültes Backblech legen, mit verquirltem Eigelb bestreichen. Im Ofen (Mitte, Umluft 200°) in 20–25 Min. goldbraun backen.

Gestreifte Hochstapler

ZUTATEN FÜR 8 TOAST-TÜRMCHEN:
8 Scheiben Müsli- oder Dreikorn-Toast, entrindet
1 Möhre · 2 Eisbergsalatblätter
1/2 Bund Kräuter (z. B. Petersilie, Dill, Schnittlauch)
150 g Doppelrahm-Frischkäse

Zubereitungszeit: 10 Min.

Pro Toast-Türmchen ca. 110 kcal
2 g Eiweiß · 6 g Fett · 11 g Kohlenhydrate

1 Möhre schälen und längs in feine Streifen hobeln. Kräuter fein hacken, mit der Hälfte des Frischkäses verrühren.

2 Alle Toasts dünn mit weißem Frischkäse bestreichen, 2 Toasts mit Möhrenstreifen belegen, 2 weitere mit der Frischkäseseite darauflegen. 2 Toasts mit Salatblättern belegen, 2 Toasts darüberklappen. 2 dieser Doppeldecker dick mit Kräuterkäse bestreichen. Die anderen Doppeldecker darauflegen.

3 Toast-Hochstapler jeweils vierteln, so daß 4 Türmchen entstehen.

Gemüse austauschen: Sie können die Brote auch mit Kohlrabi-, Radieschen- oder Gurkenscheiben belegen.

Pikantes Nizza-Baguette

ZUTATEN FÜR 1 KLEINES BAGUETTE:
1 Dose Thunfisch im eigenen Saft
2 EL Salatmayonnaise (50 % Fett)
1 TL Senf
Salz · Pfeffer
2 große Tomaten
30 g schwarze Oliven ohne Stein
1 Baguette, längs aufgeschnitten
einige schöne große Salatblätter

Zubereitungszeit: 15 Min.

Pro Baguette-Viertel ca. 170 kcal
11 g Eiweiß · 4 g Fett · 23 g Kohlenhydrate

1 Den Thunfisch abtropfen lassen, mit der Mayonnaise und dem Senf verrühren, leicht salzen und pfeffern. Tomaten in Scheiben schneiden. Oliven längs halbieren und in Streifen schneiden.

2 Die untere Baguettehälfte mit Salatblättern belegen, zuerst die Thunfischcreme darauf verteilen, dann Tomatenscheiben; leicht salzen und pfeffern. Die Olivenstreifen darüberstreuen. Das Baguette zuklappen und in vier Stücke teilen.

Gemüse austauschen: Geben Sie statt Oliven Frühlingszwiebelringe aufs Brot. Die Tomaten können Sie durch Paprikastreifen ersetzen.

Feldsalat mit roter Bete

Schnell	●	30 Min.
Vorbereiten	●●●	
Preiswert	●●	

Pro Portion ca. 250 kcal
10 g Eiweiß · 23 g Fett · 7 g Kohlenhydrate

ZUTATEN FÜR 4 PORTIONEN:
500 g rote Bete · 4 EL Öl
Salz · Pfeffer · Zucker
3 EL Obstessig
50 g Frühstücksspeck in Streifen
50 g Kürbiskerne (nach Belieben)
200 g Feldsalat · 1 TL Senf
2 EL Sahne

1 Die roten Bete schälen und in kleine Würfel schneiden; in 2 EL Öl andünsten, mit Salz, Pfeffer und Zucker würzen; mit 1 EL Essig und etwas Wasser ablöschen. Bei kleiner Hitze 10 Min. garen; abkühlen lassen.

2 Den Speck in einer Pfanne auslassen. Die Kürbiskerne (falls verwendet) grob hacken, kurz mitbraten, dann alles auf Küchenpapier verteilen.

3 Den Feldsalat gründlich waschen und trockenschleudern. Mit den roten Beten vermischen. Essig mit Senf, Salz, Pfeffer, restlichem Öl und der Sahne verrühren und den Salat damit anmachen. Speck und Kürbiskerne darüberstreuen.

🥕 Gemüse austauschen: Den Feldsalat durch frischen Spinat ersetzen.

Möhren-Apfel-Salat

Schnell	●●	20 Min.
Vorbereiten	●	
Preiswert	●●●	

Pro Portion ca. 200 kcal
5 g Eiweiß · 13 g Fett · 15 g Kohlenhydrate

ZUTATEN FÜR 4 PORTIONEN:
2 kleine Äpfel · 4 Möhren
50 g Walnuß- oder Haselnußkerne
1/2 Bund Schnittlauch
200 g saure Sahne
3–4 EL Zitronensaft
2 TL Honig
Salz · Pfeffer

1 Äpfel und Möhren in feine Stifte raspeln. Die Nüsse grob hacken. Den Schnittlauch in Röllchen schneiden.

2 Saure Sahne mit Zitronensaft und Honig verrühren. Mit Salz und Pfeffer abschmecken. Die Hälfte der Nüsse und des Schnittlauchs unterheben.

3 Den Möhren-Apfel-Salat auf Tellern anrichten, mit den restlichen Nüssen und Schnittlauchröllchen bestreut servieren.

🥕 Gemüse austauschen: Bereiten Sie den Salat doch einmal mit geraspeltem Sellerie oder mit einer Mischung aus Möhren- und Zucchiniraspeln zu.

‼️ Mit Pep: Wenn's mal was ganz anderes sein soll, ersetzen Sie die Walnüsse durch Kapern.

Chicorée-Käse-Schiffchen

Schnell	●	30 Min.
Vorbereiten	●	
Preiswert	●●	

Pro Portion ca. 230 kcal
14 g Eiweiß · 15 g Fett · 8 g Kohlenhydrate

ZUTATEN FÜR 4 PORTIONEN:
200 g Brie · 3 Mandarinen
2 Schalotten oder 1 kleine Zwiebel
1/2 Bund Petersilie
3 EL Zitronensaft · Salz · Pfeffer
16 schöne Chicoréeblätter
(1–2 Stauden)
250 g Joghurt · 2 TL scharfer Senf

1 Den Brie in kleine Würfel schneiden. 2 Mandarinen schälen, in Spalten teilen und diese halbieren. Die Schalotten sehr fein würfeln. Die Petersilienblättchen bis auf einige zum Garnieren fein hacken. Käse, Mandarinenstücke, Schalotten und Petersilie mit Zitronensaft, Salz und Pfeffer mischen; in die Chicoréeblätter füllen und je 3–4 auf einem Teller anrichten.

2 Für die Sauce Joghurt mit Senf und 3–4 EL ausgepreßtem Mandarinensaft verrühren, salzen und pfeffern. Zum gefüllten Chicorée servieren.

🥕 Gemüse austauschen: Als Unterlage können Sie auch feste Salatblätter, z. B. von Radicchio-, Romana- oder Eisbergsalat nehmen.

🍌 Extra gesund: 50 g Sojasprossen untermischen.

🦐 Kraft und Power: Den Salat mit 200 g marinierten Garnelen anrichten.

‼️ Mit Pep: Die Chicorée-Schiffchen unter dem heißen Grill kurz gratinieren.

Bild: Chicorée-Käse-Schiffchen

Schafskäsepäckchen mit Spinat

Schnell ●●●	10 Min.
Vorbereiten ●●●	(+ 25 Min. Auftauzeit)
Preiswert ●●●	(+ 25 Min. Backzeit)

Pro Stück ca. 250 kcal
8 g Eiweiß · 18 g Fett · 16 g Kohlenhydrate

ZUTATEN FÜR 8 STÜCK:
8 quadratische Scheiben
TK-Blätterteig (ca. 360 g)
125 g TK-Rahmspinat
Salz
200 g Feta, gewürfelt
verquirltes Eigelb zum Bestreichen

1 Den Blätterteig auftauen lassen. Den Spinat antauen lassen, so daß man ihn in 8 Stücke schneiden kann. Den Backofen auf 200° vorheizen. Ein Blech mit Backpapier auslegen.

2 Den Teig mit einer Gabel mehrmals einstechen und mit etwas Salz bestreuen. Spinat und den Feta auf die Teigscheiben geben. Den Teig zu Dreiecken oder Rechtecken zusammenklappen, die Ränder mit einer Gabel festdrücken.

3 Die Schafskäsepäckchen mit dem verquirlten Eigelb bestreichen, auf das Blech setzen und im heißen Ofen (Mitte, Umluft 180°) 20–25 Min. backen.

Resteküche: Übrige Blätterteigpäckchen einfrieren und, wenn Gäste da sind, als Snack zum Wein reichen; vorher nochmals kurz aufbacken.

Gemüse austauschen: Statt Spinat schmecken auch Tomaten oder gehäutete Paprikaschoten.

Mit Pep: Den Schafskäse durch Ziegenfrischkäse austauschen, der schmeckt recht mild. Und wer's scharf mag, kann daher mit Chilischote oder Pfeffer würzen.

Gratiniertes Linsenbrot

Schnell ●●	20 Min.
Vorbereiten ●●	(+ 15 Min. Backzeit)
Preiswert ●●●	

Pro Portion ca. 560 kcal
32 g Eiweiß · 7 g Fett · 89 g Kohlenhydrate

ZUTATEN FÜR 4 PORTIONEN:
1 kleine Dose Linsen (400 g)
1/2 Zwiebel
1 EL Öl
200 g stückige Tomaten (aus der Dose)
1 EL Zitronensaft
Salz · Pfeffer
1/2 Bund Petersilie
4 große Scheiben Bauernbrot
50 g geriebener Emmentaler

1 Den Backofen auf 200° vorheizen. Die Linsen abgießen, abbrausen; abtropfen lassen.

2 Die Zwiebel fein hacken, im heißen Öl glasig dünsten. Linsen und Tomaten dazugeben, mit Zitronensaft, Salz und Pfeffer würzen. Aufkochen und bei mittlerer Hitze offen 5 Min. köcheln und eindicken lassen.

3 Die Petersilienblättchen bis auf einige zum Garnieren fein hacken und unter die Linsen mischen. Die Brotscheiben auf ein Backblech legen, im Ofen (Mitte, Umluft 180°) 10 Min. toasten.

4 Den Backofen auf 225° (Umluft 200°) hochschalten. Die Linsenmischung auf den Broten verteilen, mit dem Käse bestreuen und im Ofen noch 5–8 Min. gratinieren.

Extra gesund: Die Brote mit Rettich- oder Senfsprossen bestreuen.

Kraft und Power: Die Hälfte der Linsen durch 250 g Hackfleisch ersetzen.

Aus dem Vorrat: Statt Linsen zerdrückte weiße Bohnen aus der Dose nehmen.

Möhren-Kartoffel-Püfferchen

Schnell ●	30 Min.
Vorbereiten ●●	(+ 30 Min. Backzeit)
Preiswert ●●●	

Pro Portion ca. 300 kcal
10 g Eiweiß · 17 g Fett · 26 g Kohlenhydrate

ZUTATEN FÜR 4 PORTIONEN:
500 g Kartoffeln · 300 g Möhren
2 Eier · 1–2 EL Mehl · Salz · Pfeffer
40 g gemahlene Haselnüsse
1/2 Bund Petersilie · 300 g Joghurt
Butterschmalz zum Backen

1 Kartoffeln und Möhren grob raspeln. Mit Eiern und Mehl verrühren, mit Salz und Pfeffer kräftig würzen.

2 In einer großen Pfanne etwas Schmalz erhitzen, pro Puffer 1 EL Teig hineingeben, flachdrücken und von jeder Seite 4 Min. braten.

3 Die Nüsse ohne Fettzugabe kurz rösten. Die Petersilienblättchen bis auf einige zum Garnieren fein hacken. Beides mit dem Joghurt verrühren, salzen und pfeffern. Mit den Puffern anrichten und mit der übrigen Petersilie garnieren.

Beilage: Dazu paßt Feldsalat mit Senf-Vinaigrette.

Blitzvariante: Kartoffelpuffer-Teig aus der Packung mit den geraspelten Möhren vermischen.

Gemüse austauschen: Die Möhren durch Zucchini, Zwiebeln, Steckrüben oder Kohlrabi ersetzen.

Bild oben:
Schafskäsepäckchen mit Spinat
Bild unten links:
Gratiniertes Linsenbrot
Bild unten rechts:
Möhren-Kartoffel-Püfferchen

Herzhafte Tellersülze

Schnell	●●	25 Min.
Vorbereiten	●●●	(+ 2 Std. Gelierzeit)
Preiswert	●●	

Pro Portion ca. 220 kcal
21 g Eiweiß · 13 g Fett · 4 g Kohlenhydrate

ZUTATEN FÜR 4 PORTIONEN:
300 g Schweinebraten in Scheiben
2 hartgekochte Eier, gepellt
2 Gewürzgurken · 1 Möhre
6 Blatt Gelatine
1/2 l Fleischbrühe
4 EL Essig · Salz · Pfeffer

1 Den Bratenaufschnitt auf vier tiefen Tellern fächerförmig anrichten. Eier und Gurken in Scheiben schneiden. Die Möhre in feine Stifte schneiden. Eier- und Gurkenscheiben auf das Fleisch legen, mit den Möhrenstiftchen bestreuen.

2 Die Gelatine in kaltem Wasser einweichen. Die Brühe mit Essig erhitzen, aber nicht kochen lassen; mit Salz und Pfeffer würzen. Die Gelatine ausdrücken und in dem heißen Sud auflösen. Über das Tellerfleisch gießen und im Kühlschrank in mindestens 2 Std. erstarren lassen.

Beilage: Dazu schmeckt kräftiges Landbrot und Remouladensauce oder Senf.

Gemüse austauschen: Die Sülze läßt sich prima mit Zwiebelringen, Champignons oder blanchierten Broccoliröschen variieren.

Avocado mit Krabbensalat

Schnell	●	30 Min.
Vorbereiten	●	
Preiswert	●	

Pro Portion ca. 590 kcal
14 g Eiweiß · 58 g Fett · 2 g Kohlenhydrate

ZUTATEN FÜR 4 PORTIONEN:
200 g gegarte geschälte Garnelen (in Salzlake eingelegt; oder aufgetaute TK-Garnelen)
1 Staude Chicorée
2 Schalotten oder 1 kleine Zwiebel
1/2 Beet Kresse
4 reife Avocados
4 EL Zitronensaft
4 EL Olivenöl
Salz · Pfeffer

1 Die Garnelen abbrausen und gut abtropfen lassen. Den Chicorée putzen und halbieren. Den Strunk entfernen, die Hälften in Streifen schneiden. Die Schalotten fein würfeln. Die Kresse abschneiden.

2 Die Avocados längs halbieren, Steine entfernen und das Fruchtfleisch bis auf einen kleinen Rand herauslösen und klein würfeln. Die Schnittflächen mit Zitronensaft einstreichen, den übrigen Saft sofort unter das Fruchtfleisch mischen.

3 Avocadowürfel mit Garnelen, Chicorée, Schalotten, der Hälfte der Kresse und Olivenöl vermischen, salzen und pfeffern. Avocadohälften damit füllen. Mit der übrigen Kresse garnieren.

Gemüse austauschen: Den Chicorée können Sie durch Salatstreifen, z. B. von Romana-, Eisberg- oder Feldsalat ersetzen.

Mit Pep: Als Vorspeise serviert, reichen die gefüllten Avocados für 8 Personen. Pikante Abrundung der Füllung sind dann 100 g entsteinte schwarze Oliven.

Toastecken mit Forellendip

Schnell	●●●	10 Min.
Vorbereiten	●●●	
Preiswert	●●●	

Pro Portion ca. 180 kcal
10 g Eiweiß · 7 g Fett · 15 g Kohlenhydrate

ZUTATEN FÜR 4 PORTIONEN:
einige Stengel Petersilie
125 g geräucherte Forellenfilets
75 g Schmand (24 % Fett)
3 TL Kapern · 6 Scheiben Toastbrot

1 Die Petersilienblättchen mit den Forellenfilets, Schmand und 2 TL Kapern pürieren.

2 Die Toastbrotscheiben diagonal durchschneiden; mit dem Forellendip bestreichen. Mit den restlichen Kapern bestreuen.

Resteküche: Übriggebliebenen Forellendip kühl stellen. Er wird mit Blätterteig zur feinen Vorspeise. Dafür kleine Blätterteigdreiecke mehrmals einstechen, mit Eigelb bestreichen, mit Salz und Sesam bestreuen. Im Ofen bei 180° ca. 10 Min. backen, quer halbieren und mit dem Forellendip füllen.

Aus dem Vorrat: Statt Forellenfilets können Sie auch Dosen-Thunfisch verwenden, statt Schmand saure Sahne. Statt mit Kapern mit Zitronensaft abschmecken.

Bild: Avocado mit Krabbensalat

Hühnersuppe mit Nudeln

Schnell	●	30 Min.
Vorbereiten	●●●	(+ 1 1/2 Std. Garzeit)
Preiswert	●●●	

Pro Teller ca. 190 kcal
10 g Eiweiß · 11 g Fett · 10 g Kohlenhydrate

ZUTATEN FÜR 10 TELLER SUPPE:
1/2 Suppenhuhn (ca. 600 g) · Salz
2 Möhren · 1 Stück Sellerieknolle
1 Stange Lauch · 60 g Suppennudeln
1 Brühwürfel (nach Belieben)
gehackte Petersilie zum Bestreuen

1 Das Huhn abwaschen und mit ca. 2 l kaltem Wasser zum Kochen bringen; gut abschäumen. Die Suppe salzen und auf kleiner Flamme ca. 1 1/4 Std. kochen lassen.

2 Möhren und den Sellerie fein würfeln, Lauch in feine Ringe schneiden. Nudeln nach Packungsaufschrift kochen.

3 Das gegarte Huhn aus der Suppe nehmen, das Gemüse in die Brühe geben und ca. 10 Min. köcheln lassen.

4 Das Hühnerfleisch vom Knochen lösen und in mundgerechte Stücke schneiden. Mit den Nudeln in die Suppe geben; kurz warm werden lassen. Die Suppe nach Belieben mit dem Brühwürfel nachwürzen. Mit Petersilie bestreut servieren.

🚀 Kraft und Power: Zum sättigenden Eintopf wird die Suppe mit Eierstich (Rezept unten), Champignonscheiben und Spargelspitzen (Dose).

‼️ Mit Pep: Für Eierstich als Suppeneinlage 3 Eier mit 75 ml Milch und 1/4 TL Salz und etwas Muskat in einer kleinen Schüssel verquirlen. Den Eierstich im Wasserbad zugedeckt ca. 30 Min. stocken lassen; in Würfel schneiden.

Möhrencremesuppe mit Putenbrust

Schnell	●●	20 Min.
Vorbereiten	●●●	
Preiswert	●●	

Pro Portion ca. 200 kcal
17 g Eiweiß · 7 g Fett · 16 g Kohlenhydrate

ZUTATEN FÜR 4 PORTIONEN:
250 g Putenbrust
Salz · Pfeffer
2 EL Öl · 700 ml Gemüsebrühe
500 g Möhren · 1 Zwiebel
1 Knoblauchzehe
2 Äpfel (z. B. Cox Orange)
Worcestersauce

1 Putenbrust mit Salz und Pfeffer einreiben; in der Hälfte des Öls kräftig anbraten. Die Hitze reduzieren und das Fleisch in ca. 10 Min. garziehen lassen, dabei einmal wenden. Putenbrust in Streifen schneiden; warm stellen. Mit Gemüsebrühe ablöschen.

2 Die Möhren schälen und kleinschneiden. Zwiebel und Knoblauch grob würfeln. Die Äpfel schälen und das Fruchtfleisch kleinschneiden.

3 Zwiebel und Knoblauch im restlichen Öl glasig dünsten. Möhren und Äpfel zugeben und soviel Gemüsebrühe angießen, daß die Möhren knapp bedeckt sind. Die Möhren in ca. 10 Min. garen. Dann das Gemüse fein pürieren; mit der übrigen Brühe und dem Bratfond aufkochen.

4 Die Suppe mit Salz, Pfeffer und Worcestersauce abschmecken, auf Teller verteilen und mit den Putenbruststreifen anrichten.

🍌 Extra gesund: 1 Möhre roh fein geraspelt unterrühren. Das Fleisch durch 100 g gehackte Walnüsse ersetzen. Sie liefern hochwertige Fette, die Vitamine A, B, C, Mineralien und Spurenelemente.

Klare Brühe mit Tortellini

Schnell	●	30 Min.
Vorbereiten	●●	
Preiswert	●●	

Pro Portion ca. 210 kcal
11 g Eiweiß · 10 g Fett · 16 g Kohlenhydrate

ZUTATEN FÜR 4 PORTIONEN:
1 Zwiebel · 200 g Möhren
200 g Sellerie · 200 g Lauch
2 EL Butter · 1 l kräftige Rinderbrühe
Salz · Pfeffer
250 g Tortellini mit Fleischfüllung
(Kühlregal)
1/2 Bund Schnittlauch

1 Die Zwiebel fein würfeln. Möhren und Sellerie schälen und in feine Stifte schneiden. Lauch waschen und in dünne Ringe schneiden.

2 Die Zwiebel in einem Topf in der Butter anbraten. Das Gemüse 3 Min. mitdünsten. Mit der Brühe aufgießen und 15 Min. bei milder Hitze im offenen Topf kochen lassen.

3 Die Suppe mit Salz und Pfeffer abschmecken. Die Tortellini hineingeben und 5–6 Min. bei schwacher Hitze ziehen lassen. Den Schnittlauch in Röllchen schneiden und vor dem Servieren aufstreuen.

⏱️ Blitzvariante: Statt dem frischen Gemüse TK Suppengrün verwenden.

‼️ Mit Pep: Die Suppe wird zur Sonntags-Bouillon, wenn Sie mit dem Gemüse noch 20 g klein geschnittene getrocknete Steinpilze andünsten.

Bild oben:
Möhrencremesuppe mit Putenbrust
Bild unten links:
Hühnersuppe mit Nudeln
Bild unten rechts:
Klare Brühe mit Tortellini

Kartoffeln mit Béchamelsauce

Schnell	●	30 Min.
Vorbereiten	●●●	
Preiswert	●●●	

Pro Portion ca. 560 kcal
10 g Eiweiß · 41 g Fett · 36 g Kohlenhydrate

ZUTATEN FÜR 4 PORTIONEN:
1 kg Kartoffeln · Salz
150 g durchwachsener Speck
2 Zwiebeln
2 EL Butter
2 gestrichene EL Mehl
500 ml Fleischbrühe
150 g Sahne
Pfeffer · Muskatnuß
ein Schuß Essig
3–4 EL Schnittlauchröllchen

1 Die Kartoffeln in der Schale in wenig Salzwasser garen. Speck und Zwiebeln fein würfeln. Den Speck bei kleiner Hitze glasig braten, dann Butter und die Zwiebeln zugeben und rösten, bis sie Farbe annehmen. Das Mehl darüberstäuben und goldgelb schwitzen.

2 Den Topf vom Herd nehmen, mit dem Schneebesen nach und nach die kalte Brühe unterschlagen. Die Sauce bei geschlossenem Deckel 15 Min. leise kochen lassen; gelegentlich umrühren. Die Sahne unterziehen, die Sauce weitere 5 Min. köcheln; mit Salz, Pfeffer, Muskat und Essig abschmecken.

3 Die Kartoffeln pellen, größere halbieren und unter die Sauce mischen. Zum Servieren Schnittlauch darüberstreuen.

Resteküche: Was übrigbleibt, kann eingefroren werden und, in der Mikrowelle erwärmt, als Beilage zu Braten oder kurzgebratenem Fleisch gereicht werden. Übriggebliebene Sauce allein eignet sich zum Überbacken von Gemüse und Aufläufen.

Milder Linseneintopf

Schnell	●	30 Min.
Vorbereiten	●●●	
Preiswert	●●	

Pro Portion ca. 430 kcal
30 g Eiweiß · 8 g Fett · 57 g Kohlenhydrate

ZUTATEN FÜR 4 PORTIONEN:
600 g Kartoffeln
1 dicke Stange Lauch
1 Knoblauchzehe
2 EL Öl
1 l Gemüsebrühe
1 EL mildes Currypulver
250 g rote Linsen
200 g Putenbrustfilet
Salz · Pfeffer

1 Die Kartoffeln schälen und in grobe Stücke zerteilen. Lauch waschen und schräg in 1 cm dicke Ringe schneiden. Den Knoblauch hacken.

2 In einem Topf in 1 EL Öl Kartoffeln, Lauch und Knoblauch andünsten und mit der Brühe ablöschen. Mit Curry würzen und 25 Min. köcheln lassen. Die Linsen erst 15 Min. vor Ende der Garzeit zugeben.

3 Das Putenbrustfilet mit Salz und Pfeffer würzen. Im restlichen Öl anbraten; herausnehmen. Den Fond mit wenig Wasser loskochen, zum Eintopf geben, abschmecken und auf die Teller verteilen. Das Fleisch in dünne Streifen schneiden und auf der Suppe anrichten.

Aus dem Vorrat: Statt Putenfleisch Wiener Würstchen (eventuell aus der Dose) oder geröstete Erdnüsse nehmen.

Mit Pep: In den Eintopf passen gut Tomaten. Den Inhalt einer kleinen Dose Tomaten grob zerkleinern und mit dem Tomatensaft in den Eintopf geben. Mit italienischen Kräutern abschmecken.

Kräftiger Grünkohleintopf

Schnell	●●	25 Min.
Vorbereiten	●●●	(+ 1 Std. Garzeit)
Preiswert	●●●	

Pro Portion ca. 410 kcal
23 g Eiweiß · 25 g Fett · 21 g Kohlenhydrate

ZUTATEN FÜR 4 PORTIONEN:
2 kg Grünkohl
500 g Kartoffeln
1 große Zwiebel
Salz · 3 Lorbeerblätter
3 gehäufte EL zarte Haferflocken
200 g roher geräucherter Bauchspeck
Pfeffer

1 Die Grünkohlstiele vom Strunk schneiden, Blätter von den Stielen abstreifen und ca. 2 Min. blanchieren. Die Blätter in einem Sieb abtropfen lassen. Die Kartoffeln schälen und in Würfel schneiden. Die Zwiebel fein würfeln.

2 Den Grünkohl nach Belieben grob oder fein hacken. Mit den Kartoffeln und den Zwiebelwürfeln in einen Topf geben. Mit wenig Wasser bedecken, Salz und Lorbeerblätter zugeben und zugedeckt ca. 55 Min. köcheln lassen.

3 Die Haferflocken unterrühren, 5 Min. mitkochen lassen. Den Speck fein würfeln, in einer Pfanne auslassen und mit dem ausgebratenen Fett unter den Grünkohl mischen. Den Eintopf mit Salz und Pfeffer abschmecken.

Blitzvariante: Bereiten Sie den Eintopf mit TK-Grünkohl zu. Auf Zwiebel, Lorbeerblätter und Speck sollten Sie aber nicht verzichten.

Bild oben: Milder Linseneintopf
Bild unten links:
Kartoffeln mit Béchamelsauce
Bild unten rechts:
Kräftiger Grünkohleintopf

Kartoffelpizza mit Lauch und Pilzen

Schnell	●●●	15 Min.
Vorbereiten	●●●	(+ 50 Min. Backzeit)
Preiswert	●●	

Bei 8 Stücken pro Stück ca. 170 kcal
7 g Eiweiß · 11 g Fett · 23 g Kohlenhydrate

ZUTATEN FÜR 1 PIZZA- ODER SPRINGFORM (Ø 26 cm):
Fett für die Form
750 g Kartoffelknödelteig (Kühlregal)
2 Stangen Lauch · 100 g Champignons
1 Dose Pizzatomaten (400 g)
Kräutersalz · Pfeffer
150 g geriebener Gratinkäse (Kühlregal)

1 Die Form einfetten, den Backofen auf 200° vorheizen. Den Knödelteig in die Form drücken; glattstreichen.

2 Den Lauch waschen und in Ringe schneiden. Pilze putzen und in Scheiben schneiden. Die Tomaten auf dem Teig verteilen, mit Kräutersalz bestreuen. Lauch und Pilze darüber verteilen, salzen und pfeffern.

3 Die Kartoffelpizza mit Alufolie bedecken und im Ofen (Mitte, Umluft 180°) ca. 50 Min. backen. Nach ca. 40 Min. die Pizza mit dem Käse bestreuen und ohne Folie fertigbacken.

Aus dem Vorrat: Nehmen Sie zum Überbacken Käse, den Sie gerade im Kühlschrank haben; z. B. Gouda, Emmentaler, Leerdamer ...

Herzhafte Winter-Wähe

Schnell	●	30 Min.
Vorbereiten	●●●	(+ 30 Min. Backzeit)
Preiswert	●●●	

Bei 8 Stücken pro Stück ca. 260 kcal
10 g Eiweiß · 14 g Fett · 24 g Kohlenhydrate

ZUTATEN FÜR 1 QUICHEFORM (Ø 26 cm):
225 g Mehl (+ Mehl für die Form)
50 g Butter (+ Butter für die Form)
5 Eier
Salz
1 kleiner Blumenkohl
400 g Lauch
125 g Doppelrahm-Frischkäse
75 ml Apfelsaft
1/2 Bund Dill, gehackt
Pfeffer · Muskat

1 Mehl, Butter, 1 Ei und 1/2 TL Salz rasch zu einem Mürbeteig verkneten; in Folie gewickelt 1/2 Std. kalt stellen.

2 Den Blumenkohl in kleine Röschen teilen. Den Strunk klein würfeln. Beides in wenig Salzwasser 4–5 Min. kochen; gut abtropfen lassen. Lauch putzen und in feine Ringe schneiden. Den Ofen auf 200° vorheizen. Die Form fetten und mehlen; mit dem Teig auslegen. Das Gemüse darauf verteilen.

3 Frischkäse, Saft, die restlichen Eier, Dill, Salz und Pfeffer verrühren. Den Guß auf dem Gemüse verteilen und die Wähe im heißen Backofen (Mitte, Umluft 180°) 30–35 Min. backen.

Spinatstrudel mit Tomatensauce

Schnell	●	30 Min.
Vorbereiten	●●●	(+ 25 Min. Backzeit)
Preiswert	●●	

Pro Portion ca. 430 kcal
20 g Eiweiß · 28 g Fett · 23 g Kohlenhydrate

ZUTATEN FÜR 4 PORTIONEN:
2 Packungen aufgetauter TK-Spinat (600 g)
1 Knoblauchzehe
4 EL Olivenöl (+ Öl für das Blech)
75 g geriebene Mandeln
100 g geriebener Parmesan
Salz · Pfeffer
100 g Strudelteig (Kühlregal)
400 g Tomatensauce Napoletana (aus dem Glas)

1 Spinat in einem Tuch ausdrücken. Den Backofen auf 200° vorheizen. Knoblauch fein hacken; in 2 EL heißem Öl kurz andünsten. Den Spinat 3 Min. mitdünsten. Mandeln und Käse untermischen; salzen und pfeffern.

2 Den Teig auf einem feuchten Tuch ausbreiten; mit dem übrigen Öl bestreichen. Den Spinat darauf ausbreiten, dabei rundum einen Rand frei lassen. Den Teig mit dem Tuch von der Längsseite her aufrollen.

3 Ein Blech einölen. Den Strudel mit der Naht nach unten darauflegen. Im Ofen (unten, Umluft 180°) in 25–30 Min. goldbraun backen; in Scheiben geschnitten mit der heißen Sauce servieren.

Gemüse austauschen: Statt Spinat frischen Mangold dünsten.

Kraft und Power: 100 g fein gewürfelten durchwachsenen Speck ausbraten und den Spinat darin andünsten.

Bild: Spinatstrudel mit Tomatensauce

Gefüllte Gans mit Beifuß-Äpfeln

Schnell	●	30 Min.
Vorbereiten	◐	(+ ca. 3 1/4 Std. Garzeit)
Preiswert	●	

Bei 10 Portionen pro Portion ca. 710 kcal
55 g Eiweiß · 53 g Fett · 5 g Kohlenhydrate

ZUTATEN FÜR 8–10 PORTIONEN:
1 küchenfertige Gans (ca. 5 kg)
Salz · Pfeffer
5 kleine säuerliche Äpfel
(z. B. Boskop)
6 Stengel Beifuß
1 EL Crème fraîche

1 Den Ofen auf 200° vorheizen. Die Gans innen und außen mit Salz und Pfeffer einreiben. Die Äpfel waschen, die Kerngehäuse ausstechen; mit dem Beifuß in den Gänsebauch füllen. Die Öffnung zustecken.

2 Die Gans in einen Bräter legen, mit 1/2 l kochendem Wasser überbrühen und zugedeckt im Ofen (Mitte, Umluft 180°) 1 1/2 Std. garen. Dann aus dem Bräter nehmen, den Bratensud umgießen; entfetten.

3 Die Gans wieder in den Bräter legen und unter regelmäßigem Begießen mit dem Sud weitere 1 1/2–2 Std. offen braten. Dann den Ofen auf 250° hochschalten. 1/8 l Wasser mit 1 TL Salz verrühren. Die Gans einpinseln und 10 Min. bräunen (hier ist Umluft nicht geeignet); aus dem Bräter nehmen.

4 Den Bratensatz mit 1/4 l Wasser loskochen. Durch ein Sieb gießen, aufkochen, mit Crème fraîche verfeinern, mit Salz und Pfeffer abschmecken.

Beilage: Dazu gehört natürlich Rotkohl. Wenn Sie ihn aus dem Glas nehmen, können Sie ihn noch mit gedünsteten Zwiebel- und Apfelstücken verfeinern.

Flugente mit süßer Rotkohlfüllung

Schnell	●	30 Min.
Vorbereiten	◐◐	(+ ca. 1 1/4 Std. Garzeit)
Preiswert	●	

Bei 8 Portionen pro Portion ca. 780 kcal
59 g Eiweiß · 55 g Fett · 8 g Kohlenhydrate

ZUTATEN FÜR 6–8 PORTIONEN:
1 Glas Rotkohl (650 g Abtropfgewicht)
150 g Ananasstücke (aus der Dose)
Salz · weißer Pfeffer
1 TL Lebkuchengewürz
1 küchenfertige Flugente (ca. 3 kg)
1 TL getrockneter Rosmarin · 1 EL Öl
1 Suppengrün · 1/4 l Malzbier

1 Den Backofen auf 200° vorheizen. Den Rotkohl mit den Ananasstücken vermischen, mit Salz, Pfeffer und 1 Msp. Lebkuchengewürz würzen.

2 Die Ente waschen und gut trocknen. Rosmarin mit restlichem Lebkuchengewürz und Öl vermischen. Die Würzmischung in die Entenhaut einmassieren. Den Rotkohl in die Ente füllen, mit Küchengarn die Beine oben zusammenbinden.

3 Das Suppengrün waschen, putzen und grob zerkleinern. Einen Bräter auf dem Herd mit 50 ml Malzbier heiß werden lassen. Die Ente hineinsetzen, vorsichtig von allen Seiten anbraten, aus dem Bräter nehmen und das Gemüse anbraten. Mit dem restlichen Bier ablöschen.

4 Die Ente wieder in den Bräter setzen und im Ofen (unten, Umluft 180°) mit geschlossenem Deckel 70–80 Min. garen. Die Ente ist gar, wenn die Kerntemperatur (Bratenthermometer) 90° beträgt. Im abgeschalteten Ofen warm halten.

5 Den Bratenfond soweit wie möglich entfetten und pürieren. Die Ente tranchieren und getrennt zur Sauce reichen.

Gemüse-Couscous mit Entenbrust

Schnell	●	1 Std.
Vorbereiten	◐◐	
Preiswert	●	

Pro Portion ca. 560 kcal
40 g Eiweiß · 20 g Fett · 53 g Kohlenhydrate

ZUTATEN FÜR 4 PORTIONEN:
250 g Instant-Couscous
700 ml kochendheiße Hühnerbrühe
1 Zwiebel · 400 g Lauch
300 g Möhren · 1/2 Bund Petersilie
2 Entenbrustfilets (je ca. 300 g)
Salz · Pfeffer

1 Den Couscous mit 1/2 l heißer Brühe übergießen und 15 Min. quellen lassen. Zwiebel fein würfeln. Lauch in feine Ringe, Möhren in dünne Streifen schneiden. Die Petersilie hacken.

2 Haut vom Entenfleisch lösen und in feine Streifen schneiden. Entenbrüste salzen und pfeffern. In einer Pfanne 1 EL von der Haut stark erhitzen, das Fleisch im ausgebratenen Fett auf beiden Seiten 15 Min. braten.

3 Die übrige Entenhaut knusprig braten; beiseite legen. Das Entenfett bis auf 2 EL abgießen und die Zwiebel darin dünsten, Möhren und Lauch 3 Min. mitbraten. Den Couscous zugeben; alles 5 Min. braten; salzen und pfeffern. Petersilie und Entenhautstreifen unterheben.

4 Das Fleisch aus der Pfanne nehmen, den Bratensatz mit der übrigen Brühe loskochen, über den Couscous gießen. Das Fleisch in dünne Scheiben schneiden und daraufgeben.

Bild oben:
Gefüllte Gans mit Beifuß-Äpfeln
Bild unten links:
Gemüse-Couscous mit Entenbrust
Bild unten rechts:
Flugente mit süßer Rotkohlfüllung

Putenkeulen mit Apfel-Wirsing

Schnell ●	40 Min.
Vorbereiten ●●	(+ 1 1/4 Std. Garzeit)
Preiswert ●●	

Pro Portion ca. 680 kcal
48 g Eiweiß · 34 g Fett · 43 g Kohlenhydrate

ZUTATEN FÜR 4 PORTIONEN:
2 Putenunterkeulen (je ca. 350 g)
Salz · Pfeffer
100 g Bacon (Frühstücksspeck)
300 g Schalotten oder Zwiebeln
400 ml Hühnerfond (aus dem Glas)
1 junger Wirsing (ca. 1 kg)
500 g säuerliche Äpfel
2 EL Butterschmalz
Und: 1 Stück Bratfolienschlauch

1 Den Ofen auf 200° vorheizen. Die Putenkeulen mit Salz und Pfeffer einreiben. Mit dem Bacon belegen, in einen großen Bratschlauch legen. 200 g Schalotten schälen (Zwiebeln vierteln) und mit 200 ml Fond dazugeben. Den Bratschlauch verschließen, auf den kalten Rost legen. Im Backofen (Mitte, Umluft 180°) 1 1/4 Std. braten.

2 Den Wirsing vierteln und in feine Streifen schneiden. Die Äpfel schälen und in Stückchen schneiden. Übrige Schalotten hacken. In einem breiten Topf im heißen Schmalz Schalotten und Äpfel 3 Min. anschwitzen. Den Wirsing 5 Min. mitdünsten. Den übrigen Fond angießen, salzen und pfeffern; alles zugedeckt noch 20 Min. schmoren.

3 Die Putenkeulen mit den Schalotten und dem Apfel-Wirsing anrichten.

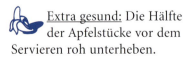 Extra gesund: Die Hälfte der Apfelstücke vor dem Servieren roh unterheben.

Resteküche: Übriggebliebenen Apfel-Wirsing am Tag darauf als deftiges Abendessen mit Bratwurst reichen.

Hähnchenbeine à l'Orange

Schnell ●●	20 Min.
Vorbereiten ●●●	(+ 35 Min. Garzeit)
Preiswert ●●	

Pro Portion ca. 390 kcal
25 g Eiweiß · 22 g Fett · 28 g Kohlenhydrate

ZUTATEN FÜR 4 PORTIONEN:
4 Hähnchenschlegel (je 125 g)
2 unbehandelte Orangen
Salz · weißer Pfeffer
rosenscharfes Paprikapulver
1–2 EL Öl · 2 Bund Frühlingszwiebeln
50 g Rosinen · 150 ml Hühnerbrühe
75 g saure Sahne

1 Den Backofen auf 200° vorheizen. Die Hähnchenschlegel im Gelenk trennen. 1 Msp. Orangenschale abreiben und mit den Gewürzen und dem Öl vermischen. Die Schlegel mit der Mischung einreiben.

2 Die Frühlingszwiebeln putzen und in 7–8 cm lange Abschnitte teilen. Die Orangen bis aufs Fruchtfleisch schälen. Die Früchte in fingerdicke Scheiben schneiden und diese halbieren.

3 Hähnchenschlegel mit Marinade in einem Bräter kräftig braun braten. Zwiebelstücke und Rosinen zugeben. Die Brühe angießen. Das Fleisch im heißen Ofen (Mitte, Umluft 180°) ca. 30 Min. garen. Den Ofen ausschalten, die Orangenscheiben zugeben; noch 5 Min. im Ofen stehen lassen.

4 Die Schlegel mit Zwiebeln und Orangenscheiben auf einer Platte anrichten. Die saure Sahne in den Fond rühren und die Sauce dazuservieren.

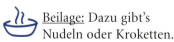 Beilage: Dazu gibt's Nudeln oder Kroketten.

Gemüse austauschen: Statt Frühlingszwiebeln paßt Lauch oder rote Paprikaschote.

Kalbsfilet in Gorgonzolasahne

Schnell ●	40 Min.
Vorbereiten ●●	
Preiswert ●	

Pro Portion ca. 980 kcal
54 g Eiweiß · 60 g Fett · 55 g Kohlenhydrate

ZUTATEN FÜR 4 PORTIONEN:
250 g Möhren · 300 g Lauch
3 EL Butter · Salz · Pfeffer
1/8 l Kalbsfond (aus dem Glas)
250 g Bandnudeln
600 g Kalbsfilet in Scheiben
3 EL Butterschmalz · 300 g Sahne
200 g Gorgonzola, zerbröckelt

1 Die Möhren schälen und in sehr dünne, 1 cm breite Streifen schneiden. Den Lauch quer halbieren und waschen; in dünne Streifen schneiden. Das Gemüse in einem breiten Topf in der Butter 3 Min. andünsten. Mit Salz und Pfeffer würzen, Fond angießen und bei schwacher Hitze 5 Min. garen.

2 Die Nudeln in Salzwasser bißfest garen, abtropfen lassen; unter das Gemüse mischen.

3 Das Fleisch pfeffern und im Schmalz braun braten; herausnehmen, salzen und warm stellen. Das Bratfett abgießen, die Sahne in der Pfanne etwas einkochen. Den Käse darin schmelzen lassen. Dann das Fleisch darin erwärmen; mit den Gemüsenudeln anrichten.

 Blitzvariante: TK-Buttergemüse verwenden.

Extra gesund: Vollkorn-Nudeln kochen; reichlich Petersilie in die Sauce rühren.

Bild oben: Kalbsfilet in Gorgonzolasahne
Bild unten links:
Putenkeulen mit Apfel-Wirsing
Bild unten rechts:
Hähnchenbeine à l'Orange

Lachs mit Zuckerschoten

Schnell	●●	25 Min.
Vorbereiten	●●●	
Preiswert	●	

Pro Portion ca. 350 kcal
35 g Eiweiß · 25 g Fett · 36 g Kohlenhydrate

ZUTATEN FÜR 4 PORTIONEN:
400 g Lachsfilets
Salz · Pfeffer
200 ml Orangensaft
250 g Zuckerschoten
4 EL kalte Butter
1/2 Bund Koriander oder Petersilie

1 Den Lachs salzen und pfeffern. Den Orangensaft in einer kleinen Pfanne aufkochen. Die Lachsfilets hineingeben und zugedeckt ca. 15 Min., dann ohne Deckel noch 5 Min. garen.

2 Die Zuckerschoten putzen und in wenig Salzwasser 10–15 Min. garen. 1 EL Butter unterrühren.

3 Die Kräuter fein hacken. Die restliche Butter in den Orangensaftsud rühren und die Sauce damit binden. Den Lachs mit Zuckerschoten und Sauce auf Tellern anrichten und mit den Kräutern bestreuen.

Beilage: Zum Lachs schmecken Reis, eine Wildreismischung, Salzkartoffeln oder Bandnudeln.

Gemüsevariante: Wie wär's zur Abwechslung mit Fenchelgemüse, Mangold, Spinat, Möhren oder gemischtem Buttergemüse.

Mit Pep: Etwas Safran in der Orangensauce gibt der Sauce eine schöne Farbe und dem Fisch eine besondere Note. Lassen Sie dann aber die Kräuter weg. Extra fruchtig wird die Sauce, wenn Sie zusätzlich noch ein paar Orangenfilets darin erwärmen.

Zander im Kartoffelbett

Schnell	●	30 Min.
Vorbereiten	●●	
Preiswert	●	

Pro Portion ca. 310 kcal
33 g Eiweiß · 13 g Fett · 16 g Kohlenhydrate

ZUTATEN FÜR 4 PORTIONEN:
500 g Kartoffeln
Salz · Pfeffer · 1 Ei
2 große Zanderfilets (600 g)
2 EL Butterschmalz
2 EL Zitronensaft
1 EL Olivenöl
2 EL gehackte Petersilie

1 Die Kartoffeln schälen, grob raspeln, salzen, pfeffern und das Ei unterrühren. Fischfilets halbieren, salzen und pfeffern.

2 Das Butterschmalz in einer Pfanne zerlassen, die Kartoffelmasse in der Größe der Fischstücke in die Pfanne geben, den Fisch darauflegen und die Masse an den Seiten an den Fisch andrücken. Alles zugedeckt ca. 20 Min. garen.

3 Zitronensaft mit Öl und der Petersilie verrühren. Nach Belieben etwas salzen und den Fisch vor dem Servieren damit bestreichen.

Beilage: Probieren zu diesem Gericht Estragon-Möhren: 6 Möhren in Stifte schneiden, in 1 EL Butter garen. 1 TL Honig und 1–2 EL gerebelten Estragon unterrühren. Mit Zitronensaft und Salz abschmecken.

Mildes Kokos-Fischcurry

Schnell	●	30 Min.
Vorbereiten	●●	
Preiswert	●●	

Pro Portion ca. 150 kcal
16 g Eiweiß · 3 g Fett · 15 g Kohlenhydrate

ZUTATEN FÜR 4 PORTIONEN:
1 Paprikaschote · 2 Frühlingszwiebeln
1 EL Öl · 300 g Seelachsfilet
Salz · Currypulver
400 ml Kokosmilch
200 g Ananasstücke
1/2 Bund Basilikum
3–4 EL Sojasauce

1 Paprikaschote in Würfel, Frühlingszwiebeln in Ringe schneiden. Beides im Öl ca. 10 Min. andünsten. Den Fisch in Würfel schneiden; salzen.

2 Zum Gemüse 1/2 TL Curry geben, kurz anrösten. Die Kokosmilch angießen, aufkochen lassen und den Fisch zugeben. Zugedeckt 10 Min. weiterköcheln lassen, nach 5 Min. die Ananasstücke unterrühren.

3 Basilikumblätter unter das Fischcurry rühren; mit Sojasauce und Curry abschmecken.

Beilage: Dazu schmeckt Basmatireis.

Gemüsevariante: Tomaten, Zuckerschoten, Zucchini.

Bild: Lachs mit Zuckerschoten

Buntes Familienfondue

Schnell	●	30 Min.
Vorbereiten	●●●	
Preiswert	●●	

Pro Portion ca. 890 kcal
42 g Eiweiß · 74 g Fett · 13 g Kohlenhydrate

ZUTATEN FÜR 4 PORTIONEN:
150 g Salatmayonnaise (50 %)
150 g Joghurt
abgeriebene Schale und Saft von
1 unbehandelten Zitrone
Salz · Pfeffer
2 Schalotten (oder 1 kleine Zwiebel)
1 Glas Tomatensauce mit Kräutern
(400 g)
1 EL Aceto balsamico · 2–3 EL Olivenöl
250 g TK-Cevapcici, aufgetaut
4 Wiener Würstchen
250 g Hähnchenbrustfilet
150 g Zucchini · 1 rote Paprikaschote
100 g Champignons
1 kg Pflanzenfett zum Ausbacken

1 Zwei Saucen zubereiten: Mayonnaise und Joghurt mit der Zitronenschale und der Hälfte des Zitronensafts, Salz und Pfeffer verrühren. Die Schalotten fein würfeln. Mit der Tomatensauce, Essig und Olivenöl vermischen. Salzen und pfeffern.

2 Die Cevapcici halbieren und zu kleinen Bällchen drehen. Würstchen in 4 bis 5 cm große Stücke, das Hähnchenfilet in Streifen schneiden. Zucchini und Paprika waschen und in Stücke schneiden. Pilze putzen. Fleisch und Gemüse auf Platten anrichten, Saucen in Schälchen geben.

3 Das Fett im Fonduetopf auf dem Herd erhitzen, auf dem Rechaud heiß halten. Wurst, Fleisch und Gemüse auf Fonduegabeln gesteckt im heißen Fett braten. Dazu die beiden Saucen servieren.

 Beilage: Schnitze aus gegarten Pellkartoffeln aufspießen und im Öl braten.

Milder Sauerbraten

Schnell	●	30 Min.
Vorbereiten	●●●	(+ 3 Tage Marinierzeit)
Preiswert	●	(+ 1 Std. Garzeit)

Pro Portion ca. 560 kcal
57 g Eiweiß · 18 g Fett · 41 g Kohlenhydrate

ZUTATEN FÜR 4 PORTIONEN:
2 Zwiebeln
3 Lorbeerblätter · 6 Nelken
300 ml Apfelessig
1/2 l Apfelsaft
1 kg Rinderschmorbraten
1 Bund Suppengrün
30 g Butterschmalz · Salz · Pfeffer
3/4 l Gemüsebrühe
50 g Rosinen · 100 g Pumpernickel
100 ml Sahne

1 Die Zwiebeln schälen und halbieren, die Lorbeerblätter mit den Nelken hineinstecken und mit Apfelessig und -saft aufgießen. Das Fleisch in dieser Beize 3 Tage ziehen lassen.

2 Das Suppengrün putzen und grob zerkleinern. Das Fleisch trockentupfen und im heißen Fett rundherum kräftig anbraten, mit Salz und Pfeffer würzen. Das Suppengrün mitbraten, dann mit der Gemüsebrühe und etwas Beize ablöschen, die Rosinen zugeben. Ca. 1 Std. zugedeckt schmoren. Den zerbröselten Pumpernickel in den letzten 20 Min. mitkochen. Danach das Fleisch in der Sauce auf der abgeschalteten Platte 10 Min. ruhen lassen.

3 Das Fleisch aus der Sauce heben und aufschneiden. Die Sauce mit der Sahne pürieren und mit Salz, Pfeffer und etwas Beize abschmecken.

‼ Mit Pep: Frisch-säuerlich wird der Braten, wenn Sie 50 ml Essig durch Zitronensaft ersetzen. Wenn Sie eine unbehandelte Zitrone vorrätig haben, ist ein dünnes Stück Schale in der Beize lecker.

Schinkenbraten mit Kastanien

Schnell	●	30 Min.
Vorbereiten	●●	(+ 1 1/2 Std. Garzeit)
Preiswert	●	

Bei 8 Portionen pro Portion ca. 600 kcal
26 g Eiweiß · 38 g Fett · 37 g Kohlenhydrate

ZUTATEN FÜR 6–8 PORTIONEN:
500 g Eßkastanien
1 Bund Suppengrün
40 g Butterschmalz
1/8 l Tomatensaft
1 kg Schinkenbraten · Pfeffer
500 g junge Möhren · 700 g Kartoffeln
100 g Doppelrahm-Frischkäse mit Kräutern

1 Den Backofen auf 180° vorheizen. Die Kastanien kreuzweise einschneiden, 1 Min. in kochendem Wasser garen, dann schälen.

2 Das Suppengrün fein zerkleinern und in einem Bräter im Schmalz anbraten; mit dem Tomatensaft ablöschen. Den Braten darauflegen, mit Pfeffer übermahlen, in den Ofen (Mitte, Umluft 160°) schieben und 1 1/2 Std. schmoren.

3 Möhren und Kartoffeln schälen, in gleichgroße Stücke schneiden. Nach 45 Min. den Braten wenden, Kastanien und Gemüse zugeben. Den fertigen Braten in Alufolie gewickelt 10 Min. ruhen lassen. Den Fond abgießen, mit dem Frischkäse abschmecken.

4 Den Braten aufschneiden und mit dem Gemüse sowie der Sauce zu Tisch geben.

🥕 Gemüse austauschen: Statt Kastanien mehr Kartoffeln und Möhren und zusätzlich 100 g Walnüsse nehmen.

Bild oben: Buntes Familienfondue
Bild unten links:
Schinkenbraten mit Kastanien
Bild unten rechts:
Milder Sauerbraten

Käsefrikadellen vom Blech

Schnell	●	30 Min.
Vorbereiten	●●	(+ 20 Min. Backzeit)
Preiswert	●●●	

Pro Portion ca. 460 kcal
32 g Eiweiß · 33 g Fett · 7 g Kohlenhydrate

ZUTATEN FÜR 4 PORTIONEN:
1 altbackenes Roggenbrötchen
1 großes Bund Schnittlauch
150 g junger Gouda in Scheiben
Fett für die Form
400 g gemischtes Hackfleisch
1 Ei · Salz · Pfeffer
edelsüßes Paprikapulver
2 Tomaten

1 Das Brötchen in warmem Wasser einweichen. Den Schnittlauch in feine Röllchen schneiden. Die Hälfte des Käses in feine Würfel, den Rest in fingerbreite Streifen schneiden.

2 Den Backofen auf 200° vorheizen. Eine große Auflaufform fetten. Das Brötchen gut ausdrücken, mit Schnittlauch, Käsewürfeln, Hackfleisch und Ei, etwas Salz, Pfeffer und Paprika verkneten. 8 flache Frikadellen formen, in die Form legen und im Ofen (Mitte, Umluft 180°) 10 Min. garen.

3 Jede Tomate in 4 Scheiben schneiden. Die Frikadellen nun wenden und eng zusammen legen. Auf jede Frikadelle 1 Tomatenscheibe geben, die Käsestreifen gitterartig darüber verteilen. Für weitere 10 Min. in den Backofen schieben.

Orientalische Lammpfanne

Pro Portion ca. 480 kcal
27 g Eiweiß · 34 g Fett · 17 g Kohlenhydrate

ZUTATEN FÜR 4 PORTIONEN:
500 g Lammfleisch aus der Keule
Salz · 1/2 TL Pfeffer
1 TL Zimt
1 TL edelsüßes Paprikapulver
400 g Joghurt · 4 Zwiebeln
2 EL Butterschmalz
100 g Dosen-Ananas, abgetropft
3 EL Rosinen

1 Das Fleisch in Würfel schneiden und leicht salzen, mit den Gewürzen und dem Joghurt vermischen und 30 Min. zugedeckt im Kühlschrank ziehen lassen.

2 Die Zwiebeln fein würfeln und im Schmalz glasig dünsten. Das Fleisch mit der Marinade zufügen, aufkochen und mit 1 Tasse Wasser ablöschen. 45 Min. zugedeckt schmoren lassen.

3 Die Ananas kleinschneiden. Mit den Rosinen zum Lamm geben; 15 Min. offen garen. Mit Salz und Pfeffer abschmecken.

🍲 Beilage: Servieren Sie die Lammpfanne mit Reis, z. B. mit Basmatireis.

🥕 Gemüsevariante: Gemüsefans garen noch gewürfelte Paprikaschote und/oder Möhrenscheiben mit.

‼️ Mit Pep: Kochen Sie Reis statt in Wasser in Kokosmilch (auf 1 Tasse Reis 2 Tassen Kokosmilch). Mit Salz oder Brühwürfel würzen. Den Kokosreis 5 Min. vor Ende der Garzeit unter die Lammpfanne rühren. 100 g Cashewkerne goldbraun rösten und vor dem Servieren über die Lammpfanne streuen.

Schweinefilet mit Aprikosen

Pro Portion ca. 270 kcal
28 g Eiweiß · 10 g Fett · 17 g Kohlenhydrate

ZUTATEN FÜR 4 PORTIONEN:
500 g Schweinefilet
Salz · Pfeffer
1 Dose Aprikosen (400 g Nettogewicht), abgetropft
1 Stück Ingwerwurzel (1–2 cm)
2 EL Butterschmalz
Zimt · Currypulver

1 Das Schweinefilet in ca. 3 cm dicke Scheiben schneiden; salzen und pfeffern.

2 Die Aprikosen in Würfel schneiden. Den Ingwer schälen und ganz fein hacken.

3 Die Schweinemedaillons in einer Pfanne im Butterschmalz von beiden Seiten kurz und kräftig anbraten. Aprikosen und Ingwer ca. 5 Min. mitschmoren lassen; mit etwas Zimt und Curry abschmecken.

🍲 Beilage: Dazu schmeckt Reis mit goldbraun gerösteten Mandelblättchen.

🚀 Kraft und Power: Die Medaillons vor dem Braten mit Frühstücksspeck umwickeln. Den Ingwer dann weglassen.

Bild: Orientalische Lammpfanne

Fischstäbchen mit Joghurtremoulade

Schnell	●	30 Min.
Vorbereiten	●●	
Preiswert	●●●	

Pro Portion ca. 370 kcal
19 g Eiweiß · 16 g Fett · 37 g Kohlenhydrate

ZUTATEN FÜR 4 PORTIONEN:
8–10 kleine festkochende Kartoffeln
2 hartgekochte Eier
2 EL Sonnenblumenöl
200 g Joghurt
1 TL Kapern (+ 1 TL Kapernsud)
2 EL gemischte TK-Kräuter
Salz · Pfeffer · 12 Fischstäbchen

1 Kartoffeln waschen, in wenig Wasser weich kochen. Inzwischen die Eier pellen und halbieren. Das Eigelb herauslösen, mit einer Gabel fein zerdrücken und mit 1 EL Öl zu einer Paste verrühren. Mit dem Schneebesen den Joghurt unterrühren. Die Kapern fein hacken und mit Kapernsud und den Kräutern unterrühren. Die Eiweiße sehr fein hacken und unterrühren. Die Remoulade mit Salz und Pfeffer abschmecken.

2 Im restlichen Öl in einer breiten Pfanne die Fischstäbchen nach Packungsanleitung knusprig garen. Kartoffeln abgießen und mit den Fischstäbchen servieren. Die Remoulade als Sauce dazureichen.

Beilage: Dazu paßt ein Eisbergsalat. Für das Dressing 1–2 EL Remoulade mit etwas Wasser und Zitronensaft verrühren.

Aus dem Vorrat: Wenn Sie nur mehligkochende große Kartoffeln zu Hause haben, backen Sie sie als Ofenkartoffeln. Kartoffeln kreuzweise tief einschneiden, in Alufolie gewickelt im Backofen bei 200° ca. 1 Std. backen. Die Kartoffeln leicht aufbrechen und mit einem Klecks Remoulade servieren.

Lachsragout mit Gurke

Schnell	●●	20 Min.
Vorbereiten	●	
Preiswert	●	

Pro Portion ca. 410 kcal
34 g Eiweiß · 28 g Fett · 4 g Kohlenhydrate

ZUTATEN FÜR 4 PORTIONEN:
600 g Lachs · Saft von 1 Zitrone
Salz · 2 Salatgurken · 1 EL Butter
Pfeffer · 150 g saure Sahne
50 g gekochter Schinken
1 Bund Dill, die Spitzen abgezupft

1 Den Lachs in Würfel von ca. 4 cm Kantenlänge schneiden. Mit Zitronensaft beträufeln und leicht salzen; im Kühlschrank ziehen lassen.

2 Die Gurken schälen und halbieren; die Kerne herauskratzen, dann in 1/2 cm dicke Scheiben schneiden. Die Gurkenscheiben in einer großen Pfanne im Fett andünsten, leicht salzen und pfeffern. Wenn sie nach einigen Minuten Wasser gezogen haben, die saure Sahne zugeben, dann die Lachswürfel einlegen. Zugedeckt ca. 10 Min. bei milder Hitze ziehen lassen.

3 Den Schinken fein würfeln und mit den Dillspitzen unter die Fischpfanne ziehen; nochmals abschmecken.

Extra gesund: Reichen Sie dazu eine Fenchelrohkost – sie paßt mit ihrem feinen Anisgeschmack sehr gut zu Fisch.

Gratiniertes Kabeljaufilet

Schnell	●	30 Min.
Vorbereiten	●●	(+ 10 Min. Backzeit)
Preiswert	●●	

Pro Portion ca. 470 kcal
40 g Eiweiß · 33 g Fett · 3 g Kohlenhydrate

ZUTATEN FÜR 4 PORTIONEN:
1 Zwiebel, fein gewürfelt
1 EL Olivenöl (+ Olivenöl für die Form)
300 g TK-Blattspinat · Salz · Pfeffer
600 g Kabeljaufilet · 2 TL Zitronensaft
150 g geriebener Emmentaler
150 g Crème fraîche
30 g Mandelblättchen

1 Die Zwiebel im Öl glasig dünsten. Den angetauten Spinat dazugeben, mit 100 ml Wasser bei mittlerer Hitze 10 Min. garen; kräftig salzen und pfeffern.

2 Den Backofen auf 250° vorheizen. Den Fisch in 4 Stücke teilen, mit Salz, Pfeffer und Zitronensaft würzen. In eine gefettete Gratinform legen. Käse und Crème fraîche verrühren.

3 Den Spinat ausdrücken und auf dem Fisch verteilen. Die Creme daraufgeben, mit Mandeln bestreuen. Im Ofen (Mitte, Umluft 225°) 10 Min. gratinieren.

Gemüse austauschen: Statt Spinat können Sie Tomatenscheiben nehmen.

Bild:
Fischstäbchen mit Joghurtremoulade

Spaghetti mit Hackfleischsauce

Schnell	●	30 Min.
Vorbereiten	●●●	
Preiswert	●●●	

Pro Portion ca. 430 kcal
21 g Eiweiß · 16 g Fett · 15 g Kohlenhydrate

ZUTATEN FÜR 4 PORTIONEN:
250 g Hackfleisch
1 EL Olivenöl
Salz · 2 Möhren
2 Frühlingszwiebeln · 2 Tomaten
1/2 Gemüsebrühwürfel · Pfeffer
250 g Spaghetti

1 Das Hackfleisch im Öl braun anbraten. Ab und zu umrühren; salzen.

2 Die Möhren putzen und fein würfeln. Frühlingszwiebeln putzen und in Ringe schneiden. Die Tomaten waschen und das Fruchtfleisch fein würfeln. Das Gemüse zum Hackfleisch geben und zugedeckt ca. 10 Min. mitschmoren lassen.

3 Die Hackfleischsauce mit einem Schuß Wasser ablöschen, mit dem Brühwürfel, Salz und Pfeffer abschmecken; 5 Min. weiterköcheln lassen. Die Spaghetti in Salzwasser garen, abtropfen lassen und mit der Sauce servieren.

Gemüse austauschen: Auch Lauch, Paprika und Zucchini passen gut zur Sauce.

Aus dem Vorrat: Wem die frischen Tomaten jetzt zu wenig Geschmack haben (gut schmecken im Winter in der Regel höchstens kanarische), der nimmt Pizzatomaten aus der Dose oder pürierte Tomaten aus der Packung.

Resteküche: Die Hackfleischsauce läßt sich hervorragend einfrieren, so sparen Sie sich einmal das Kochen.

Nudeln mit eingelegten Tomaten

Schnell	●●●	15 Min.
Vorbereiten	●●	
Preiswert	●●	

Pro Portion ca. 560 kcal
24 g Eiweiß · 16 g Fett · 83 g Kohlenhydrate

ZUTATEN FÜR 4 PORTIONEN:
Salz · 8 getrocknete Tomaten in Öl
1 kleines Bund Rucola (Ersatz s. Tip)
1 Knoblauchzehe · 3 EL Olivenöl
30 g geriebener Parmesan
400 g schmale Bandnudeln
125 g Mozzarella

1 Reichlich Salzwasser für die Nudeln aufkochen. Die Tomaten abtropfen lassen und in feine Streifchen schneiden. Den Rucola waschen, grobe Stiele entfernen und die Blätter in feinste Streifen schneiden. Den Knoblauch hacken. Alles mit Olivenöl und Parmesan vermischen.

2 Die Nudeln im kochenden Salzwasser bißfest kochen. Den Mozzarella sehr klein würfeln. Nudeln abseihen, nur ein wenig abtropfen lassen und sofort mit der Tomaten-Rucola-Mischung, dann mit den Mozzarellawürfelchen vermischen.

Beilage: Servieren Sie dazu Feldsalat mit marinierten Möhrenscheibchen: Aus 1 EL Aceto balsamico, 2 EL Olivenöl, Senf, Salz, Pfeffer und 1 Prise Zucker eine Vinaigrette herstellen. 1 große Möhre in hauchdünne Scheiben hobeln, mit der Vinaigrette vermischen und etwas ziehen lassen. Den Feldsalat vor dem Servieren unterheben.

Aus dem Vorrat: Nehmen Sie statt Rucola 1 EL Kapern und 1–2 EL TK-Basilikum. Pürieren Sie dies zusammen mit den getrockneten Tomaten und dem Knoblauch. Die Creme eventuell mit etwas Nudelkochwasser verdünnen.

Makkaroni mit grüner Sauce

Schnell	●	30 Min.
Vorbereiten	●●	
Preiswert	●●●	

Pro Portion ca. 690 kcal
26 g Eiweiß · 25 g Fett · 90 g Kohlenhydrate

ZUTATEN FÜR 4 PORTIONEN:
2–3 Stangen Lauch (ca. 600 g)
40 g Butter · 40 g Mehl
1/4 l Gemüsebrühe · 1/4 l Milch
Salz · Pfeffer · 400 g Makkaroni
1 Bund Schnittlauch
100 g geräucherter Bauchspeck

1 Den Lauch putzen und in feine Ringe schneiden; in der Butter 3 Min. andünsten. Das Mehl darüberstäuben und anschwitzen. Mit Brühe und Milch ablöschen, unter Rühren aufkochen und 5 Min. köcheln lassen. Mit Salz und Pfeffer abschmecken.

2 Die Makkaroni in reichlich Salzwasser bißfest garen; abtropfen lassen. Schnittlauch in Röllchen schneiden, bis auf 2 EL unter die Sauce mischen. Speck klein schneiden und in einer großen Pfanne kroß braten. Die Nudeln im Speckfett schwenken, mit der Sauce anrichten und mit Schnittlauch bestreuen.

Blitzvariante: Einfach eine weiße Sauce aus der Packung zubereiten und mit TK-Kräutern verfeinern.

Gemüse austauschen: Statt Lauch für die Sauce Möhren oder Pilze nehmen.

Extra gesund: Kochen Sie statt weißer Nudeln Vollkorn-Makkaroni.

Bild oben: Makkaroni mit grüner Sauce
Bild unten links:
Spaghetti mit Hackfleischsauce
Bild unten rechts:
Nudeln mit eingelegten Tomaten

Rosenkohl-Polenta-Gratin

Schnell	●	30 Min.
Vorbereiten	●●●	(+ 25 Min. Backzeit)
Preiswert	●●●	

Pro Portion ca. 560 kcal
15 g Eiweiß · 29 g Fett · 57 g Kohlenhydrate

ZUTATEN FÜR 4 PORTIONEN:
500 g Rosenkohl · Salz
250 g Polentagrieß
600 ml Gemüsebrühe
300 g Sahne · Pfeffer · Muskat
Fett für die Form
30 g geriebener Parmesan
300 g stückige Tomaten (Dose)

1 Den Rosenkohl putzen und den Strunk kreuzweise einschneiden. In Salzwasser in 15 Min. bißfest kochen.

2 Den Polentagrieß mit Brühe und 200 g Sahne zum Kochen bringen und unter Rühren 5 Min. kochen, dann bei milder Hitze ca. 15 Min. ausquellen lassen, bis die Masse sich beim Umrühren vom Topfrand löst. Mit den Gewürzen abschmecken. Den Backofen auf 200° vorheizen.

3 Eine Pieform einfetten, die Polenta einfüllen und den Rosenkohl hineindrücken; mit Parmesan bestreuen. Im Ofen (Mitte, Umluft 180°) 20–25 Min. überbacken.

4 Tomatenstücke mit dem Saft aufkochen, mit restlicher Sahne, Salz und Pfeffer abschmecken. Heiß zum Gratin reichen.

Steckrüben-Reis-Auflauf

Schnell	●●	25 Min.
Vorbereiten	●●●	(+ 25 Min. Backzeit)
Preiswert	●●●	

Pro Portion ca. 610 kcal
27 g Eiweiß · 22 g Fett · 71 g Kohlenhydrate

ZUTATEN FÜR 4 PORTIONEN:
250 g 8-Minuten-Kurzzeitreis
Salz · 600 g Steckrüben
200 g gekochter Schinken · 50 g Mehl
30 g Butter (+ Butter für die Form)
1/4 l Gemüsebrühe · 1/4 l Milch
200 g Schmelzkäse · Pfeffer

1 Den Reis nach Packungsaufschrift garen. Die Steckrüben schälen und in 4 cm lange feine Stifte schneiden. In Salzwasser 3 Min. blanchieren, abschrecken und gut abtropfen lassen. Den Schinken in Streifen schneiden.

2 Den Ofen auf 225° vorheizen. Das Mehl in der Butter anschwitzen. Erst mit Brühe, dann mit der Milch ablöschen; unter Rühren aufkochen lassen. Den Käse einrühren und schmelzen lassen. Die Sauce mit Salz und Pfeffer abschmecken.

3 Auflaufform einfetten. Reis mit Steckrüben und Schinken vermischen, salzen und pfeffern. In die Form geben, Sauce darüber gießen. Im Ofen (2. Schiene, Umluft 200°) 25–30 Min. überbacken.

Gemüse austauschen: Die Steckrüben durch Möhren oder Kohlrabi ersetzen.

Selbstgemachte Käsespätzle

Schnell	●●	25 Min.
Vorbereiten	●●●	
Preiswert	●●●	

Pro Portion ca. 550 kcal
34 g Eiweiß · 25 g Fett · 47 g Kohlenhydrate

ZUTATEN FÜR 4 PORTIONEN:
Salz · 4 Eier
250 g Mehl
250 g Magerquark · 2 EL Butter
200 g geriebener Gratinkäse
(Kühlregal)

1 Salzwasser in einem großen Topf zum Kochen bringen. Inzwischen Eier, Mehl, Quark und 1 TL Salz mit dem Handrührgerät verquirlen.

2 Den Teig mit einem Spätzlehobel ins heiße Wasser schaben und die Spätzle ca. 5 Min. bei milder Hitze garen lassen; abgießen und abtropfen lassen.

3 Die Butter in einer Pfanne erhitzen. Die Spätzle hineingeben und den Käse darüberstreuen. Zugedeckt ca. 5 Min. bei mittlerer Hitze braten, bis der Käse geschmolzen ist.

Beilage: Zu den üppigen Spätzle passen die Blattsalate mit Radieschenvinaigrette von Seite 26.

Mit Pep: Streuen Sie Frühlingszwiebelringe, Tomatenwürfel oder auch geröstete Zwiebelringe über den Käse. Für Spinatspätzle TK-Spinat in etwas Sahne erhitzen, mit Salz, Pfeffer und Muskat würzen. Mit den Spätzle servieren, dann aber den Käse weglassen!
Ebenfalls ohne den Käse bereiten Sie die Spätzle zu, wenn Sie sie als Beilage mit einer Sauce servieren wollen.

Bild: Selbstgemachte Käsespätzle

Pikanter Tomatenreis

Schnell	●	30 Min.
Vorbereiten	●	
Preiswert	●	

Pro Portion ca. 740 kcal
40 g Eiweiß · 13 g Fett · 114 g Kohlenhydrate

ZUTATEN FÜR 4 PORTIONEN:
je 1 grüne und rote Paprikaschote
2 Zwiebeln
500 g Rumpsteak, in 1,5 cm große Würfel geschnitten
3 EL Öl · Salz · Pfeffer
300 g 8-Minuten-Kurzzeitreis
300 ml Gemüsebrühe
300 ml Sangrita (würziger Tomatensaft aus dem Glas)
300 g Dosen-Mais, abgetropft

1 Die Paprikaschoten putzen und in 2 cm große Würfel schneiden. Die Zwiebeln hacken.

2 In einem weiten Topf Fleisch, Zwiebeln und Paprika im Öl 5 Min. bei milder Hitze anbraten. Salzen und pfeffern. Den Reis dazugeben und kurz anrösten. Erst mit der Brühe, dann mit Tomatensaft ablöschen. Aufkochen und bei milder Hitze zugedeckt 8–10 Min. quellen lassen.

3 Den Mais unter den Tomatenreis mischen und 2–3 Min. erhitzen. Mit Salz und Pfeffer abschmecken.

Kraft und Power: Die Fleischmenge um 1/3 erhöhen und 125 g Sahne unter den Reis rühren, dann wird's auch schön rund im Geschmack.

Knusperwürfel mit Spinat und Ei

Schnell	●	30 Min.
Vorbereiten	●	
Preiswert	●●	

Pro Portion ca. 310 kcal
12 g Eiweiß · 19 g Fett · 21 g Kohlenhydrate

ZUTATEN FÜR 4 PORTIONEN:
1 Zwiebel · 3 EL Butterschmalz
500 g TK-Blattspinat (oder 1 Päckchen à 450 g)
knapp 50 ml kräftige Gemüsebrühe
600 g festkochende Kartoffeln
4 Eier
Salz · Pfeffer
1 EL Crème fraîche

1 Die Zwiebel kleinhacken und in 1/2 EL Butterschmalz glasig dünsten. Spinat und Brühe dazugeben; zugedeckt 15–20 Min. dünsten.

2 Die Kartoffeln schälen und in knapp 2 cm große Würfel schneiden, 2 EL Butterschmalz in einem breiten Schmortopf bis zum Rauchen erhitzen. Kartoffelwürfel darin anbraten, bis sie unten leicht gebräunt sind. Die Hitze herunterschalten, die Kartoffeln wenden, zugedeckt 5–8 Min. weiterbraten, zwischendurch nochmals wenden. Dann die Würfel ca. 2 Min. offen braten.

3 Im restlichen Butterschmalz aus den Eiern Spiegeleier braten, salzen und pfeffern.

4 Die Crème fraîche unter den Spinat rühren; mit Salz und Pfeffer abschmecken. Kartoffelwürfel auf Küchenkrepp abfetten; salzen. Sofort mit Spiegeleiern und Spinat servieren.

Blitzvariante: Schneller geht's, wenn Sie Bratkartoffeln aus gekochten Kartoffeln zubereiten. Dazu Pellkartoffeln vom Vortag achteln oder vierteln; nebeneinander im heißen Fett in ca. 4 Min. goldbraun braten.

Kartoffel-Gemüse-Torte

Schnell	●	30 Min.
Vorbereiten	●	(+ 45 Min. Backzeit)
Preiswert	●●●	

Pro Portion ca. 670 kcal
34 g Eiweiß · 42 g Fett · 44 g Kohlenhydrate

ZUTATEN FÜR 4 PORTIONEN:
150 g Frühstücksspeck, gewürfelt
2 Pakete TK-Suppengrün (100 g)
Fett für die Form
Salz · 1/8 l Milch
200 g Kartoffelpüreepulver
1 Bund Petersilie, gehackt · 4 Eier
200 g geriebener Emmentaler
Pfeffer

1 Den Speck in einer Pfanne ausbraten. Das (gefrorene) Suppengrün 3 Min. mitdünsten.

2 Den Ofen auf 200° vorheizen. Eine Auflaufform fetten. 1/2 l Wasser mit Salz und der Milch aufkochen. Vom Herd nehmen, das Püreepulver einrühren und 1 Min. quellen lassen.

3 Petersilie mit Gemüse, Eiern und 100 g Käse unter das Püree ziehen; salzen und pfeffern. Die Masse in die Form streichen, mit dem übrigen Käse bestreuen. Im Ofen (Mitte, Umluft 180°) in 45 Min. goldbraun überbacken.

Resteküche: Übriggebliebene Kartoffeltorte paßt als Beilage zu Fisch oder Geflügel.

Bild: Knusperwürfel mit Spinat und Ei

Kartoffelgulasch

Schnell	●	30 Min.
Vorbereiten	●●●	
Preiswert	●●●	

Bei 4 Portionen pro Portion ca. 170 kcal
4 g Eiweiß · 5 g Fett · 26 g Kohlenhydrate

ZUTATEN FÜR 3–4 PORTIONEN:
750 g Kartoffeln · 1 dicke Möhre
3 Zwiebeln · 1 EL Butterschmalz
1–2 TL Paprikapulver
1/2 l heiße Fleischbrühe
2 EL Tomatenmark
Salz · Pfeffer
2 EL saure Sahne

1 Kartoffeln, Möhre und Zwiebeln schälen. Kartoffeln in 1 cm große Würfel schneiden, die Möhre kleiner würfeln. Die Zwiebeln hacken, in einem Schmortopf im Schmalz anbraten. Kartoffel- und Möhrenwürfel kurz mitbraten.

2 Die Brühe angießen, das Paprikapulver darüberstäuben, das Tomatenmark einrühren und das Kartoffelgulasch zugedeckt in 10–15 Min. weich dünsten. Fertiges Gulasch mit Salz und Pfeffer abschmecken. Die saure Sahne unterrühren.

Gemüse austauschen: Statt der Möhre können Sie eine gelbe oder rote Paprikaschote klein würfeln und unter das Gulasch rühren. Sie brauchen die Paprikastückchen allerdings höchstens 5 Min. mitgaren und können Sie auch roh dazugeben.

Kraft und Power: Pfälzer oder Debrecziner Wurst in feine Rädchen schneiden und unter das Gulasch rühren. Oder gewürfelte Lyoner Wurst untermischen.

Aus dem Vorrat: Liegt im Gemüsefach noch etwas Lauch oder ein Stück Sellerie? Klein würfeln, mit den Kartoffeln anbraten und garen.

Sauerkraut-Quiche

Schnell	●	40 Min.
Vorbereiten	●●●	(+ 40 Min. Backzeit)
Preiswert	●●●	

Bei 8 Stücken pro Stück ca. 410 kcal
13 g Eiweiß · 30 g Fett · 23 g Kohlenhydrate

ZUTATEN FÜR 1 SPRINGFORM
(Ø 28 cm):
200 g Mehl (+ Mehl zum Ausrollen)
Salz · 4 Eier
100 g kalte Butter (+ Butter für die Form)
150 g geräucherter Bauchspeck
1 Zwiebel
700 g Sauerkraut
Pfeffer · 150 g Crème fraîche

1 Den Ofen auf 200° vorheizen. Mehl, 1/2 TL Salz, 1 Ei und Butter in Würfeln rasch zu einem glatten Teig verkneten. Auf der bemehlten Arbeitsfläche ausrollen und in die gefettete Form legen; einen Rand von 2 cm hochdrücken. Im heißen Ofen (Mitte, Umluft 180°) 10 Min. vorbacken.

2 Speck in kleine Würfel schneiden und in einem breiten Topf ausbraten. Die Zwiebel würfeln; im Speckfett glasig dünsten. Sauerkraut grob hacken, hinzufügen. Bei schwacher Hitze zugedeckt 10 Min. dünsten. Mit Salz und Pfeffer abschmecken.

3 Crème fraîche und die übrigen Eier unterrühren. Die Sauerkraut-Mischung auf den Mürbteigboden geben. Die Quiche im Ofen (Mitte, Umluft 180°) 30 Min. backen.

Beilage: Dazu schmeckt Feldsalat mit Vinaigrette.

Gemüse austauschen: Statt Sauerkraut Lauch und/oder Egerlinge nehmen.

Extra gesund: 100 g Mehl durch Weizen-Vollkornmehl ersetzen.

Sauerkraut-Paprika

Schnell	●	30 Min.
Vorbereiten	●●●	(+ 40 Min. Garzeit)
Preiswert	●●●	

Pro Portion ca. 210 kcal
12 g Eiweiß · 9 g Fett · 21 g Kohlenhydrate

ZUTATEN FÜR 4 PORTIONEN:
8 grüne Paprikaschoten · Salz
150 g Debrecziner Würstchen
1 Zwiebel · 500 g Sauerkraut
1 Kartoffel (ca. 100 g)
Fett für die Form
2 TL edelsüßes Paprikapulver
400 g passierte Tomaten (Dose)
1/8 l Gemüsebrühe

1 Von den Paprikaschoten einen Deckel abschneiden. Schoten putzen, innen salzen.

2 Würstchen in dünne Scheiben schneiden und in einer Pfanne bei milder Hitze ausbraten. Die Zwiebel fein würfeln und im Wurstfett glasig dünsten. Das Sauerkraut hinzufügen; zugedeckt bei mittlerer Hitze 10 Min. garen.

3 Den Ofen auf 200° vorheizen. Eine ofenfeste Form einfetten. Geriebene Kartoffel unter das Kraut mischen, mit Salz und Paprika abschmecken, in die Schoten füllen und in die Form setzen. Die Paprikadeckel aufsetzen. Tomaten mit der Brühe verrühren und angießen. Im Ofen (Mitte, Umluft 180°) 30 Min. schmoren.

Kraft und Power: Für die Füllung 150 g bißfest gegarten Reis mit 500 g angebratenem Hackfleisch, 150 g Käsewürfeln und 1 Ei mischen. Mit Petersilie, Zwiebel, Knoblauch, Paprikapulver würzen.

Bild oben: Sauerkraut-Paprika
Bild unten links:
Kartoffelgulasch
Bild unten rechts:
Sauerkraut-Quiche

Pfannkuchen-Röllchen

Schnell	●	30 Min.
Vorbereiten	●●●	
Preiswert	●●●	

Pro Portion ca. 740 kcal
16 g Eiweiß · 53 g Fett · 49 g Kohlenhydrate

ZUTATEN FÜR 4 PORTIONEN:
1/2 l Milch
200 g Schmand (24 % Fett)
4 Eier · 140 g Mehl
4 EL Zucker
2 Päckchen Vanillezucker
8 EL Butterschmalz
4 EL Apfel-Aprikosen-Mus
(Glas; ersatzweise Apfelmus)
etwas Zimt

1 Die Milch mit 100 g Schmand, Eiern, Mehl, 2 EL Zucker und Vanillezucker zu einem Pfannkuchenteig rühren. Den Ofen auf 200° vorheizen.

2 Für jeden Pfannkuchen 2 EL Butterschmalz in einer Pfanne erhitzen, einen großen Schöpfer Teig in die Pfanne gießen; von jeder Seite in ca. 5 Min. goldgelb ausbacken.

3 Die fertigen Pfannkuchen mit dem restlichen Schmand und dem Apfel-Aprikosen-Mus bestreichen, aufrollen und nebeneinander in eine Auflaufform setzen. Etwas Zimt mit dem übrigen Zucker vermischen; über die Röllchen streuen. Im Backofen (Mitte, Umluft 180°) 5 Min. überbacken.

 Obst austauschen: Statt Fruchtmus schmeckt auch Aprikosenmarmelade oder ein Babyfruchtbrei aus dem Glas.

Extra gesund: Vollwertiger wird der Pfannkuchen, wenn man das Mehl durch Weizen-Vollkornmehl ersetzt. Zusätzlich gehackte Mandeln mit dem Zimtzucker vermischen und über die Pfannkuchenröllchen streuen – schmeckt köstlich!

Apfel-Milchreis-Pudding

Schnell	●	30 Min.
Vorbereiten	●●●	(+ 3 Std. Abkühlzeit)
Preiswert	●●●	

Pro Portion ca. 340 kcal
9 g Eiweiß · 6 g Fett · 62 g Kohlenhydrate

ZUTATEN FÜR 4 PORTIONEN:
200 g Milchreis (Rundkornreis)
600 ml Milch · 3 EL Zucker
1 Päckchen Vanillezucker
1 unbehandelte Zitrone
300 g säuerliche Äpfel (z. B. Boskop)
2 Msp. Zimt
Rum-Backaroma (nach Belieben)

1 Den Reis mit Milch, Zitronenschale, 2 EL Zucker und dem Vanillezucker aufkochen. Bei milder Hitze in ca. 35 Min. ausquellen lassen.

2 Die Zitrone heiß abwaschen. Die Hälfte der Schale abreiben, den Saft auspressen. Äpfel schälen, vierteln und in Scheibchen schneiden. Mit Zitronensaft, 1 EL Zucker, Zimt und nach Belieben einigen Tropfen Rumaroma vermischen und ziehen lassen.

3 Reis abwechselnd mit Äpfeln in eine Schüssel schichten. Mit einer Schicht Reis abschließen. 2–3 Std. abkühlen und festwerden lassen. Den Pudding stürzen.

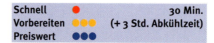 Beilage: Dazu paßt eine Beerensauce: 1 Packung TK-Beeren mit wenig Wasser und etwas Zucker aufkochen und dann pürieren.

Kraft und Power: So wird dieses Rezept noch sättigender: 3 Eier trennen, Eigelbe mit 2 EL zusätzlichem Zucker schaumig schlagen, die Eiweiße zu Schnee schlagen und beides unter den Apfel-Reis-Mix mischen. Mit Mandelblättchen bestreuen und in einer Gratinform im Ofen bei 180° 30 Min. backen.

Grieß-Spaghetti mit Beerensauce

Schnell	●	30 Min.
Vorbereiten	●●	
Preiswert	●●	

Pro Portion ca. 850 kcal
22 g Eiweiß · 46 g Fett · 85 g Kohlenhydrate

ZUTATEN FÜR 4 PORTIONEN:
600 g TK-Beeren-Cocktail
100 g Zucker · 1/8 l Sauerkirschnektar
3/4 l Milch · 250 g Sahne
200 g Hartweizengrieß
2 EL Vanillezucker · 4 Eier
50 g Butter · 2 EL Kokosraspel

1 40 g Zucker in einem Topf bei mittlerer Hitze goldbraun schmelzen lassen. 500 g Beeren dazugeben, den Saft angießen. Die Mischung aufkochen und zugedeckt 5 Min. köcheln lassen. Die Sauce pürieren und durch ein Sieb streichen. Die restlichen Beeren hinzufügen; kalt stellen.

2 Milch und Sahne aufkochen. Den Grieß einstreuen, übrigen Zucker und Vanillezucker einrühren. Bei milder Hitze zugedeckt 5 Min. quellen lassen.

3 Grießbrei vom Herd nehmen, Eier und Butter unterrühren; 10 Min. abkühlen lassen. Den Brei durch die kalt ausgespülte Kartoffelpresse drücken. Die Grieß-Spaghetti mit Beerensauce überziehen, mit Kokosraspeln bestreuen.

 Blitzvariante: Es gibt auch Grießbrei zum Anrühren in Tütchen zu kaufen.

Obst austauschen: Statt des Beeren-Cocktails Erdbeeren, Aprikosen, Zwetschgen oder Orangen nehmen.

Bild oben:
Grieß-Spaghetti mit Beerensauce
Bild unten links: Pfannkuchen-Röllchen
Bild unten rechts:
Apfel-Milchreis-Pudding

Weihnachts-Eistorte

Schnell	●●	25 Min.
Vorbereiten	●●●	(+ 6 Std. Kühlzeit)
Preiswert	●●	

Bei 12 Stücken pro Stück ca. 280 kcal
4 g Eiweiß · 18 g Fett · 23 g Kohlenhydrate

ZUTATEN FÜR 1 STERNFORM
(Ø 26 cm):
400 g Sahne
5 frische Eigelbe
2 EL Puderzucker
75 g Zartbitter-Schokolade
50 g Vollmilch-Schokolade
2 TL Spekulatiusgewürz
200 g Mandelspekulatius
Saft von 2 Orangen
Schokoröllchen zum Verzieren

1 Die Sahne steif schlagen. Eigelbe mit dem Puderzucker im warmen Wasserbad dickschaumig rühren.

2 Die Schokoladensorten in Stücke brechen und in der warmen Eiermasse schmelzen. Das Spekulatiusgewürz untermischen. Die Eiercreme leicht abkühlen lassen und die Sahne unterrühren. Die Masse in die Form füllen. Zugedeckt ca. 2 Std. tiefkühlen.

3 Die Spekulatius in einem Gefrierbeutel fein zerbröseln. In einer Schüssel mit dem Orangensaft tränken und die Masse auf der angefrorenen Eistorte verteilen. Die Torte weitere 4 Std. tiefkühlen.

4 Die Form vor dem Servieren kurz in heißes Wasser tauchen, die Torte auf eine Platte stürzen und die Mitte mit Schokoröllchen verzieren.

❕❕ **Tip:** Wer keine Sternbackform hat, friert die Eiscreme in einer Springform ein. In der Größe dieser Form eine Sternschablone anfertigen und damit aus der geeisten Torte einen Stern ausschneiden.

Lebkuchen-Mousse

Schnell	●●	20 Min.
Vorbereiten	●●●	(+ 3 Std. Kühlzeit)
Preiswert	●●●	

Pro Portion ca. 400 kcal
7 g Eiweiß · 30 g Fett · 24 g Kohlenhydrate

ZUTATEN FÜR 4 PORTIONEN:
150 g Zartbitter-Kuvertüre
200 g Sahne
2 frische Eier · 1 EL Zucker
1 EL Lebkuchengewürz
weiße Kuvertüre zum Garnieren

1 Die Kuvertüre schmelzen. Die Sahne steif schlagen.

2 Die Eier mit dem Zucker im warmen Wasserbad dickschaumig schlagen. Das Lebkuchengewürz unterheben. Den Topf vom Herd nehmen, die Kuvertüre unterrühren und die Masse leicht abkühlen lassen.

3 Die Sahne unterheben und die Lebkuchenmousse im Kühlschrank in mindestens 3 Std. festwerden lassen.

4 Von der Mousse Nocken abstechen und auf Tellern anrichten. Etwas weiße Kuvertüre darüberraspeln.

🍲 **Beilage:** Wer mag, serviert die Lebkuchen-Mousse mit erwärmten Orangenfilets.

❕❕ **Mit Pep:** Rühren Sie etwas sehr fein geriebenen Lebkuchen unter die Mousse.

Bratäpfel

Schnell	●●	20 Min.
Vorbereiten	●●●	(+ 40 Min. Backzeit)
Preiswert	●●●	

Pro Portion ca. 150 kcal
1 g Eiweiß · 6 g Fett · 22 g Kohlenhydrate

ZUTATEN FÜR 4 PORTIONEN:
4 große aromatische Äpfel
3 EL Honig · 2 EL gehackte Mandeln
etwas Zimt
1 EL Butter (+ Butter für die Form)

1 Eine Auflaufform einfetten. Den Backofen auf 180° vorheizen. Die Äpfel waschen und das Kerngehäuse mit einem Apfelausstecher herausschneiden.

2 Den Honig in einem Topf erhitzen. Die Mandeln, etwas Zimt und die Butter unterrühren. Die Äpfel mit der Honig-Nuß-Masse füllen.

3 Die Äpfel in die Auflaufform setzen und im Ofen (Mitte, Umluft 160°) 40 Min. backen. Sofort servieren.

🍲 **Beilage:** Zu Bratäpfeln paßt eine Kugel Vanilleeis, Vanillesauce oder Schlagsahne mit etwas Vanillezucker.

🍌 **Extra gesund:** Bereiten Sie eine Füllung aus getrockneten Aprikosen, gehackten Walnüssen und etwas Sahne.

Bild: Weihnachts-Eistorte

Apfel-Mohn-Strudel

Schnell	●	30 Min.
Vorbereiten	●●	(+ 45 Min. Backzeit)
Preiswert	●●	

Pro Portion ca. 530 kcal
12 g Eiweiß · 29 g Fett · 57 g Kohlenhydrate

ZUTATEN FÜR 4 PORTIONEN:
50 g Rosinen
2 EL Orangensaft
50 g gehackte Mandeln
750 g säuerliche Äpfel (z. B. Boskop)
30 g Butter (+ Butter zum Einfetten und Bestreichen)
2 EL Zucker
1 TL Zimt
100 g Strudelteig (Kühlregal)
250 g Mohn-Backmischung
Mehl zum Bestäuben

1 Für die Füllung die Rosinen im Orangensaft einweichen. Die Mandeln rösten. Die Äpfel schälen, vierteln und in Scheibchen schneiden; in der Butter 2 Min. andünsten. Zucker und Zimt untermischen.

2 Den Backofen auf 200° vorheizen. Die Fettpfanne des Ofens buttern. Den Teig auf einem mit Mehl bestäubten Küchentuch ausbreiten, dünn mit flüssiger Butter bestreichen. Mohnmischung daraufstreichen, die Mandeln aufstreuen. Erst die Äpfel, dann die abgetropften Rosinen darauf verteilen. Den Strudel von der Längsseite her mit Hilfe des Tuchs aufrollen.

3 Den Strudel mit der Naht nach unten diagonal auf das Blech legen. Mit etwas Butter einpinseln. Im Ofen (Mitte, Umluft 180°) 45 Min. backen.

🍲 Beilage: Den Strudel mit Puderzucker bestreuen und mit Vanillesauce servieren.

🥕 Obst austauschen: Sie können statt der Äpfel auch Birnen oder Zwetschgen in den Teig einwickeln.

Aprikosen-Quark-Stollen

Schnell	●	30 Min.
Vorbereiten	●●	(+ 30 Min. Einweichzeit)
Preiswert	●●	(+ 1 Std. Backzeit)

Bei 30 Stücken pro Stück ca. 220 kcal
6 g Eiweiß · 7 g Fett · 32 g Kohlenhydrate

ZUTATEN FÜR 1 STOLLEN:
250 g getrocknete Aprikosen
7–8 EL Zitronensaft
150 g weiche Butter (+ Butter für das Blech)
200 g Zucker · 2 Eier
500 g Magerquark
125 g gehackte Mandeln
500 g Mehl (+ Mehl zum Bestäuben)
1 Päckchen Backpulver
250 g Puderzucker

1 200 g Aprikosen in Würfelchen schneiden; in 4 EL Zitronensaft 30 Min. einweichen. Den Backofen auf 175° vorheizen. Ein Backblech einfetten.

2 Butter mit Zucker und Eiern schaumig schlagen. Erst den Quark, dann Mandeln und Aprikosen unterrühren. Mehl und Backpulver vermischen, mit den übrigen Zutaten rasch verkneten.

3 Den Teig auf der bemehlten Arbeitsfläche zum Stollen formen; auf das Blech setzen. Im Ofen (Mitte, Umluft 160°) 1 Std. backen. Auskühlen lassen.

4 Für die Glasur Puderzucker mit restlichem Zitronensaft verrühren. Den Stollen damit dick bestreichen. Die übrigen Aprikosen in feine Streifen schneiden und in die Glasur drücken. Trocknen lassen.

🍌 Extra gesund: Die Hälfte des Mehls durch feines Weizen-Vollkornmehl ersetzen.

🥛 Aus dem Vorrat: Statt der Aprikosen beliebige Trockenfrüchte wie Pflaumen, Äpfel oder Birnen nehmen.

Schoko-Orangen-Napfkuchen

Schnell	●	30 Min.
Vorbereiten	●●	(+ 1 Std. Backzeit)
Preiswert	●●	

Bei 16 Stücken pro Stück ca. 490 kcal
9 g Eiweiß · 29 g Fett · 46 g Kohlenhydrate

ZUTATEN FÜR 1 GUGELHUPFFORM (Ø 22 cm):
Saft und abgeriebene Schale von 1 unbehandelten Orange
250 g weiche Butter (+ Butter für die Form)
4 Eier · 300 g Zucker
65 g Kakaopulver
350 g Mehl (+ Mehl zum Bestäuben)
1/2 Päckchen Backpulver
250 g gehackte Mandeln
300 g dunkle Kuchenglasur

1 Den Backofen auf 200° vorheizen. Den Orangensaft (ca. 1/8 l) bei starker Hitze auf 4–6 EL einkochen lassen. Die Butter mit den Eiern schaumig rühren. Zucker, Kakao, Orangenschale und -saft unterschlagen.

2 Das Mehl mit dem Backpulver mischen; mit den Mandeln nach und nach unter die Eimasse heben. Die Gugelhupfform fetten und mit Mehl bestäuben. Den Teig einfüllen. Den Kuchen im Ofen (Mitte, Umluft 180°) 1 Std. backen; in der Form 10 Min. ruhen lassen. Dann auf eine Platte stürzen und auskühlen lassen.

3 Die Glasur schmelzen und auf dem Kuchen verteilen.

‼️ Mit Pep: Eine herbe Note bekommt der Kuchen, wenn Sie den Orangensaft durch 4 EL starken, flüssigen Bohnenkaffee ersetzen.

Bild oben: Schoko-Orangen-Napfkuchen
Bild unten links:
Apfel-Mohn-Strudel
Bild unten rechts:
Aprikosen-Quark-Stollen

Kokos-Schoko-Würfel

Schnell	●	30 Min.
Vorbereiten	●	(+ 20 Min. Backzeit)
Preiswert	●●●	

Pro Stück ca. 100 kcal
1 g Eiweiß · 6 g Fett · 11 g Kohlenhydrate

ZUTATEN FÜR ca. 120 STÜCK:
600 g weiche Butter (+ Butter für das Blech)
400 g Zucker · 4 Eier
2 EL Rum · 5 EL Kakaopulver
350 g Kokosraspel · 500 g Mehl
500 g Puderzucker · 8 EL Milch

1 Den Backofen auf 180° vorheizen. 500 g Butter mit dem Zucker verrühren. Die Eier nach und nach unterschlagen, den Rum einrühren. 3 EL Kakao, 300 g Kokosraspel und das Mehl mischen und unterrühren.

2 Ein Backblech fetten, den Teig darauf verstreichen. Im heißen Ofen (Mitte, Umluft 160°) ca. 20 Min. backen.

3 Puderzucker und restlichen Kakao sieben, mit Milch und übriger Butter verrühren. Die Paste auf den warmen Kuchen streichen, mit Kokosraspeln bestreuen. Den Kuchen in Quadrate von 3 x 3 cm schneiden.

‼ <u>Besonderes:</u> Die Kokos-Schoko-Würfel können in einer festschließenden Dose 2 Wochen aufbewahrt werden; so hat man lange feine süße Häppchen für zwischendurch.

Feine Walnuß-Würfel

Schnell	●●	20 Min.
Vorbereiten	●	(+ 20 Min. Backzeit)
Preiswert	●	

Pro Stück ca. 60 kcal
1 g Eiweiß · 4 g Fett · 6 g Kohlenhydrate

ZUTATEN FÜR ca. 120 STÜCK:
250 g Butter (+ Butter für das Blech)
125 g Zucker · 1 Vanillezucker
1 Prise Salz
2–3 Tropfen Bittermandelaroma
4 Eier · 250 g Mehl
2 TL Backpulver
125 g Wal- oder Haselnüsse, gemahlen
300 g Puderzucker
2 EL Kaffeesahnelikör
250 g Walnußhälften (nach Belieben)

1 Den Ofen auf 200° vorheizen. Butter, Zucker und Gewürze verrühren, nach und nach die Eier unterschlagen. Mehl, Backpulver und gemahlene Nüsse mischen und unterrühren. Ein Blech fetten, den Teig darauf verstreichen und im Ofen (Mitte, Um-luft 180°) knapp 20 Min. backen. Erkalten lassen.

2 Puderzucker, Likör und 2 EL warmes Wasser verrühren; auf dem Gebäck verstreichen. Dieses in 3 x 3 cm große Würfel schneiden. Nach Belieben 1 Walnußhälfte auf jeden zweiten Würfel setzen. Den Guß trocknen lassen.

‼ <u>Ohne Alkohol:</u> In den Guß statt Kaffeesahnelikör 1 TL Pulverkaffee und 4 EL heißes Wasser geben.

Zarte Kokosmakronen

Schnell	●●	20 Min.
Vorbereiten	●●●	(+ 20 Min. Backzeit)
Preiswert	●●	

Pro Stück ca. 90 kcal
1 g Eiweiß · 5 g Fett · 10 g Kohlenhydrate

ZUTATEN FÜR 45 STÜCK:
400 g Marzipan-Rohmasse
250 g Puderzucker
1 Eigelb
5 Eiweiße
2 EL Zitronensaft
200 g Kokosraspel

1 Den Backofen auf 170° vorheizen. Ein Blech mit Backpapier auslegen. Marzipan-Rohmasse, Puderzucker und das Eigelb mit den Knethaken des Handrührgerätes verkneten.

2 Die Eiweiße steif schlagen. Marzipanmasse, Zitronensaft und die Kokosflocken untermengen. Den Teig mit zwei Teelöffeln etwa walnußgroß auf das Blech setzen. Die Makronen im heißen Backofen (Mitte, Umluft 150°) ca. 20 Min. backen.

🥛 <u>Aus dem Vorrat:</u> Wer keine Kokosraspel im Haus hat, bäckt Nußmakronen: Einfach die Kokosraspel durch gemahlene Wal- oder Haselnüsse ersetzen. Mit gemahlenen Mandeln gibt's Mandelmakronen und Schoko-Makronen werden es, wenn Sie zusätzlich 30 g ungesüßtes Kakaopulver unterrühren.

‼ <u>Mit Pep:</u> Füllen Sie den Teig in einen Spritzbeutel mit nicht zu kleiner Sterntülle und spritzen Sie Häufchen, Herzen, Kringel oder beliebige andere Formen auf das Backpapier. Die Plätzchen nach Lust und Laune, verzieren, z. B. mit Belegkirschen oder gehackten Nüssen.

Bild: Zarte Kokosmakronen

Lebkuchen-Kipferl

Schnell	●●	25 Min.
Vorbereiten	●●●	(+ 30 Min. Kühlzeit)
Preiswert	●●●	(+ 10 Min. Backzeit)

Pro Stück ca. 80 kcal
1 g Eiweiß · 5 g Fett · 6 g Kohlenhydrate

ZUTATEN FÜR ca. 55 STÜCK:
250 g Mehl
200 g gemahlene Mandeln
100 g weiche Butter
80 g Butterschmalz
125 g Zucker
2 Eigelbe
1–2 TL Lebkuchengewürz
etwas Zimtzucker

1 Den Backofen auf 200° vorheizen. Ein Blech mit Backpapier belegen. Mehl, Mandeln, Butter, Butterschmalz, Zucker, Eigelbe und das Lebkuchengewürz zu einem glatten Teig verkneten. 30 Min. kalt stellen.

2 Vom Teig walnußgroße Stückchen abzupfen, zwischen den Handflächen rund rollen und als Kipferl, leicht gebogen, auf ein gefettetes Backblech legen. Im Backofen (Mitte, Umluft 180°) ca. 10 Min. backen. Die Kipferl noch lauwarm in Zimtzucker wälzen.

Aus dem Vorrat: Der Teig bietet viele Variationsmöglichkeiten, von denen Sie bestimmt einige ohne vorherigen Einkauf verwirklichen können: Ersetzen Sie das Lebkuchengewürz durch 1 TL Zimt für Zimtkipferl, 1/2 Fläschchen Bittermandelaroma für Marzipankipferl, 3 EL ungezuckertes Kakaopulver für Schokokipferl. Nehmen Sie statt Mandeln Hasel- oder Walnüsse.

Mit Pep: Wälzen Sie die Plätzchen nicht in Zimtzucker, sondern tauchen Sie die Kipferl stattdessen zur Hälfte in geschmolzene Kuvertüre. Formen Sie statt Kipferln auch mal Taler, Kringel oder Brezeln.

Schnelle Florentiner

Schnell	●●	20 Min.
Vorbereiten	●●●	(+ 8 Min. Backzeit)
Preiswert	●●●	

Pro Stück ca. 100 kcal
2 g Eiweiß · 7 g Fett · 6 g Kohlenhydrate

ZUTATEN FÜR ca. 18 STÜCK:
50 g Belegkirschen
100 g gestiftelte Mandeln
50 g gehobelte Mandeln
5 EL Zucker
1 Päckchen Vanillezucker
3 EL Honig
1 EL Butter
125 g Sahne
2 EL Mehl

1 Das Blech mit Backpapier belegen. Den Ofen auf 200° vorheizen. Die Kirschen in kleine Würfel schneiden. Mit Mandelstiften und -blättchen, Zucker, Vanillezucker, Honig, Butter und Sahne in einem Topf ca. 3 Min. köcheln lassen. Das Mehl unterrühren und die Masse noch 1 Min. köcheln lassen; den Topf vom Herd nehmen.

2 Mit Hilfe von zwei Löffeln kleine Teighäufchen aufs Blech setzen. Dabei unbedingt genügend Abstand halten, denn der Teig läuft ziemlich auseinander. Die Florentiner im Ofen (Mitte, Umluft 180°) ca. 8 Min. backen.

»Obst« und Nüsse austauschen: Statt der Belegkirschen feingewürfeltes Zitronat und Orangeat unter den Teig rühren. Wer möchte, kann dann die gehobelten Mandeln durch gehobelte Haselnüsse ersetzen.

Mit Pep: Die Florentiner auf der Unterseite mit geschmolzener Vollmilch-, Zartbitter- oder weißer Kuvertüre bestreichen. Besonders schön sieht es aus, wenn man mit einer Gabel Wellenlinien durch die leicht angetrocknete Kuvertüre zieht.

Blitz-Mürbteigplätzchen

Schnell	●●	20 Min.
Vorbereiten	●	(+ 12 Min. Backzeit)
Preiswert	●●●	

Pro Stück ca. 70 kcal
1 g Eiweiß · 4 g Fett · 7 g Kohlenhydrate

ZUTATEN FÜR ca. 40 STÜCK:
250 g Mehl
200 g weiche Butter
100 g Zucker
1 Eigelb
1/2 Fläschchen Bittermandelaroma

1 Zwei Bleche mit Backpapier auslegen. Den Backofen auf 180° vorheizen. Mehl, Butter, Zucker, Eigelb und das Bittermandelaroma rasch zu einem Mürbteig kneten.

2 Vom Teig kleine Stücke abnehmen, zu Talern formen und aufs Backblech legen. Dabei genügend Abstand halten, denn der Teig läuft beim Backen auseinander.

3 Die Plätzchen im heißen Ofen (Mitte, Umluft 160°) in ca. 12 Min. goldgelb backen.

Extra gesund: Mengen Sie zusätzlich 50 g gemahlene Mandeln, Wal- oder Haselnüsse unter den Mürbteig.

Mit Pep: Variieren Sie die Mürbteigtaler nach Herzenslust: Bestreichen Sie sie mit eingefärbtem Zuckerguß (Lebensmittelfarbe, roter Saft), streuen Sie Hagelzucker, Schokoladen- oder bunte Zuckerstreusel darauf. Tauchen Sie die Plätzchen ganz oder teilweise in geschmolzene Kuvertüre oder wälzen Sie sie lauwarm in Zimtzucker.

Bild oben: Schnelle Florentiner
Bild unten links:
Lebkuchen-Kipferl
Bild unten rechts:
Blitz-Mürbteigplätzchen

Der kleine Kranke

Ihr Kind macht in seinen ersten 5–6 Lebensjahren zwischen 200 und 300 Infektionen durch. Dabei erwirbt es Antikörper gegen viele Krankheitserreger. Jede überstandene Krankheit verstärkt also seine natürlichen Abwehrkräfte. Eine angemessene Ernährung kann diesen Effekt unterstützen. Viele ganz alltägliche Krankheiten wie Durchfall, Erbrechen, ständige Verstopfung, können direkt mit Essen und Trinken zu tun haben. Jedoch auch bei Fieber, Schnupfen und Erschöpfung können Sie Ihr Kind regelrecht »aufpäppeln«. Das stärkt die Widerstandskräfte langfristiger als jede Medizin.

Liebevolle Pflege

Kranke Kinder sind besonders anlehnungsbedürftig. Es tut ihnen einfach gut, wenn nach ihren Wünschen gefragt wird, wenn sie ein Extra-Häppchen angerichtet bekommen, wenn sie gefüttert und gepäppelt werden. Das stärkt ihren Lebensmut und fördert die Genesung. Haben Sie keine Sorge, Ihr Kind jetzt zu verwöhnen. Im Gegenteil: Je liebevoller Sie sich um es kümmern, je gesünder seine Ernährung ist, desto schneller ist es wieder fit, vergnügt und selbständig.

➤ Viele Kinder mögen auch bei Fieber nicht gerne im Bett bleiben. Versuchen Sie trotzdem, die Bettruhe einzuhalten. Dabei ist es sehr wichtig, daß das Krankenlager in Ihrer Nähe und im Zentrum des Familienlebens aufgeschlagen wird. Höchstens zum Mittagsschlaf ist absolute Ruhe im eigenen Bettchen angesagt. Kurzes Lüften zwischendurch, Aufschütteln der Kissen und Entkrümeln des Lagers sorgen für Wohlgefühl. Wenn ihr krankes Kind bei Ihnen im Bett schlafen möchte, sollten Sie das erlauben – Viel Nähe tut ihm jetzt gut und schützt vor Alpträumen.

➤ Fragen Sie Ihr Kind nach seinen Essenswünschen – und kommen Sie diesen soweit wie möglich entgegen.

➤ Machen Sie ihm nur Miniportionen zurecht: Die bleiben frisch und überfordern es nicht.

➤ Ein Getränk sollte immer in Griffweite sein. Im Glas sollte es häufiger ausgetauscht werden. Günstig ist eine Trinkflasche: Der Inhalt bleibt sauber und es geht nichts daneben.

➤ Lassen Sie Ihr Kind nicht alleine essen – und füttern Sie es, wenn es mag.

➤ Riten sind gerade bei Krankheiten wichtig: Ein bestimmtes Bett-Tablett und Glas oder die Schmusedecke sind wichtige Wohlfühlfaktoren.

➤ Vorlesen und einfache Spiele tun kranken Kindern gut. Simple Geduldsspiele, Puzzle, Malen, einfache Flecht- oder Webarbeiten sind ideal. Toll, wenn zusätzlich eine Oma oder Tante zum Vorlesen vorbeikommt. Stellen Sie den Wecker für den Vorlesetermin, dann wird Ihr Kind die Wartezeit besser überstehen.

➤ Computerspiele sind problematisch: Der kleine Bildschirm strengt die Augen an, die Spiele erfordern große Konzentration. Versuchen Sie, den PC vom Krankenbett zu verbannen – auch wenn es noch so bequem ist. Wenn Ihnen das nicht gelingt, handeln Sie zumindest Spielzeiten mit Ihrem Kind aus: nicht mehr als 1–2 Stunden am Tag.

Krankheiten	Was kann ich tun?	Rezepte – z. T. aus dem Buch
Durchfall 	Bei Durchfall verliert Ihr Kind viel Wasser und Mineralstoffe. Wichtig ist, diesen Verlust mit viel Trinken auszugleichen: mit Elektrolyt-Tee aus der Apotheke, Orangentee, zur Not auch stillem Wasser. Ein Zaubermittel gegen Durchfall ist geschälter, roh geriebener Apfel. Zum Knabbern gibt's Zwieback oder Knäckebrot. Erste Aufbaukost: Hafergrütze und Möhrensuppe. Wichtig: Ihr Kind darf zuerst noch kein Fett und nichts Gebratenes essen, das belastet den Magen noch zu sehr. Milde Gerichte, die viel Flüssigkeit enthalten, sind ideal.	Orangentee: auf 250 ml schwarzen Tee 50 ml frischen Orangensaft, 1 Prise Salz und 1 TL Zucker. Hafergrütze: 1 Glas Wasser mit 1 Prise Jodsalz und 2 EL zarten Haferflocken 2 Min. kochen. Möhrensuppe: 1 Tasse Wasser mit 1 Prise Jodsalz und 1 geschälten geraspelten Möhre 10 Min. kochen, dann pürieren. Nach Besserung: Milchreis mit Früchten (S. 76) Bananen-Dickmilch (S. 127) Möhren-Spargel-Risotto (S. 54) Hühnersuppe mit Nudeln (S. 186)
Erbrechen 	Auch bei Erbrechen auf genügende Wasserzufuhr achten. Ihr Kind sollte ca 150 ml Flüssigkeit pro kg Körpergewicht in 24 Stunden aufnehmen. Stellen Sie einen Eimer neben das Bett, bleiben Sie in der Nähe und halten sie ihm den Kopf. Wenn es zunächst nichts bei sich behält, den Mund immer wieder mit Wasser ausspülen. Danach löffelweise mit Tee beginnen, auch Cola ist möglich. Halten Erbrechen und Durchfall länger als 1 Tag an, zum Arzt gehen. Bei Babys sofort den Arzt aufsuchen.	Der Flüssigkeitsverlust bei Erbrechen kann erheblich sein. Dadurch verliert der Körper auch Mineralstoffe und der Kreislauf wird schwach. Aus diesem Grund wirken Cola und Salzstangen oft stabilisierend: Das Koffein in der Cola regt den Kreislauf an, der Zucker liefert ein wenig leichtverdauliche Energie und das Salz der Salzstangen Mineralstoffe. Wichtig: Rühren Sie die Kohlensäure aus der Cola. Aufbaukost: wie beim Durchfall
Fieber	Fieber ist eine natürliche Abwehrreaktion des Körpers gegen Bakterien und Viren. Bei Fieber über 39 Grad sollten Sie mit dem Arzt sprechen. Linderung bringen Wadenwickel (S. 175). Oft haben Fieber-Kinder keinen Appetit. Geben Sie Ihrem Kind aber in jedem Fall viel Flüssigkeit, um den Verlust durch Schwitzen auszugleichen. Dem kleinen Kranken bekommem jetzt leicht verdauliche Speisen, viel frisches Obst, alles was gut rutscht.	Grüner Eistee (S. 72) Hagebuttenmix (S. 124) Cool Carotin (S. 175) Früchtespieße mit Joghurtdip (S. 24) Gemüse-Reisfleisch (S. 48) Rhabarber-Milchreis (S. 62) Zucchini-Frittata (S. 82) Johannisbeer-Quark-Schmarren (S. 112) Cremige Kürbissuppe (S. 138) 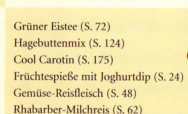
Husten und Halsweh	Mit Husten reagiert der Körper auf Reizungen im Rachen und der Atemwege. Schleim, Viren und Bakterien sollen durch Husten entfernt werden. Husten und Halsweh verderben oft den Appetit. Ihr Kind sollte aber reichlich warmen Tee und Suppe bekommen – am besten schlürfen, denn dabei wird der Atem befeuchtet. Eiscreme kühlt die entzündeten Mandeln.	Holunderlimo (S. 73) Kräuterhexe (S. 174) Gemüsesticks mit Zitronendip (S. 32) Feine Kohlrabisuppe (S. 34) Möhrenrahm-Schnitzel (S. 44) Kefirkaltschale mit Aprikosen (S. 74) Kartoffeln mit Radieschenschmand (S. 108) Kirschwaffeln mit Eis (S. 114) Bunte Puten-Peperonata (S. 154)
Erschöpfung, Rekonvaleszenz 	Kinder kommen nach schweren Krankheiten nur langsam auf die Beine. Viele haben abgenommen – und sind gewachsen. In der Erholungsphase sorgt eiweißreiche Kost für den "Wiederaufbau". Kleine aber häufige Essensportionen helfen gut bei Schwäche. Nüsse sind wahre Kraftkost.	Möhren-Mandel-Milch (S. 20) Nußmilch (S. 124) Hot Chocolate (S. 175) Saftige Erdbeer-Quarktorte (S. 64) Tortellini mit Broccolisauce (S. 104) Schokomüsli mit Bananenschaum (S. 127)

Kochen für Kindergruppen

Kochtips

Kindergartengruppen, Klassenfeste oder Pfadfinderlager: Immer wieder müssen Mütter (oder Väter) für viele Kinder kochen. Das ist kein Problem, wenn Sie dabei ein paar grundlegende Dinge beachten:

➤ Das Erhitzen von großen Mengen dauert wesentlich länger.
➤ Dünsten und Schmoren ist recht problematisch: Bis es oben heiß ist, brennt's am Boden an. Davor schützt am besten ein beschichteter Topf. In einem anderen Topf verteilen Sie zunächst auf dem Boden 2–3 Eßlöffel Öl und rühren, rühren, rühren.
➤ Bei Gerichten, die quellen müssen, hilft eine Lage Knäckebrot oder Pergamentpapier mit Öl auf dem Boden – dann aber nicht rühren: Deckel drauf und in Ruhe lassen.
➤ Wenn Sie für 10 Personen kochen wollen, benötigen Sie mindestens einen 6-Liter-Topf. Zusätzlich wäre eine große Pfanne (Ø 27 cm) mit hohem Rand toll – oder ein Wok.

Rezepte aus diesem Buch, die für viele Esser gut geeignet sind:

SALATE UND KLEINE GERICHTE
Frühlingsfrischer Obatzter S. 32
Gemüsesticks mit Zitronendip S. 32
Gratiniertes Linsenbrot S. 182
Rosa Hörnchennudelsalat S. 80

SUPPEN UND EINTÖPFE
Kartoffelcremesuppe S. 86
Kartoffeleintopf mit Würstchen S. 140
Kohlrabi-Spitzkohl-Eintopf S. 36
Tomatensuppe mit Mais und Erdnüssen S. 138

HAUPTGERICHTE
Farfalle mit Thunfischsauce S. 102
Hackfleisch-Gemüse-Pie S. 152
Mittelmeer-Hackbraten S. 96
Möhrenbulgur mit Joghurt S. 106
Nudelblech S. 158
Pellkartoffeln mit buntem Quark S. 56
Pikanter Tomatenreis S. 208

SÜSSE HAUPTGERICHTE
Apfel-Milchreis-Pudding S. 212
Aprikosen-Clafoutis S. 112
Kaiserschmarren mit Apfelmus S. 62

Das hilft Ihnen, die richtigen Mengenverhältnisse zu finden.

Mengen gelten für 1 Erwachsenen. Für Kindergartenkinder die Portionen dritteln, für Grundschulkinder halbieren. Teenager können bis zur 1,5-fachen Menge verdrücken.

Sättigender Eintopf: 400 ml
Salat zum Sattessen: 300 g

Fleisch/Fisch:
100–200 g (je nach Beilage)
Fleisch/Fisch in Ragouts etc.:
50–80 g

Gemüse roh (für Dips etc.): 100 g
Gemüse als Beilage: 200 g

Gemüse als Hauptgericht:
300–400 g

Kartoffeln als Beilage:
150–200 g
Kartoffeln als Hauptgang:
300–400 g

Reis/Nudeln als Beilage:
roh gewogen 50–80 g
Reis/Nudeln zum Sattessen:
roh gewogen 100–120 g

(Nudeln nie für mehr als 20 Kinder auf einmal kochen – sie kleben sonst zusammen.)

Kartoffelpüree:
1 Beutel für 3 Portionen
Couscous: ungegart 1/2 Tasse

Brot/Brötchen als Beilage:
1–2 Scheiben/Brötchen
Brot/Brötchen zum Sattessen:
2–3 Scheiben/Brötchen

Käse- & Wurstaufschnitt zum
Sattessen: 80–100 g
Dessert: 150–200 g
Süßes zum Sattessen: 300–350 g

Obst: 80–100 g

Kindergeburtstag

Feste feiern für und mit Kindern

Das Feiern soll nicht nur dem Geburtstagskind, sondern auch der Familie Freude machen. Versuchen Sie nicht, andere Eltern in »events« zu übertreffen. Und sehen Sie es nicht als Ihre Aufgabe an, Ihre kleinen Gäste nonstop zu amüsieren. Sie liefern den Rahmen, was Essen, Trinken und natürlich auch was Spielideen angeht. Aber jedes Kind muß mitmachen, wenn das Fest ein Erfolg werden soll.

Picknick oder Kuchentafel?

Mit anderen Kinder spielen und feiern, das kann ein Kind im Kindergartenalter. Kleinere Kinder haben mehr davon, wenn sie allein im Mittelpunkt stehen. Zwischen dem erstem und dritten Geburtstag sind Großeltern oder Paten oder eine Freundin mit Kind(ern) als Gäste ideal – aber nicht alle auf einmal. Im Kindergarten wird der Kreis dann größer – aber das Sitzfleisch fehlt. Decken Sie ein kleines Buffet, begrenzen Sie die Zahl der Kinder auf die Anzahl der Lebensjahre und feiern sie höchstens 2–3 Stunden. Grundschulkinder dagegen finden oft Gefallen an einer richtigen Geburtstagstafel mit Kerzen, Dekoration und süßen Köstlichkeiten. Die Feste dehnen sich auf 4–5 Stunden aus und enden oft mit einem salzigen Imbiß. In der Sturm- und Drangzeit zwischen 8 und 12 Jahren, ist es eine gute Idee, einen Teil der Feier ins Schwimmbad, auf den Abenteuerspielplatz oder die grüne Wiese zu verlegen. Ab 12 Jahren mögen Mädchen einen regelrechten Kaffeeklatsch – und die ersten Parties werden gefeiert. Spätestens dann sollten Sie das Geburtstagskind in die Planung und die Vorarbeiten einbeziehen!

Tips für ein gelungenes Fest

➤ Knabberzeug wie Chips und Co. sollten Sie streichen: Sie finden die Krümel später in jedem Winkel, die Kinder spielen mehr damit als daß sie essen, und außerdem macht Salziges sehr durstig.

➤ Zuviel Cola macht die Rasselbande noch aufgedrehter – Limo oder Saftschorle tun es auch. Oder ein selbstgemachtes Getränk von unserer Liste.

➤ Essen macht mehr Spaß, wenn die Kinder selber aktiv werden können – wie bei Hamburger oder Gyros auf Seite 232.

➤ Überfordern Sie sich nicht: Lieber eine tolle Torte und am Abend Laugenbrötchen und Wienerle als ein großes Büffet und eine entnervte Mutter.

➤ Machen Sie eine Spiel-Checkliste und suchen Sie das Zubehör vorher zusammen – dann haben Sie immer etwas in petto.

➤ Lassen Sie den Kindern zwischendurch Raum fürs "Freispiel", aber strukturieren Sie den Nachmittag: Ein Kernstück wie Schatzsuche, Schnitzeljagd, Bastelidee oder eine Vorführung bilden einen Höhepunkt. Darum gruppiert sich das Essen und in sich abgeschlossene kleine Spiele.

Viele unserer Rezepte sind ideal für den Kindergeburtstag
(4 Personen entspricht etwa 5–6 Kindern):

GETRÄNKE
- Eis-Shakes S. 73
- Erdbeerbowle S. 21
- Melonengranité S. 73

SÜSSES
- Bananen-Dickmilch S. 127
- Feine Erdbeer-Muffins S. 68
- Früchtespieße mit Joghurtdip S. 24
- Kirschwaffeln mit Eis S. 114
- Milchreis mit Früchten S. 76
- Rhabarber-Erdbeer-Grütze S. 64
- (dazu die Vanillesauce von S. 116)
- Schoko-Erdbeer-Brötchen S. 22
- Schoko-Orangen-Napfkuchen S. 216
- Zimt-Apfelstreusel S. 170

HERZHAFTES
- Bunter-Gemüsekuchen S. 38
- (Kann man auch wie eine Pizza auf einem Blech machen)
- Buntes Familienfondue S. 198
- Frikadellen S. 46
- (mit oder ohne Thymiankartoffeln)
- Fritierte Kartoffelspalten S. 84
- Hamburger hausgemacht S. 30
- Hot Dog mit Zwiebelbaguette S. 128
- Hühnersuppe mit Nudeln S. 186
- Kleine Brotpizzen S. 82
- Schinken-Käse-Croissants S. 177
- Schneller Kartoffelsalat S. 80

Piratenschiff-Kuchen

Schnell	●	15 Min.
Vorbereiten	●●●	+ 25 Min. Dekorieren
Preiswert	●●	(+ 50 Min. Backzeit)

Bei 16 Stücken pro Stück ca. 310 kcal
5 g Eiweiß · 17 g Fett · 35 g Kohlenhydrate

**ZUTATEN FÜR 1 SCHOKOKUCHEN
(FÜR 1 KASTENFORM VON
30 cm LÄNGE):**
230 g Butter (+ Butter für die Form)
200 g Zucker
1 Päckchen Vanillezucker
4 Eier · 100 g Speisestärke
2 gestrichener TL Backpulver
200 g Mehl · 4–5 EL Milch
100 g Schokolade, grob gerieben
Für Glasur und Piraten-Dekoration:
Zahnstocher
1 Päckchen Schokoladenglasur
Smarties · Gummibärchen
1 chinesisches Eßstäbchen
1 Blatt rotes Tonpapier, DIN A5
bunte Papierschnipsel · Wollfaden

1 Den Backofen auf 190° vorheizen. Butter mit Zucker und Vanillezucker schaumig rühren. Die Eier unterrühren.

2 Stärke, Backpulver und Mehl mischen und untermengen, zuletzt Milch und Schokolade unterrühren. Den Teig in die gefettete Form streichen, im heißen Backofen (Mitte, Umluft 170°) 50 Min. backen. Etwas abkühlen lassen, dann aus der Form lösen.

3 Den Kuchen umdrehen, eventuell plan schneiden und mit Schokoglasur überziehen. Etwas Glasur als »Kleber« übriglassen. Zahnstocher als Ruder in den Kuchen bohren. Smarties als Bullaugen festkleben. Gummibärchen sind die Matrosen.

4 Aus dem Tonpapier Segel zuschneiden, das Eßstäbchen durchstecken. Aus Papierschnipseln Wimpel schneiden; am Faden festkleben, zwischen Mastende und Bug oder Heck spannen.

Tips für Pirateneltern:

‼ Servieren Sie dazu blutrote Piratenbowle mit Kanonenkugeln: Kalten roten Früchtetee mit rotem Traubensaft 2:1 und einem guten Schuß Mineralwasser aufgießen. Das Fruchtfleisch von 1 Honigmelone mit dem Kugelausstecher ausstechen, im Gefrierfach kurz anfrieren lassen; in der Bowle servieren.

‼ Höhepunkt des Fests ist eine Schatzsuche. Als Schatzkiste, die vorher versteckt werden muß, dient ein mit Alufolie beklebter Schuhkarton. Schätze können Süßigkeiten sein, aber auch kleine Säckchen mit Murmeln und schönen Steinen oder Goldstift und Malpaier für jedes Kind.

‼ Schneller fertigen Sie Ananasschiffchen: 1 Ananas längs vierteln. Das Fruchtfleisch von der Schale lösen, quer in Scheiben schneiden, in der Schale anrichten, mit Totenkopf-Segeln auftakeln.

Feenschloß-Kuchen

Schnell	●	15 Min.
Vorbereiten	●●●	+ 35 Min. Dekorieren
Preiswert	●●	(+ 50 Min. Backzeit)

Bei 16 Stücken pro Stück ca. 330 kcal
5 g Eiweiß · 13 g Fett · 50 g Kohlenhydrate

**ZUTATEN FÜR 1 ZITRONENKUCHEN
(FÜR 1 RUNDE FORM; Ø 18 cm):**
200 g Butter (+ Butter für die Form)
abgeriebene Schale und Saft von
1 unbehandelten Zitrone
180 g Zucker · 4 Eier
285 g Mehl · 100 g Speisestärke
2 TL Backpulver
Für Glasur und Dekoration:
1 Eiweiß · 250 g Puderzucker
1 Päckchen Eiswaffeln · 6–8 Eistüten
2–4 große Gummibärchen
Lebensmittelfarbe (blau, rosa)
bunte Streusel, Zuckergußblüten
und -herzchen oder Silberkügelchen

1 Den Backofen auf 200° vorheizen. Weiche Butter mit Zitronenschale und Zucker schaumig rühren. 1 EL Zitronensaft und die Eier nach und nach unterrühren. Mehl, Stärke und Backpulver mischen und untermengen.

2 Den Teig in der gefetteten Form glattstreichen und im Ofen 50–60 Min. (Mitte, Umluft 180°) backen. Etwas abkühlen lassen, dann aus der Form lösen.

3 Für die Glasur Eiweiß mit Puderzucker steif schlagen, falls die Masse zu zäh ist, etwas Zitronensaft unterrühren. 2 EL abnehmen und mit blauer oder rosa Lebensmittelfarbe einfärben; in ein Plastiktütchen füllen. 2 EL weißen Zuckerguß in ein zweites Tütchen füllen.

4 Von den Plastiktütchen die Spitzen abschneiden und die Eistütentürme mit Zuckerguß dekorieren; Streusel, Blümchen oder Silberkügelchen aufstreuen, trocknen lassen. Aus den Eiswaffeln Fenster und Tor zuschneiden, für die Zinnen Waffeln durchschneiden. Kuchen mit Zuckerguß bestreichen. Türme und dazwischen die Zinnen festkleben. Gummibärchenfeen oder -zauberern Eistütenspitzen aufsetzen.

Tips für Eltern von kleinen Feen und Zauberern:

‼ Dazu gibt's einen goldenen Zaubertrank: Roiboostee kochen, mit Honig süßen und erkalten lassen. Im Verhältnis 1:1 mit Apfelsaft mischen.

‼ Stellen Sie für die Feen und Zauberer eine Verkleidekiste bereit, z. B. mit Taftresten, die als Umhang dienen. Entweder vorher oder gemeinsam mit den Kindern Zauberer- und Feenhüte basteln: Große Tonpapierbögen tütenförmig aufrollen und zusammentackern. An die Feenhüte Schleier aus Tüllresten kleben.

Nussige Bananenmuffins

Schnell	●●	20 Min.
Vorbereiten	●●●	(+ 25 Min. Backzeit)
Preiswert	●●	

Pro Stück ca. 90 kcal
5 g Eiweiß · 18 g Fett · 27 g Kohlenhydrate

ZUTATEN FÜR 12 MUFFINS:
3 reife Bananen
150 g weiche Butter
120 g Zucker
4 Eier
100 g gemahlene Haselnüsse
150 g Mehl
50 g Speisestärke
1/2 Päckchen Backpulver
Außerdem:
1 Muffinblech mit 12 Mulden
und/oder Papierbackförmchen

1 Ein Muffinblech mit Papierbackförmchen auslegen oder einfach zwei Papierbackförmchen ineinander stecken. Den Backofen auf 180° vorheizen.

2 Bananen zerdrücken. Butter mit Zucker und Eiern schaumig rühren. Bananen und Nüsse untermischen. Dann Mehl, Stärke und Backpulver kurz unterrühren.

3 Den Teig in die Förmchen füllen und im heißen Backofen (Mitte, Umluft 160°) ca. 25 Min. backen.

Resteküche: Muffins können Sie hervorragend einfrieren. Verzieren sollten Sie sie aber am besten erst nach dem Auftauen.

Mit Pep: Muffins lassen sich endlos verzieren: Sie können Sie z. B. mit Schoko- oder Zuckerguß überziehen, mit Zuckerschrift Gesichter, Blümchen oder Namen darauf malen, mit etwas flüssiger Schokolade oder Zuckerguß Schokolinsen, Zuckerblümchen, Zuckerperlen oder Marzipanfiguren daraufkleben, und und und …

Obstpizza mit Hüttenkäsestreuseln

Schnell	●	60 Min.
Vorbereiten	●●	(+ 35 Min. Backzeit)
Preiswert	●●	

Bei 16 Stücken pro Stück ca. 450 kcal
8 g Eiweiß · 22 g Fett · 54 g Kohlenhydrate

ZUTATEN FÜR 1 BACKBLECH:
1 Packung Backmischung für Hefeteig (375 g)
150 ml lauwarme Milch
1 Ei · 1 Eigelb
150 g Butter (+ Butter für das Blech)
1,2 kg gemischtes Obst (z. B. Äpfel, Birnen, Nektarinen, Weintrauben, Brombeeren, Zwetschgen)
2 EL Zitronensaft
300 g Crème fraîche
120 g feingemahlene Walnüsse (oder Haselnüsse)
200 g Mehl (+ Mehl zum Ausrollen)
300 g Zucker
200 g körniger Frischkäse

1 Den Hefeteig nach Packungsangabe mit der beigefügten Hefe, der Milch, 1 Ei und 50 g Butter zubereiten und abgedeckt an einem warmen Ort 30 Min. gehen lassen.

2 Obst putzen oder schälen. Äpfel, Birnen, Nektarinen und Zwetschgen in dünne Scheiben schneiden, die Trauben halbieren und eventuell entkernen. Früchte mit Zitronensaft beträufeln. Crème fraîche und Nüsse verrühren.

3 Mehl mit 200 g Zucker mischen. Eigelb, Frischkäse und die restliche Butter in Flöckchen darüber verteilen. Alles mit den Fingern rasch zu Bröseln kneten.

4 Den Ofen auf 175° vorheizen. Ein Blech einfetten. Den Teig auf der bemehlten Arbeitsfläche ausrollen und das Blech damit auskleiden. Mit der Nußcreme bestreichen, mit Früchten belegen und mit dem übrigen Zucker bestreuen. Die Streusel obenauf verteilen und den Kuchen 35 Min. (Mitte, Umluft 160°) backen.

Geburtstags-Schokoladentorte

Schnell	●	30 Min.
Vorbereiten	●●●	(+ 30 Min. Backzeit)
Preiswert	●●	(+ 2 Std. Kühlzeit)

Bei 12 Stücken pro Stück ca. 490 kcal
9 g Eiweiß · 17 g Fett · 52 g Kohlenhydrate

ZUTATEN FÜR 1 SPRINGFORM
(Ø 26 cm):
150 g Sahne
150 g Vollmilch-Schokolade
150 g Zartbitter-Schokolade
6 Eier, getrennt · 180 g Zucker
75 g weiche Butter (+ Butter für die Form)
150 g Mehl · 300 g weiße Kuvertüre
Marzipanfiguren, Zuckerschrift, Schokodrops und/oder Geburtstagskerzen zum Garnieren

1 Die Vollmilch-Schokolade in der Sahne schmelzen. Mindestens 2 Std. kühl stellen. Den Boden der Form einfetten. Den Backofen auf 180° vorheizen.

2 Die Zartbitter-Schokolade schmelzen. Eigelbe mit Zucker und Butter dickschaumig schlagen. Schokolade unterrühren und das Mehl kurz unterheben. Eiweiß steif schlagen und unterheben. Teig in die Form füllen und im Ofen (Mitte, Umluft 160°) ca. 30 Min. backen.

3 Den abgekühlten Kuchen quer durchschneiden. Schokoladensahne mit den Schneebesen des Handrührgerätes dickcremig aufschlagen und den Kuchen damit füllen.

4 Kuvertüre schmelzen und den Kuchen damit überziehen. Trocknen lassen. Den Kuchen mit Figuren, Schrift, Drops und/oder Geburtstagskerzen verzieren.

Bild oben:
Geburtstags-Schokoladentorte
Bild unten links:
Nussige Bananenmuffins
Bild unten rechts:
Obstpizza mit Hüttenkäsestreuseln

KINDERGEBURTSTAG

Gyros-Buffet

Schnell	●●	25 Min.
Vorbereiten	●●	
Preiswert	●●	

Pro Stück ca. 570 kcal
26 g Eiweiß · 23 g Fett · 48 g Kohlenhydrate

ZUTATEN FÜR 6 PITABROTE MIT GYROS:
1/2 Salatgurke · Salz
300 g Sahnejoghurt
2 Knoblauchzehen · 1 EL Zitronensaft
Pfeffer · 2 EL Olivenöl
etwas gemahlener Koriander
je 1 TL getrockneter Thymian und Rosmarin
600 g Lammfleisch aus der Keule (vom Metzger schnetzeln lassen)
oder 600 g Schweinegeschnetzeltes
2 Fleischtomaten · 1 Gemüsezwiebel
einige mild eingelegte Peperoni
50 g schwarze Oliven ohne Stein
6 Pitabrottaschen (Backregal)

1 Die Gurke schälen, entkernen und kleinraspeln. Mit Salz bestreut 10 Min. Wasser ziehen lassen. Den Joghurt mit 1 gepreßten Knoblauchzehe und Zitronensaft glattrühren. Gurkenraspel ausdrücken, unterrühren. Tsatziki mit Salz und Pfeffer abschmecken.

2 Öl mit der übrigen gepreßten Knoblauchzehe, Salz, Pfeffer, Koriander und Kräutern verrühren. Das Fleisch damit marinieren. Tomaten in Schnitze, die Zwiebel in feine Ringe schneiden. Mit den Peperoni und den Oliven in Schälchen anrichten. Den Ofen auf 200° (Umluft 180°) vorheizen.

3 Die Brote aufbacken. Das marinierte Fleisch in einer beschichteten Pfanne scharf anbraten, evtl. nachwürzen und ebenfalls bereitstellen. Die Kinder können sich nun die Brottaschen nach Lust und Appetit füllen.

Blitzvariante: Nehmen Sie fertiges Tzatziki und bereits gewürztes Geschnetzeltes.

Hamburger-Buffet

Schnell	●	30 Min.
Vorbereiten	●●●	
Preiswert	●●	

Pro Stück ca. 500 kcal
31 g Eiweiß · 21 g Fett · 47 g Kohlenhydrate

ZUTATEN FÜR 6 BURGER:
1 kleiner Eisbergsalat · 2–3 Tomaten
1 große Gewürzgurke
2 Frühlingszwiebeln, fein gehackt
6 kleine Scheiben Gouda oder
6 Schmelzkäsescheiben
Ketchup · Senf
Mayonnaise (oder Remouladensauce)
6 Hamburgerbrötchen (Backregal)
500 g Rinderhackfleisch
Öl für den Rost

1 Salat in feine Streifen, Tomaten in dünne Scheiben, Gewürzgurke in feine Rädchen schneiden. Alles, auch Frühlingszwiebeln und Käse, getrennt auf Tellern anrichten. Ketchup, Senf und Mayonnaise in kleine Schälchen geben. Teelöffel dazulegen.

2 Hamburgerbrötchen in der Mitte aufschneiden und auf dem Toaster ganz kurz aufbacken.

3 Inzwischen den Backofengrill vorheizen. Das Hackfleisch in 6 Portionen teilen. Jede Portion zu einer sehr dünnen runden Scheibe flachdrücken, auf den eingeölten Rost legen und in den Ofen schieben. Die Saftpfanne unterschieben. Die Hamburger von jeder Seite 4 Min. grillen, salzen, pfeffern und auf einer angewärmten Platte mit aufs Buffet stellen.

4 Die Kinder füllen sich in die Brötchen, was sie mögen, würzen mit Mayonnaise und Ketchup ganz nach Gusto.

Besonderes: Kommen Kinder, die kein Fleisch essen? Sie können für diese in der Pfanne TK-Gemüsebratlinge zubereiten.

Hot-Dogs

Schnell	●●●	15 Min.
Vorbereiten	●●●	
Preiswert	●●●	

Pro Stück ca. 410 kcal
16 g Eiweiß · 21 g Fett · 39 g Kohlenhydrate

ZUTATEN FÜR 6 HOT-DOGS:
6 Bockwürstchen
6 Hot-Dog-Brötchen
oder 1 Baguette
1 große Gewürzgurke
Senf · Ketchup
Remouladensauce
4–6 EL Röstzwiebeln (Fertigprodukt)

1 Den Ofen auf 200° vorheizen. Würstchen in heißem Wasser erwärmen, Hot-Dog-Brötchen längs aufschneiden, aber nicht ganz durchschneiden und aufgeklappt im heißen Ofen (Mitte, Umluft 180°) in 4 Min. aufbacken. Die Gewürzgurke in feine Streifen schneiden.

2 Die Brötchen aufklappen, die Würstchen drauflegen, nach Wunsch mit Senf, Ketchup und Remouladensauce bestreichen und mit Gurkenstreifen und Röstzwiebeln bestreuen. Brötchen zuklappen, in eine Serviette wickeln und dem Kind in die Hand drücken.

Beilage: Stellen Sie Gurken und Möhrensticks zum Dazuknabbern parat; und vielleicht auch noch ein Schälchen mit Cocktailtomaten.

Extra gesund: Nehmen Sie Kornspitz statt der Hot-Dog-Brötchen, gewürzte Salatgurkenscheiben und die Joghurtremoulade von den Fischstäbchen auf Seite 202. Die Röstzwiebeln nach Belieben durch Schnittlauchröllchen ersetzen.

Bild oben: Gyros
Bild unten links: Hot-Dogs
Bild unten rechts: Hamburger

Rezeptregister von A – Z

A
Ahornsirup: Pancakes mit
  Ahornsirup 126
Ananas
  Ananas-Salat mit Kokosraspeln 64
  Flugente mit süßer
    Rotkohlfüllung 192
  Geflügel-Ananas-Salat 132
  Mildes Kokos-Fischcurry 196
  Orientalische Lammpfanne 200
Äpfel
  Apfelcarpaccio mit Meerrettich-
    dressing 130
  Apfel-Milchreis-Pudding 212
  Apfel-Mohn-Strudel 216
  Apfeltee 124
  Apfel-Walnuß-Brot 168
  Apfel-Zwieback-Auflauf 164
  Bratäpfel 214
  Gefüllte Gans mit Beifuß-
    Äpfeln 192
  Kartoffel-Apfel-Gratin 160
  Kotelett mit Apfel-Lauch-
    Gemüse 146
  Möhren-Apfel-Salat 180
  Putenkeulen mit Apfel-Wirsing 194
  Traubensalat mit Apfel-
    Zabaione 166
  Zimt-Apfelstreusel 170
Apfelmus
  Kaiserschmarren mit Apfelmus 62
  Pfannkuchen-Röllchen 212
Apfelsaft: Kiwi Sauer 174
Aprikosen
  Aprikosen-Clafoutis 112
  Aprikosen-Mandel-Tarte 120
  Aprikosen-Quark-Stollen 216
  Hähnchenbrust mit Aprikosen-
    füllung 94
  Kefirkaltschale mit Aprikosen 74
  Kullerapriksose 72
  Schweinefilet mit Aprikosen 200
  Walnuß-Aprikosen-Cookies 178
Arme Toast-Ritter 176
Artischocken: Gemüseplatte mit
  leichter Aioli 90
Asiatische Saté-Spießchen 84
Auberginen
  Auberginen mit Kartoffelcreme 134
  Französischer Gemüseeintopf 88
  Gefüllte Zucchini mit
    Ratatouille 142
Ausgebackener Kohlrabi mit Dip 60
Avocado
  Avocado mit Krabbensalat 184
  Avocadosalat mit Tomaten-
    vinaigrette 132
  Wurzelchips mit Avocadodip 30

B
Baguette mit Schnittlauchbutter 77
Banane
  Bananen-Dickmilch 127
  Nussige Bananenmuffins 230
  Rhabarber-Bananen-Konfitüre 22
  Schokomüsli mit Bananen-
    schaum 126
Bandnudeln mit Pilzragout 156
Bärlauch: Bärige Schmortomaten 110
Beeren
  Beeren aus dem Eis 175
  Beerengrütze mit Vanillesahne 116
  Beerenmilch 72
  Beerenmüsli mit Crunchies 74
  Beerenmüsli mit Crunchies 74
  Grieß-Spaghetti mit
    Beerensauce 212
Birnen
  Birnensülzchen mit Orangen-
    sauce 166
  Fenchel-Birnen-Salat 132
  Lamm mit Birnen-Kartoffel-
    Gratin 146
  Quarkauflauf mit Birnen 164
  Roquefort-Toast mit Birne 129
  Roter Birnen-Mohn-Kuchen 170
Blitzminestrone mit Klößchen 86
Blitz-Mürbteigplätzchen 220
Blumenkohl
  Blumenkohl mit Erdnuß-Butter 110
  Herzhafte Winter-Wähe 190
Bohnenkerne
  Blitzminestrone mit Klößchen 86
  Kohlrabi-Spitzkohl-Eintopf 36
  Schweinekotelett mit Bohnen 98
Bohnen-Lamm-Eintopf 140
Bratäpfel 214
Bratkartoffeln mit Petersilien-
  schmand 58
Bratmöhren mit Dickmilchdip 90
Brie
  Chicorée-Käse-Schiffchen 180
  Käse-Sesam-Bauernbrot 23
Broccoli
  Putensalat mit Broccoli 78
  Rindfleisch-Gemüse-Pfanne 150
  Südländischer Fischeintopf 88
  Tortellini mit Broccolisauce 104
Brombeer-Törtchen 118
Brot mit Tomaten-Kräuter-Rührei 25
Bulgur
  Möhrenbulgur mit Joghurt 106
  Petersilien-Bulgur-Salat 80
Bunte Paprika-Spaghetti 156
Bunte Puten-Peperonata 154
Bunte Sommerspießchen 96
Bunter Gemüsekuchen 38
Buntes Familienfondue 198
Buttermilch
  Kullerapriksose 72
  Sauerampfer-Flip 20

C
Camembert
  Frühlingsfrischer Obatzter 32
  Gefüllte fritierte Spitzpaprika 136
  Kartoffel-Apfel-Gratin 160
Champignons
  Champignons mit Polenta-
    füllung 142
  Champignontarte mit
    Emmentaler 162
  Gebratene Gabelspaghetti 54
  Gemüse mit Basilikumdressing 28
  Gratinierte Wirsingspalten 142
  Kabeljauragout mit
    Champignons 50
  Kartoffelpizza mit Lauch und
    Pilzen 190
  Kleine Brotpizzen 82
  Pilztoast mit Walnüssen 136
  Semmelknödel mit Sahne-
    gemüse 160
Chicorée
  Avocado mit Krabbensalat 184
  Chicorée-Käse-Schiffchen 180
Chinesischer Blätterteig 178
Cool Carotin 175
Couscous
  Couscous-Pfanne 158
  Gemüse-Couscous mit
    Entenbrust 192
Cremige Kürbissuppe 138

D
Datteln
  Hot Chocolate 175
  Orangenschaum 21
Dickmilch
  Bananen-Dickmilch 127
  Bratmöhren mit Dickmilchdip 90
  Mango-Müsli mit Kokosraspeln 22

E
Egerlinge: Bunter Gemüsekuchen 38
Eier
  Arme Toast-Ritter 176
  Brot mit Tomaten-Kräuter-
    Rührei 25
  Ei-Toast mit Kerbelcreme 23
  Erbsen-Schinken-Rührei 127
  Knusperwürfel mit Spinat
    und Ei 208
  Kräuter-Spiegelei mit Bacon 23
  Möhren-Kerbel-Omelett 32
  Spinat-Tortilla-Würfel 178
  Strammer Otto mit Kresse 134
  Tomatenomelett mit Rucola 76
  Zucchini-Frittata 82
Eis
  Eis-Shakes 73
  Kirschwaffeln mit Eis 114
  Klassischer Pfirsich Melba 114
Eisbergsalat: Geflügel-Ananas-
  Salat 132
Emmentaler
  Champignontarte mit
    Emmentaler 162
  Gratiniertes Kabeljaufilet 202
  Grüner Spargel in Blätterteig 24
  Kartoffel-Gemüse-Torte 208
  Käse-Baguettebrötchen 75
  Kohlrabi-Hackfleisch-Gratin 46
  Kohlrabi-Spitzkohl-Eintopf 36
  Würstchen im Schlafrock 179
Ente
  Flugente mit süßer
    Rotkohlfüllung 192
  Gemüse-Couscous mit
    Entenbrust 192
Erbsen
  Erbsen-Schinken-Rührei 127
  Gebratener Gemüsereis 98
  Gemüse-Reisfleisch 48
  Klare Gemüsesuppe mit Nocken 34
  Rosa Hörnchennudelsalat 80
Erbeeren
  Ananas-Salat mit Kokosraspeln 64
  Erdbeerbowle 21
  Erdbeer-Quark-Torte 68
  Feine Erdbeermuffins 68
  Orangenschaum 21
  Rhabarber-Erdbeer-Grütze 64
  Rhabarber-Erdbeer-Kuchen 66
  Saftige Erdbeer-Charlotte 64
  Schoko-Erdbeer-Brötchen 22
Erdnüsse
  Asiatische Saté-Spießchen 84
  Blumenkohl mit Erdnuß-Butter 110
  Tomatensaft: Tomatensuppe mit
    Mais und Erdnüssen 138
Eßkastanien: Schinkenbraten mit
  Kastanien 198

F
Farfalle mit Thunfischsauce 102
Feenschloß-Kuchen 228
Feine Erdbeermuffins 68
Feine Kohlrabisuppe 34
Feine Nußwürfel mit Guß 218
Feiner Frühlings-Fischtopf 50
Feldsalat
  Feldsalat mit roter Bete 180
  Feldsalat mit Weintrauben 130
  Fenchel-Birnen-Salat 132
  Thunfisch-Sandwich Downunder 25
Fenchel
  Fenchel-Birnen-Salat 132
  Kalbsgeschnetzeltes mit Fenchel 144
  Überbackener Tomaten-Fenchel 38
Fisch
  Feiner Frühlings-Fischtopf 50
  Fischfilet auf Mangoldbett 100
  Fischstäbchen mit
    Joghurtremoulade 202
  Fischstäbchen-Spieße
    mit Tzatziki 102
  Mildes Kokos-Fischcurry 196
  Südländischer Fischeintopf 88
  Tomaten-Fisch aus dem Ofen 100
Flugente mit süßer
  Rotkohlfüllung 192
Forelle
  Forelle in Pergament 52
  Toastecken mit Forellendip 184
Französischer Gemüseeintopf 88
Frikadellen mit Thymiankartoffeln 46
Frischkäse
  Brombeer-Törtchen 118
  Ei-Toast mit Kerbelcreme 23
  Früchte-Obatzter mit Frischkäse 74
  Frühlingsfrischer Obatzter 32
  Gestreifte Hochstapler 179
  Herzhafte Winter-Wähe 190
  Kalte Traubentorte 168
  Obstpizza mit
    Hüttenkäsestreuseln 230
  Räucherlachs-Brötchen 177
  Steaks mit Spinat-
    Kartoffel-Gratin 148
Friséesalat mit Nüssen 130
Fritierte Kartoffelspalten 84
Früchte
  Früchte-Obatzter mit Frischkäse 74
  Früchtespieße mit Joghurtdip 24
  Fruchtiges Wintermüsli 176
Frühlingsfrischer Obatzter 32
Frühlingsgemüse-Eintopf 36
Frühlingskräuter-Süppchen 34
Frühlingssalat mit Hähnchenfilet 26
Frühlings-Tacos mit Hähnchen 24

G
Gans: Gefüllte Gans mit
  Beifuß-Äpfeln 192
Garnelen
  Rohkost-Risotto mit Garnelen 108

Spargel-Garnelen-Pfanne 60
Gebratene Gabelspaghetti 54
Gebratener Gemüsereis 98
Geburtstags-Schokoladentorte 230
Geflügel-Ananas-Salat 132
Gefüllte fritierte Spitzpaprika 136
Gefüllte Gans mit Beifuß-Äpfeln 192
Gefüllte Hähnchenbrust 40
Gefüllte Zucchini mit Ratatouille 142
Gefüllter Quark-Osterkranz 66
Gefülltes Pitabrot mit Thunfisch 77
Gegrillte Cevapcici 98
Gemüse mit Basilikumdressing 28
Gemüse-Couscous mit Entenbrust 192
Gemüse-Kräuter-Kaninchen 92
Gemüseplatte mit leichter Aioli 90
Gemüse-Reisfleisch 48
Gemüsesticks mit Zitronendip 32
Geschnetzeltes mit Möhren-Weißkohl 150
Geschnetzeltes mit Rahmpilzen 44
Gestreifte Hochstapler 179
Gnocchi: Gorgonzola-Gnocchi mit Rucola 106
Gorgonzola
   Fenchel-Birnen-Salat 132
   Gorgonzola-Gnocchi mit Rucola 106
   Kalbsfilet mit Gorgonzolasahne 194
   Lamm mit Birnen-Kartoffel-Gratin 146
Gouda
   Käsefrikadellen vom Blech 200
   Mangoldquiche mit Schinken 42
   Polenta mit Frühlingsgemüse 38
Gratinierte Nektarinen 116
Gratinierte Wirsingspalten 142
Gratiniertes Kabeljaufilet 202
Gratiniertes Linsenbrot 182
Greyerzer: Kartoffel-Croque mit Greyerzer 134
Griechische Hackbällchen 84
Griechische Hackfleischpizza 110
Grieß-Spaghetti mit Beerensauce 212
Grüne Bohnen
   Bohnen-Lamm-Eintopf 140
   Grüne-Bohnen-Spaghetti 104
   Schweinekotelett mit Bohnen 98
Grüne Kartoffeln mit Mozzarella 162
Grüne Spargelpizza 58
Grüner Eistee 72
Grüner Spargel in Blätterteig 24
Grünkohl
   Kräftiger Grünkohleintopf 188
Gurke
   Griechische Hackfleischpizza 110
   Gurken-Eintopf mit Schafskäse 140
   Gurken-Gemüse mit Kabeljaufilet 154
   Gyros-Buffet 232
   Kalte Tomaten-Gemüse-Suppe 86
   Kopfsalat mit Senfvinaigrette 28
   Lachsragout mit Gurke 202
   Petersilien-Bulgur-Salat 80
   Schneller Kartoffelsalat 80
Gyros-Buffet 232

H

Hackfleisch
   Chinesischer Blätterteig 178
   Frikadellen mit Thymiankartoffeln 46
   Gegrillte Cevapcici 98
   Griechische Hackbällchen 84
   Griechische Hackfleischpizza 110
   Hackfleisch-Gemüse-Pie 152

Hamburger hausgemacht 30
Hamburger-Buffet 232
Käsefrikadellen vom Blech 200
Kohlrabi-Hackfleisch-Gratin 46
Mittelmeer-Hackbraten 96
Orientalischer Hackfleisch-Reis 46
Paprika-Hackfleisch-Pfanne 152
Spaghetti mit grüner Bolognese 102
Spaghetti mit Hackfleischsauce 204
Hagebuttenmix 124
Hähnchen
   Asiatische Saté-Spießchen 84
   Buntes Familienfondue 198
   Couscous-Pfanne 158
   Frühlingssalat mit Hähnchenfilet 26
   Frühlings-Tacos mit Hähnchen 24
   Gebratener Gemüsereis 98
   Geflügel-Ananas-Salat 132
   Gefüllte Hähnchenbrust 40
   Hähnchen auf Oreganokartoffeln 48
   Hähnchen mit Parmesankruste 100
   Hähnchenbeine à l'Orange 194
   Hähnchenbrust mit Aprikosenfüllung 94
   Hähnchen-Grillpfanne 152
   Hühnerbrüstchen in Kerbelsauce 48
   Hühnersuppe mit Nudeln 186
   Überbackenes Blitzragout 50
Hamburger hausgemacht 30
Hamburger-Buffet 232
Haselnüsse
   Friséesalat mit Nüssen 130
   Möhren-Kartoffel-Püfferchen 182
   Nussige Bananenmuffins 230
   Nußmilch 124
Hefekuchen mit Zwetschgen 170
Heidelbeeren
   Heidelbeerkuchen mit Guß 120
   Heidelbeer-Pfannkuchen 112
   Knäckebrot mit Heidelbeerbutter 75
   Milchreis mit Früchten 76
Herzhafte Gyros-Brötchen 128
Herzhafte Tellersülze 184
Herzhafte Winter-Wähe 190
Himbeeren
   Beerenmilch 72
   Himbeer-Mascarpone 114
   Himbeertorte mit Joghurt 118
   Kefirkaltschale mit Aprikosen 74
   Klassischer Pfirsich Melba 114
   Schnelles Sahne-Beeren-Eis 116
Hirse: Kürbis-Hirsotto 158
Holunderlimo 73
Honig-Vanillemilch 174
Hot Chocolate 175
Hot Peppermint 125
Hot-Dog mit Zwiebelbaguette 128
Hot-Dogs 232

J

Joghurt
   Beerenmüsli mit Crunchies 74
   Fischstäbchen mit Joghurtremoulade 202
   Früchtespieße mit Joghurtdip 24
   Fruchtiges Wintermüsli 176
   Gyros-Buffet 232
   Hagebuttenmix 124
   Himbeertorte mit Joghurt 118
   Kefirkaltschale mit Aprikosen 74
   Möhrenbulgur mit Joghurt 106
   Orientalische Lammpfanne 200
   Rhabarber-Pfannkuchen 62
Johannisbeeren
   Johannisbeer-Kuchen mit Guß 118
   Johannisbeer-Quark-Schmarren 112
Johannisbeernektar:

Beeren aus dem Eis 175

K

Kabeljau
   Gratiniertes Kabeljaufilet 202
   Gurken-Gemüse mit Kabeljaufilet 154
   Kabeljauragout mit Champignons 50
Kaiserschmarren mit Apfelmus 62
Kakao: Hot Chocolate 175
Kalbfleisch
   Geschnetzeltes mit Rahmpilzen 44
   Kalbfleisch Stroganoff 146
   Kalbsbrust mit Brötchenfüllung 40
   Kalbsfilet mit Gorgonzolasahne 194
   Kalbsgeschnetzeltes mit Fenchel 144
   Kalbskoteletts mit Kräuterkartoffeln 96
   Kalbsröllchen in Tomatensauce 92
   Steaks mit Spinat-Kartoffel-Gratin 148
Kalte Tomaten-Gemüse-Suppe 86
Kalte Traubentorte 168
Kaninchen: Gemüse-Kräuter-Kaninchen 92
Kartoffeln
   Auberginen mit Kartoffelcreme 134
   Bohnen-Lamm-Eintopf 140
   Bratkartoffeln mit Petersilienschmand 58
   Feine Kohlrabisuppe 34
   Fischstäbchen mit Joghurtremoulade 202
   Frikadellen mit Thymiankartoffeln 46
   Fritierte Kartoffelspalten 84
   Frühlingsgemüse-Eintopf 36
   Grüne Kartoffeln mit Mozzarella 162
   Hähnchen auf Oreganokartoffeln 48
   Hähnchen-Grillpfanne 152
   Kalbskoteletts mit Kräuterkartoffeln 96
   Kartoffel-Apfel-Gratin 160
   Kartoffelcremesuppe mit Gremolata 86
   Kartoffel-Croque mit Greyerzer 134
   Kartoffeldrink 125
   Kartoffeleintopf mit Würstchen 140
   Kartoffel-Fisch-Ragout 148
   Kartoffel-Gemüse-Torte 208
   Kartoffelgulasch 210
   Kartoffeln mit Béchamelsauce 188
   Kartoffeln mit Radieschenschmand 108
   Kartoffeln und Zucchini vom Blech 90
   Kartoffelpizza mit Lauch und Pilzen 190
   Kartoffel-Quarkkeulchen 56
   Kartoffel-Tomaten-Gratin 108
   Knusperwürfel mit Spinat und Ei 208
   Kräftiger Grünkohleintopf 188
   Kümmel-Kartoffeln mit Schmand 160
   Lamm mit Birnen-Kartoffel-Gratin 146
   Mascarponepüree mit Minutensteaks 94
   Milder Linseneintopf 188
   Möhren-Kartoffel-Püfferchen 182
   Pellkartoffeln mit buntem Quark 56
   Schinkenbraten mit Kastanien 198
   Schneller Kartoffelsalat 80

Spargel-Kartoffel-Salat 26
Spinat-Kartoffel-Gratin 58
Spinat-Tortilla-Würfel 178
Steaks mit Spinat-Kartoffel-Gratin 148
Zander im Kartoffelbett 196
Kartoffelpüree
   Bärige Schmortomaten 110
   Kartoffel-Gemüse-Torte 208
Käse
   Bunter Gemüsekuchen 38
   Chicorée-Käse-Schiffchen 180
   Frühlings-Tacos mit Hähnchen 24
   Gefüllte Zucchini mit Ratatouille 142
   Grüne Spargelpizza 58
   Hackfleisch-Gemüse-Pie 152
   Hamburger-Buffet 232
   Kartoffel-Croque mit Greyerzer 134
   Kartoffelpizza mit Lauch und Pilzen 190
   Käse-Baguettebrötchen 75
   Käsefrikadellen vom Blech 200
   Käse-Sesam-Bauernbrot 23
   Nudelblech 158
   Raclette-Gemüse-Toast 129
   Schinken-Käse-Croissants 177
   Selbstgemachte Käsespätzle 206
   Spinatgratin 82
   Spinat-Kartoffel-Gratin 58
   Steckrüben-Reis-Auflauf 206
   Zwiebel-Käse-Brötchen 127
Kasseler: Rosa Hörnchennudelsalat 80
Kefirkaltschale mit Aprikosen 74
Kichererbsen: Gurken-Eintopf mit Schafskäse 140
Kinder-Cappuccino 125
Kirschwaffeln mit Eis 114
Kiwi Sauer 174
Klare Brühe mit Tortellini 186
Klare Gemüsesuppe mit Nocken 34
Klassischer Pfirsich Melba 114
Kleine Brotpizzen 82
Knäckebrot mit Heidelbeerbutter 75
Knoblauch: Gemüseplatte mit leichter Aioli 90
Knusperwürfel mit Spinat und Ei 208
Kohlrabi
   Ausgebackener Kohlrabi mit Dip 60
   Feine Kohlrabisuppe 34
   Frühlingssalat mit Hähnchenfilet 26
   Gemüsesticks mit Zitronendip 32
   Kohlrabi-Hackfleisch-Gratin 46
   Kohlrabi-Spitzkohl-Eintopf 36
Kokosmilch
   Asiatische Saté-Spießchen 84
   Mildes Kokos-Fischcurry 196
Kokosraspel
   Ananas-Salat mit Kokosraspeln 64
   Kokos-Schoko-Würfel 218
   Mango-Müsli mit Kokosraspeln 22
   Zarte Kokosmakronen 218
Kopfsalat mit Senfvinaigrette 28
Kotelett mit Apfel-Lauch-Gemüse 146
Krabben
   Avocado mit Krabbensalat 184
   Krabbenquark-Sandwich 25
Kräftiger Grünkohleintopf 188
Kräuterhexe 174
Kräuter-Spiegelei mit Bacon 23
Kulleraprikose 72
Kümmel-Kartoffeln mit Schmand 160
Kürbis
   Cremige Kürbissuppe 138
   Kürbis-Hirsotto 158

L

Lachs
- Kartoffel-Fisch-Ragout 148
- Lachs mit Zuckerschoten 196
- Lachskotelett mit Kräutercreme 154
- Lachsragout mit Gurke 202

Lamm
- Bohnen-Lamm-Eintopf 140
- Herzhafte Gyros-Brötchen 128
- Lamm mit Birnen-Kartoffel-Gratin 146
- Lammbraten mit Honig und Mandeln 40
- Lammfleisch: Gyros-Buffet 232
- Orientalische Lammpfanne 200

Lauch
- Herzhafte Winter-Wähe 190
- Kalbsfilet mit Gorgonzolasahne 194
- Kartoffeleintopf mit Würstchen 140
- Kartoffel-Fisch-Ragout 148
- Kartoffelpizza mit Lauch und Pilzen 190
- Klare Brühe mit Tortellini 186
- Kotelett mit Apfel-Lauch-Gemüse 146
- Makkaroni mit grüner Sauce 204
- Medaillons mit Zwetschgen-Lauch 144

Lebkuchen-Kipferl 220
Lebkuchen-Mousse 214

Linsen
- Gratiniertes Linsenbrot 182
- Linsen-Gemüse-Suppe 36
- Milder Linseneintopf 188

Löffelbiskuits
- Kalte Traubentorte 168
- Saftige Erdbeer-Charlotte 64

Lyoner: Frühlingsgemüse-Eintopf 36

M

Mais
- Gebratene Gabelspaghetti 54
- Gemüse-Reisfleisch 48
- Mais-Paprika-Tarteletts 129
- Nudelblech 158
- Pikanter Tomatenreis 208
- Putenschnitzel mit Zucchini 94
- Spareribs mit Corn-Fritters 150
- Tomatensaft: Tomatensuppe mit Mais und Erdnüssen 138

Makkaroni mit grüner Sauce 204

Mandarinen
- Chicorée-Käse-Schiffchen 180
- Mandarinenquark mit Pumpernickel 176

Mandeln
- Aprikosen-Mandel-Tarte 120
- Aprikosen-Quark-Stollen 216
- Gefüllter Quark-Osterkranz 66
- Johannisbeer-Kuchen mit Guß 118
- Lammbraten mit Honig und Mandeln 40
- Lebkuchen-Kipferl 220
- Möhrenkuchen mit Mascarpone 68
- Möhren-Mandel-Milch 20
- Quarktaschen 168
- Rhabarber-Milchreis 62
- Schnelle Florentiner 220
- Schoko-Orangen-Napfkuchen 216
- Spinatstrudel mit Tomatensauce 190

Mangold
- Fischfilet auf Mangoldbett 100
- Mangoldquiche mit Schinken 42
- Spaghetti mit grüner Bolognese 102

Mango-Müsli mit Kokosraspeln 22
Marinierte Zucchini 78
Mariniertes Filet auf Paprika 144
Marzipan: Zarte Kokosmakronen 218

Mascarpone
- Himbeer-Mascarpone 114
- Mascarponepüree mit Minutensteaks 94
- Möhrenkuchen mit Mascarpone 68
- Maultaschen mit Frühlingsgemüse 54
- Medaillons mit Zwetschgen-Lauch 144

Meerrettich: Apfelcarpaccio mit Meerrettichdressing 130

Melonen
- Melonen mit Schinken 76
- Melonengranité 73

Milch
- Beerenmilch 72
- Honig-Vanillemilch 174
- Hot Chocolate 175
- Kinder-Cappuccino 125
- Möhren-Mandel-Milch 20
- Nußmilch 124
- Milchreis mit Früchten 76
- Milder Linseneintopf 188
- Milder Sauerbraten 198
- Mildes Kokos-Fischcurry 196
- Minutensteaks mit Spinatgnocchi 44
- Mittelmeer-Hackbraten 96

Mohn
- Apfel-Mohn-Strudel 216
- Apfel-Mohn-Strudel 216
- Obstsalat mit Mohn-Quarkcreme 126
- Roter Birnen-Mohn-Kuchen 170

Möhren
- Bratmöhren mit Dickmilchdip 90
- Cool Carotin 175
- Cremige Kürbissuppe 138
- Feiner Frühlings-Fischtopf 50
- Frühlingsgemüse-Eintopf 36
- Gebratener Gemüsereis 98
- Gemüse mit Basilikumdressing 28
- Gemüse-Couscous mit Entenbrust 192
- Gemüse-Reisfleisch 48
- Gemüsesticks mit Zitronendip 32
- Geschnetzeltes mit Möhren-Weißkohl 150
- Kalbsfilet mit Gorgonzolasahne 194
- Klare Brühe mit Tortellini 186
- Klare Gemüsesuppe mit Nocken 34
- Maultaschen mit Frühlingsgemüse 54
- Möhren-Apfel-Salat 180
- Möhrenbulgur mit Joghurt 106
- Möhrencremesuppe mit Putenbrust 186
- Möhren-Kartoffel-Püfferchen 182
- Möhren-Kerbel-Omelett 32
- Möhrenkuchen mit Mascarpone 68
- Möhren-Mandel-Milch 20
- Möhrenrahm-Schnitzel 44
- Möhren-Spargel-Risotto 54
- Rohkost-Risotto mit Garnelen 108
- Salbei-Möhren-Ravioli 156
- Schinkenbraten mit Kastanien 198
- Schnitzelchen mit Honigmöhren 42
- Spargel-Garnelen-Pfanne 60
- Spinat-Frittata mit Möhrenrohkost 60
- Überbackenes Blitzragout 50

Mozzarella
- Grüne Kartoffeln mit Mozzarella 162
- Kleine Brotpizzen 82
- Nudeln mit eingelegten Tomaten 204
- Spinat und Tomaten auf Mozzarella 28
- Spinat-Tomaten-Tarte 42
- Überbackener Tomaten-Fenchel 38

N

Nektarinen:
- Gratinierte Nektarinen 116

Nudeln
- Bandnudeln mit Pilzragout 156
- Bunte Paprika-Spaghetti 156
- Farfalle mit Thunfischsauce 102
- Gebratene Gabelspaghetti 54
- Grüne-Bohnen-Spaghetti 104
- Hühnersuppe mit Nudeln 186
- Kalbsfilet mit Gorgonzolasahne 194
- Klare Brühe mit Tortellini 186
- Makkaroni mit grüner Sauce 204
- Maultaschen mit Frühlingsgemüse 54
- Nudelblech 158
- Nudeln mit eingelegten Tomaten 204
- Nudeln mit Räucherlachs 52
- Nudeln mit Spinat-Oliven-Pesto 104
- Ravioli-Eintopf mit Pestocreme 88
- Rosa Hörnchennudelsalat 80
- Salbei-Möhren-Ravioli 156
- Selbstgemachte Käsespätzle 206
- Spaghetti mit grüner Bolognese 102
- Spaghetti mit Hackfleischsauce 204
- Tortellini mit Broccolisauce 104
- Tortellini mit grünem Spargel 52

Nüsse
- Feine Nußwürfel mit Guß 218
- Fruchtiges Wintermüsli 176
- Möhren-Apfel-Salat 180
- Nussige Bananenmuffins 230
- Nußmilch 124
- Obstpizza mit Hüttenkäsestreuseln 230

O

Obst
- Früchte-Obatzter mit Frischkäse 74
- Früchtespieße mit Joghurtdip 24
- Milchreis mit Früchten 76
- Obstpizza mit Hüttenkäsestreuseln 230
- Obstsalat mit Mohn-Quarkcreme 126

Oliven
- Nudeln mit Spinat-Oliven-Pesto 104
- Pikantes Nizza-Baguette 179

Orangen
- Hähnchenbeine à l'Orange 194
- Orangenschaum 21
- Schoko-Orangen-Napfkuchen 216

Orientalische Lammpfanne 200
Orientalischer Hackfleisch-Reis 46

P

Pancakes mit Ahornsirup 126

Paprikaschoten
- Bunte Paprika-Spaghetti 156
- Bunte Puten-Peperonata 154
- Couscous-Pfanne 158
- Französischer Gemüseeintopf 88
- Gefüllte fritierte Spitzpaprika 136
- Kalte Tomaten-Gemüse-Suppe 86
- Mais-Paprika-Tarteletts 129
- Mariniertes Filet auf Paprika 144
- Paprika-Hackfleisch-Pfanne 152
- Sauerkraut-Paprika 210
- Seelachs auf Paprikagemüse 92
- Südländischer Fischeintopf 88

Parmesan
- Gorgonzola-Gnocchi mit Rucola 106
- Grüne-Bohnen-Spaghetti 104
- Hähnchen mit Parmesankruste 100
- Kartoffeln und Zucchini vom Blech 90
- Maultaschen mit Frühlingsgemüse 54
- Polenta-Gnocchi mit Tomatensauce 56
- Salbei-Möhren-Ravioli 156
- Spinatstrudel mit Tomatensauce 190
- Spinat-Tomaten-Tarte 42
- Tortellini mit Broccolisauce 104

Pellkartoffeln mit buntem Quark 56

Pesto
- Bunte Paprika-Spaghetti 156
- Ravioli-Eintopf mit Pestocreme 88

Petersilien-Bulgur-Salat 80
Petersilienwurzel: Wurzelchips mit Avocadodip 30
Pfannkuchen-Röllchen 212
Pfefferminze: Hot Peppermint 125
Pfirsich: Klassischer Pfirsich Melba 114
Pikanter Tomatenreis 208
Pikantes Nizza-Baguette 179

Pilze
- Bandnudeln mit Pilzragout 156
- Geschnetzeltes mit Rahmpilzen 44
- Geschnetzeltes mit Rahmpilzen 44
- Kalbfleisch Stroganoff 146
- Pilzrahmsuppe mit Speckknödelchen 138
- Pilztoast mit Walnüssen 136

Piratenschiff-Kuchen 228

Polentagrieß
- Blitzminestrone mit Klößchen 86
- Champignons mit Polentafüllung 142
- Polenta mit Frühlingsgemüse 38
- Polenta-Gnocchi mit Tomatensauce 56
- Rosenkohl-Polenta-Gratin 206

Preiselbeeren: Roter Birnen-Mohn-Kuchen 170

Putenfleisch
- Bunte Puten-Peperonata 154
- Bunte Sommerspießchen 96
- Gemüse-Reisfleisch 48
- Milder Linseneintopf 188
- Möhrencremesuppe mit Putenbrust 186
- Puten-Fleischsalat 177
- Putenkeulen mit Apfel-Wirsing 194
- Putensalat mit Broccoli 78
- Putenschnitzel mit Zucchini 94
- Putenschnitzel-Snack 77
- Sydneys Sommer-Sandwich 75

Q

Quark
- Aprikosen-Quark-Stollen 216
- Erdbeer-Quark-Torte 68
- Gefüllter Quark-Osterkranz 66
- Johannisbeer-Quark-Schmarren 112
- Kartoffel-Quarkkeulchen 56
- Krabbenquark-Sandwich 25
- Mandarinenquark mit Pumpernickel 176
- Obstsalat mit Mohn-Quarkcreme 126
- Pellkartoffeln mit buntem Quark 56
- Quarkauflauf mit Birnen 164
- Quarktaschen 168
- Roter Birnen-Mohn-Kuchen 170
- Schoko-Erdbeer-Brötchen 22

R

Raclette-Gemüse-Toast 129
Radieschen
   Kartoffeln mit Radieschenschmand 108
   Kopfsalat mit Senfvinaigrette 28
   Salate mit Radieschenvinaigrette 26
   Schneller Kartoffelsalat 80
Räucherlachs
   Nudeln mit Räucherlachs 52
   Räucherlachs-Brötchen 177
Ravioli-Eintopf mit Pestocreme 88
Reis
   Apfel-Milchreis-Pudding 212
   Gebratener Gemüsereis 98
   Gegrillte Cevapcici 98
   Gemüse-Reisfleisch 48
   Hackfleisch-Gemüse-Pie 152
   Milchreis mit Früchten 76
   Möhren-Spargel-Risotto 54
   Orientalischer Hackfleisch-Reis 46
   Pikanter Tomatenreis 208
   Rhabarber-Milchreis 62
   Rohkost-Risotto mit Garnelen 108
   Steckrüben-Reis-Auflauf 206
Rhabarber
   Rhabarber-Bananen-Konfitüre 22
   Rhabarber-Cooler 20
   Rhabarber-Erdbeer-Grütze 64
   Rhabarber-Erdbeer-Kuchen 66
   Rhabarber-Milchreis 62
   Rhabarber-Pfannkuchen 62
Rindfleisch
   Geschnetzeltes mit Möhren-Weißkohl 150
   Milder Sauerbraten 198
   Minutensteaks mit Spinatgnocchi 44
   Pikanter Tomatenreis 208
   Rindfleisch-Gemüse-Pfanne 150
Rohkost-Risotto mit Garnelen 108
Roquefort-Toast mit Birne 129
Rosa Hörnchennudelsalat 80
Rosenkohl-Polenta-Gratin 206
Rosinen
   Apfel-Mohn-Strudel 216
   Gefüllter Quark-Osterkranz 66
   Hähnchenbeine à l'Orange 194
   Kaiserschmarren mit Apfelmus 62
   Milder Sauerbraten 198
   Orientalische Lammpfanne 200
Rösti: Überbackene Frikadellen-Rösti 136
Rotbarsch: Südländischer Fischeintopf 88
Rote Bete
   Feldsalat mit roter Bete 180
   Sydneys Sommer-Sandwich 75
   Thunfisch-Sandwich Downunder 25
Roter Birnen-Mohn-Kuchen 170
Rotkohl: Flugente mit süßer Rotkohlfüllung 192
Rucola
   Champignons mit Polentafüllung 142
   Forelle in Pergament 52
   Gorgonzola-Gnocchi mit Rucola 106
   Tomatenomelett mit Rucola 76

S

Saftige Erdbeer-Charlotte 64
Salate mit Radieschenvinaigrette 26
Salbei-Möhren-Ravioli 156
Sauerampfer-Flip 20
Sauerkirschen:
   Kirschwaffeln mit Eis 114
Sauerkraut
   Sauerkraut-Paprika 210
   Sauerkraut-Quiche 210
Schafskäse
   Gefüllte Hähnchenbrust 40
   Griechische Hackfleischpizza 110
   Gurken-Eintopf mit Schafskäse 140
   Mittelmeer-Hackbraten 96
   Paprika-Hackfleisch-Pfanne 152
   Schafskäse mit Pfannengemüse 162
   Schafskäsepäckchen mit Spinat 182
   Tomatensalat mit Schafskäse 78
Schinken
   Avocadosalat mit Tomatenvinaigrette 132
   Erbsen-Schinken-Rührei 127
   Grüne Spargelpizza 58
   Grüner Spargel in Blätterteig 24
   Kalbsbrust mit Brötchenfüllung 40
   Kartoffel-Croque mit Greyerzer 134
   Kartoffel-Quarkkeulchen 56
   Mangoldquiche mit Schinken 42
   Melonen mit Schinken 76
   Schinkenbraten mit Kastanien 198
   Schinken-Käse-Croissants 177
   Spargel mit Schinken 30
   Steckrüben-Reis-Auflauf 206
   Strammer Otto mit Kresse 134
Schnelle Florentiner 220
Schneller Kartoffelsalat 80
Schnelles Sahne-Beeren-Eis 116
Schnitzelchen mit Honigmöhren 42
Schokolade
   Geburtstags-Schokoladentorte 230
   Kokos-Schoko-Würfel 218
   Lebkuchen-Mousse 214
   Piratenschiff-Kuchen 228
   Schoko-Erdbeer-Brötchen 22
   Schokomüsli mit Bananenschaum 126
   Stachelbeerkuchen mit Schokosahne 120
   Weihnachts-Eistorte 214
Schoko-Orangen-Napfkuchen 216
Scholle: Feiner Frühlings-Fischtopf 50
Schupfnudeln: Spitzkohl-Schupfnudeln 106
Schweinefleisch
   Herzhafte Tellersülze 184
   Kotelett mit Apfel-Lauch-Gemüse 146
   Mariniertes Filet auf Paprika 144
   Medaillons mit Zwetschgen-Lauch 144
   Möhrenrahm-Schnitzel 44
   Schnitzelchen mit Honigmöhren 42
   Schweinefilet mit Aprikosen 200
   Schweinefilet mit Fruchtpüree 148
   Schweinekotelett mit Bohnen 98
   Spareribs mit Corn-Fritters 150
Seelachs
   Mildes Kokos-Fischcurry 196
   Seelachs auf Paprikagemüse 92
Selbstgemachte Käsespätzle 206
Sellerie: Klare Brühe mit Tortellini 186
Semmelknödel
   Pilzrahmsuppe mit Speckknödelchen 138
   Semmelknödel mit Sahnegemüse 160
Spaghetti
   Bunte Paprika-Spaghetti 156
   Gebratene Gabelspaghetti 54
   Grüne-Bohnen-Spaghetti 104
   Nudeln mit Spinat-Oliven-Pesto 104
   Spaghetti mit grüner Bolognese 102
   Spaghetti mit Hackfleischsauce 204
Spareribs mit Corn-Fritters 150
Spargel
   Frühlingsgemüse-Eintopf 36
   Grüne Spargelpizza 58
   Grüner Spargel in Blätterteig 24
   Möhren-Spargel-Risotto 54
   Spargel mit Schinken 30
   Spargel-Garnelen-Pfanne 60
   Spargel-Kartoffel-Salat 26
   Tortellini mit grünem Spargel 52
   Überbackenes Blitzragout 50
Speck
   Kartoffel-Gemüse-Torte 208
   Kräftiger Grünkohleintopf 188
   Kräuter-Spiegelei mit Bacon 23
   Kürbis-Hirsotto 158
   Makkaroni mit grüner Sauce 204
   Pilzrahmsuppe mit Speckknödelchen 138
   Polenta-Gnocchi mit Tomatensauce 56
   Putenkeulen mit Apfel-Wirsing 194
   Sauerkraut-Quiche 210
   Zwiebel-Speck-Muffins 128
Spekulatius: Weihnachts-Eistorte 214
Spinat
   Gratiniertes Kabeljaufilet 202
   Grüne Kartoffeln mit Mozzarella 162
   Knusperwürfel mit Spinat und Ei 28
   Minutensteaks mit Spinatgnocchi 44
   Mittelmeer-Hackbraten 96
   Nudeln mit Spinat-Oliven-Pesto 104
   Schafskäsepäckchen mit Spinat 182
   Spinat und Tomaten auf Mozzarella 28
   Spinat-Frittata mit Möhrenrohkost 60
   Spinatgratin 82
   Spinat-Kartoffel-Gratin 58
   Spinatstrudel mit Tomatensauce 190
   Spinat-Tomaten-Tarte 42
   Spinat-Tortilla-Würfel 178
   Steaks mit Spinat-Kartoffel-Gratin 148
Spitzkohl
   Kohlrabi-Spitzkohl-Eintopf 36
   Spitzkohl-Schupfnudeln 106
Spitzpaprika: Gefüllte fritierte Spitzpaprika 136
Stachelbeerkuchen mit Schokosahne 120
Staudensellerie
   Friséesalat mit Nüssen 130
   Gebratener Gemüsereis 98
   Steaks mit Spinat-Kartoffel-Gratin 148
Steckrüben-Reis-Auflauf 206
Strammer Otto mit Kresse 134
Südländischer Fischeintopf 88
Süße Zwetschgen-Tortilla 166
Süßes Osterlämmchen 66
Sydneys Sommer-Sandwich 75

T

Tee
   Grüner Eistee 72
   Kräuterhexe 174
   Verbenatee 21
Thunfisch
   Farfalle mit Thunfischsauce 102
   Gefülltes Pitabrot mit Thunfisch 77
   Pikantes Nizza-Baguette 179
   Thunfisch-Sandwich Downunder 25
Toastecken mit Forellendip 184
Tomaten
   Avocadosalat mit Tomaten vinaigrette 132
   Bandnudeln mit Pilzragout 156
   Bärige Schmortomaten 110
   Blitzminestrone mit Klößchen 86
   Brot mit Tomaten-Kräuter-Rührei 25
   Bunte Sommerspießchen 96
   Gratiniertes Linsenbrot 182
   Griechische Hackbällchen 84
   Griechische Hackfleischpizza 110
   Grüne Spargelpizza 58
   Grüne-Bohnen-Spaghetti 104
   Kalbsgeschnetzeltes mit Fenchel 144
   Kalbsröllchen in Tomatensauce 92
   Kalte Tomaten-Gemüse-Suppe 86
   Kartoffelpizza mit Lauch und Pilzen 190
   Kartoffel-Tomaten-Gratin 108
   Kohlrabi-Hackfleisch-Gratin 46
   Nudelblech 158
   Nudeln mit eingelegten Tomaten 204
   Polenta-Gnocchi mit Tomatensauce 56
   Putensalat mit Broccoli 78
   Ravioli-Eintopf mit Pestocreme 88
   Rosenkohl-Polenta-Gratin 206
   Sauerkraut-Paprika 210
   Spinat und Tomaten auf Mozzarella 28
   Spinat-Tomaten-Tarte 42
   Tomaten-Fisch aus dem Ofen 100
   Tomatenomelett mit Rucola 76
   Tomatensalat mit Schafskäse 78
   Tortellini mit Broccolisauce 104
   Überbackener Tomaten-Fenchel 38
Tomatensaft
   Kartoffeldrink 125
   Tomatensuppe mit Mais und Erdnüssen 138
Tortellini
   Klare Brühe mit Tortellini 186
   Tortellini mit Broccolisauce 104
   Tortellini mit grünem Spargel 52
Tortillachips: Putenschnitzel mit Zucchini 94
Traubensaft: Cool Carotin 175
Traubensalat mit Apfel-Zabaione 166
Trockenaprikosen
   Aprikosen-Quark-Stollen 216
   Cool Carotin 175
   Orientalischer Hackfleisch-Reis 46
Trockenobst: Schweinefilet mit Fruchtpüree 148
Tzatziki: Fischstäbchen-Spieße mit Tzatziki 102

Ü

Überbackene Frikadellen-Rösti 136
Überbackener Tomaten-Fenchel 38
Überbackenes Blitzragout 50

V

Vanillepudding: Apfel-Zwieback-Auflauf 164
Verbenatee 21

W

Walnüsse
   Apfel-Walnuß-Brot 168
   Pilztoast mit Walnüssen 136
   Walnuß-Aprikosen-Cookies 178
Weihnachts-Eistorte 214

Sachregister und Rezept

Sachregister und Rezeptregister nach Kapiteln

Weintrauben
  Feldsalat mit Weintrauben 130
  Kalte Traubentorte 168
  Traubensalat mit Apfel-Zabaione 166
Weißkohl: Geschnetzeltes mit Möhren-Weißkohl 150
Wirsing
  Gratinierte Wirsingspalten 142
  Putenkeulen mit Apfel-Wirsing 194
  Semmelknödel mit Sahnegemüse 160
Würstchen
  Buntes Familienfondue 198
  Hot-Dog mit Zwiebelbaguette 128
  Hot-Dogs 232
  Kartoffeleintopf mit Würstchen 140
  Sauerkraut-Paprika 210
  Würstchen im Schlafrock 179
  Wurzelchips mit Avocadodip 30
Zander im Kartoffelbett 196
Zarte Kokosmakronen 218
Zimt-Apfelstreusel 170
Zucchini
  Bunte Sommerspießchen 96
  Couscous-Pfanne 158
  Französischer Gemüseeintopf 88
  Gefüllte Zucchini mit Ratatouille 142
  Gegrillte Cevapcici 98
  Kartoffeln und Zucchini vom Blech 90
  Kleine Brotpizzen 82
  Marinierte Zucchini 78
  Nudelblech 158
  Putenschnitzel mit Zucchini 94
  Rohkost-Risotto mit Garnelen 108
  Zucchini-Frittata 82
Zuckerschoten
  Feiner Frühlings-Fischtopf 50
  Frühlingssalat mit Hähnchenfilet 26
  Gemüse mit Basilikumdressing 28
  Lachs mit Zuckerschoten 196
  Maultaschen mit Frühlingsgemüse 54
  Spargel-Garnelen-Pfanne 60
Zwetschgen
  Hefekuchen mit Zwetschgen 170
  Medaillons mit Zwetschgen-Lauch 144
  Süße Zwetschgen-Tortilla 166
  Zwetschgen-Clafoutis 164
Zwieback
  Apfel-Zwieback-Auflauf 164
  Süße Zwetschgen-Tortilla 166
Zwiebeln
  Zwiebel-Käse-Brötchen 127
  Zwiebel-Speck-Muffins 128

Sachregister

Ernährung allgemein
  Ballaststoffe 8
  Eiweiß 8
  Fett 8
  Kohlenhydrate 8
  Mineralstoffe 8
  Vitamine 8
  Ernährung und Gesundheit 9
Familienspaß durchs Jahr
  Beeren pflücken 72
  duftende Potpourris 174
  Grillen 72
  Kürbis- und Rübenlaternen 124
  Nachtwanderung 174
  Radieschen pflanzen 20
  Sammelgut aus dem Wald 124
  Spaziergang und Entdeckungsreise 20
Haushalt
  Spartips 15
  Zeitmanagement im Haushalt 14
Hausmittel
  Anis 73
  Brennessel 21
  Eberesche 125
  Heidelbeertee 73
  Johannisbeersaft 73
  Lavendel 125
  Löwenzahn 21
  Mottenschutz 125
  Quarkwickel 73
  richtige Atmung 21
  Sauna 175
  Singen 175
  Sonne 73
  Walnußblätter 125
  Wechselgüsse 125
  Wickel 175
  Zwiebeln 73
Hausrezepte
  bei Bauchweh 21, 73
  bei Bienenstichen 73
  bei Durchfall 73
  bei Fieber 175
  bei Frühjahrsmüdigkeit 21
  bei geschwächter Abwehr 125, 175
  bei Halsschmerzen 175
  bei Ohrenschmerzen 175
  bei Verstopfung 21
Kinderfeste –
  Tips und Rezeptvorschläge 227
Kindergruppen bekochen –
  Tips und Rezeptvorschläge 226
kranke Kinder
  Ernährung bei verschiedenen Krankheiten 225
  Krankenpflege 224
Küchenpraxis
  Basis-Vorratsliste 15
  Kochen für viele – Tricks 11
  Küchen-Hygiene 11
  Pannenhilfe in der Küche 10
Lebensmittelkunde
  empfindliche Lebensmittel 10
  Saisonkalender für Gemüse und Obst 12/13
  Rezeptvorschläge zur Saison
    Frühling 18/19
    Sommer 70/71
    Herbst 122/123
    Winter 172/173

Rezeptregister nach Kapiteln

Frühling

Ananas-Salat mit Kokosraspeln 64
Ausgebackener Kohlrabi mit Dip 60
Bratkartoffeln mit Petersilienschmand 58
Brot mit Tomaten-Kräuter-Rührei 25
Bunter Gemüsekuchen 38
Ei-Toast mit Kerbelcreme 23
Erdbeerbowle 21
Erdbeer-Quark-Torte 68
Feine Erdbeermuffins 68
Feine Kohlrabisuppe 34
Feiner Frühlings-Fischtopf 50
Forelle in Pergament 52
Frikadellen mit Thymiankartoffeln 46
Früchtespieße mit Joghurtdip 24
Frühlingsfrischer Obatzter 32
Frühlingsgemüse-Eintopf 36
Frühlingskräuter-Süppchen 34
Frühlingssalat mit Hähnchenfilet 26
Frühlings-Tacos mit Hähnchen 24
Gebratene Gabelspaghetti 54
Gefüllte Hähnchenbrust 40
Gefüllter Quark-Osterkranz 66
Gemüse mit Basilikumdressing 28
Gemüse-Reisfleisch 48
Gemüsesticks mit Zitronendip 32
Geschnetzeltes mit Rahmpilzen 44
Grüne Spargelpizza 58
Grüner Spargel in Blätterteig 24
Hähnchen auf Oreganokartoffeln 48
Hamburger hausgemacht 30
Hühnerbrüstchen in Kerbelsauce 48
Kabeljauragout mit Champignons 50
Kaiserschmarren mit Apfelmus 62
Kalbsbrust mit Brötchenfüllung 40
Kartoffel-Quarkkeulchen 56
Käse-Sesam-Bauernbrot 23
Klare Gemüsesuppe mit Nocken 34
Kohlrabi-Hackfleisch-Gratin 46
Kohlrabi-Spitzkohl-Eintopf 36
Kopfsalat mit Senfvinaigrette 28
Krabbenquark-Sandwich 25
Kräuter-Spiegelei mit Bacon 23
Lammbraten mit Honig und Mandeln 40
Linsen-Gemüse-Suppe 36
Mangoldquiche mit Schinken 42
Mango-Müsli mit Kokosraspeln 22
Maultaschen mit Frühlingsgemüse 54
Minutensteaks mit Spinatgnocchi 44
Möhren-Kerbel-Omelett 32
Möhrenkuchen mit Mascarpone 68
Möhren-Mandel-Milch 20
Möhrenrahm-Schnitzel 44
Möhren-Spargel-Risotto 54
Nudeln mit Räucherlachs 52
Orangenschaum 21
Orientalischer Hackfleisch-Reis 46
Pellkartoffeln mit buntem Quark 56
Polenta mit Frühlingsgemüse 38
Polenta-Gnocchi mit Tomatensauce 56
Rhabarber-Bananen-Konfitüre 22
Rhabarber-Cooler 20
Rhabarber-Erdbeer-Grütze 64
Rhabarber-Erdbeer-Kuchen 66
Rhabarber-Milchreis 62
Rhabarber-Pfannkuchen 62
Saftige Erdbeer-Charlotte 64
Salate mit Radieschenvinaigrette 26
Sauerampfer-Flip 20
Schnitzelchen mit Honigmöhren 42
Schoko-Erdbeer-Brötchen 22
Spargel mit Schinken 30
Spargel-Garnelen-Pfanne 60
Spargel-Kartoffel-Salat 26
Spinat und Tomaten auf Mozzarella 28
Spinat-Frittata mit Möhrenrohkost 60
Spinat-Kartoffel-Gratin 58
Spinat-Tomaten-Tarte 42
Süßes Osterlämmchen 66
Thunfisch-Sandwich Downunder 25
Tortellini mit grünem Spargel 52
Überbackener Tomaten-Fenchel 38
Überbackenes Blitzragout 50
Verbenatee 17
Wurzelchips mit Avocadodip 30

Sommer

Aprikosen-Clafoutis 112
Aprikosen-Mandel-Tarte 120
Asiatische Saté-Spießchen 84
Baguette mit Schnittlauchbutter 77
Bärige Schmortomaten 110
Beerengrütze mit Vanillesahne 116
Beerenmilch 72
Beerenmüsli mit Crunchies 74
Blitzminestrone mit Klößchen 86
Blumenkohl mit Erdnuß-Butter 110
Bratmöhren mit Dickmilchdip 90
Brombeer-Törtchen 118
Bunte Sommerspießchen 96
Eis-Shakes 73
Farfalle mit Thunfischsauce 102
Fischfilet auf Mangoldbett 100
Fischstäbchen-Spieße mit Tzatziki 102
Französischer Gemüseeintopf 88
Fritierte Kartoffelspalten 84
Früchte-Obatzter mit Frischkäse 74
Gebratener Gemüsereis 98
Gefülltes Pitabrot mit Thunfisch 77
Gegrillte Cevapcici 98
Gemüse-Kräuter-Kaninchen 92
Gemüseplatte mit leichter Aioli 90
Gorgonzola-Gnocchi mit Rucola 106
Gratinierte Nektarinen 116
Griechische Hackbällchen 84
Griechische Hackfleischpizza 110
Grüne-Bohnen-Spaghetti 104
Grüner Eistee 72
Hähnchen mit Parmesankruste 100
Hähnchenbrust mit Aprikosenfüllung 94
Heidelbeerkuchen mit Guß 120
Heidelbeer-Pfannkuchen 112
Himbeer-Mascarpone 114
Himbeertorte mit Joghurt 118
Holunderlimo 73

Register nach Kapiteln

Johannisbeer-Kuchen mit Guß 118
Johannisbeer-Quark-Schmarren 112
Kalbskoteletts mit Kräuter-
  kartoffeln 96
Kalbsröllchen in Tomatensauce 92
Kalte Tomaten-Gemüse-Suppe 86
Kartoffelcremesuppe mit
  Gremolata 86
Kartoffeln mit Radieschen-
  schmand 108
Kartoffeln und Zucchini vom
  Blech 90
Kartoffel-Tomaten-Gratin 108
Käse-Baguettebrötchen 75
Kefirkaltschale mit Aprikosen 74
Kirschwaffeln mit Eis 114
Klassischer Pfirsich Melba 114
Kleine Brotpizzen 82
Knäckebrot mit Heidelbeerbutter 75
Kulleraprikose 72
Marinierte Zucchini 78
Mascarponepüree mit Minuten-
  steaks 94
Melonen mit Schinken 76
Melonengranité 73
Milchreis mit Früchten 76
Mittelmeer-Hackbraten 96
Möhrenbugur mit Joghurt 106
Nudeln mit Spinat-Oliven-Pesto 104
Petersilien-Bulgur-Salat 80
Putensalat mit Broccoli 78
Putenschnitzel mit Zucchini 94
Putenschnitzel-Snack 77
Ravioli-Eintopf mit Pestocreme 88
Rohkost-Risotto mit Garnelen 108
Rosa Hörnchennudelsalat 80
Schneller Kartoffelsalat 80
Schnelles Sahne-Beeren-Eis 116
Schweinekotelett mit Bohnen 98
Seelachs auf Paprikagemüse 92
Spaghetti mit grüner Bolognese 102
Spinatgratin 82
Spitzkohl-Schupfnudeln 106
Stachelbeerkuchen mit
  Schokosahne 120
Südländischer Fischeintopf 88
Sydneys Sommer-Sandwich 75
Tomaten-Fisch aus dem Ofen 100
Tomatenomelett mit Rucola 76
Tomatensalat mit Schafskäse 78
Tortellini mit Broccolisauce 104
Zucchini-Frittata 82

Herbst

Apfelcarpaccio mit Meerrettich-
  dressing 130
Apfeltee 124
Apfel-Walnuß-Brot 168
Apfel-Zwieback-Auflauf 164
Auberginen mit Kartoffelcreme 134
Avocadosalat mit Tomaten-
  vinaigrette 132
Bananen-Dickmilch 127
Bandnudeln mit Pilzragout 156
Birnensülzchen mit Orangen-
  sauce 166
Bohnen-Lamm-Eintopf 140
Bunte Paprika-Spaghetti 156
Bunte Puten-Peperonata 154
Champignons mit Polentafüllung 142
Champignontarte mit
  Emmentaler 162
Couscous-Pfanne 158
Cremige Kürbissuppe 138
Erbsen-Schinken-Rührei 127
Feldsalat mit Weintrauben 130
Fenchel-Birnen-Salat 132
Friséesalat mit Nüssen 130
Geflügel-Ananas-Salat 132
Gefüllte fritierte Spitzpaprika 136
Gefüllte Zucchini mit
  Ratatouille 142
Geschnetzeltes mit Möhren-
  Weißkohl 150
Gratinierte Wirsingspalten 142
Grüne Kartoffeln mit Mozzarella 162
Gurken-Eintopf mit Schafskäse 140
Gurken-Gemüse mit Kabeljau-
  filet 154
Hackfleisch-Gemüse-Pie 152
Hagebuttenmix 124
Hähnchen-Grillpfanne 152
Hefekuchen mit Zwetschgen 170
Herzhafte Gyros-Brötchen 128
Hot Peppermint 125
Hot-Dog mit Zwiebelbaguette 128
Kalbfleisch Stroganoff 146
Kalbsgeschnetzeltes mit Fenchel 144
Kalte Traubentorte 168
Kartoffel-Apfel-Gratin 160
Kartoffel-Croque mit
  Greyerzer 134
Kartoffeldrink 125
Kartoffeleintopf mit Würstchen 140
Kartoffel-Fisch-Ragout 148
Kinder-Cappuccino 125
Kotelett mit Apfel-Lauch-
  Gemüse 146
Kümmel-Kartoffeln mit Schmand 160
Kürbis-Hirsotto 158
Lachskotelett mit Kräutercreme 154
Lamm mit Birnen-Kartoffel-
  Gratin 144
Mais-Paprika-Tarteletts 129
Mariniertes Filet auf Paprika 144
Medaillons mit Zwetschgen-
  Lauch 144
Nudelblech 158
Nußmilch 124
Obstsalat mit Mohn-Quark-
  creme 126
Pancakes mit Ahornsirup 126
Paprika-Hackfleisch-Pfanne 152
Pilzrahmsuppe mit Speck-
  knödelchen 138
Pilztoast mit Walnüssen 136
Quarkauflauf mit Birnen 164
Quarktaschen 168
Raclette-Gemüse-Toast 129
Rindfleisch-Gemüse-Pfanne 150
Roquefort-Toast mit Birne 129
Roter Birnen-Mohn-Kuchen 170
Salbei-Möhren-Ravioli 156
Schafskäse mit Pfannengemüse 162
Schokomüsli mit Bananen-
  schaum 126
Schweinefilet mit Fruchtpüree 148
Semmelknödel mit Sahne-
  gemüse 160
Spareribs mit Corn-Fritters 150
Steaks mit Spinat-Kartoffel-
  Gratin 148
Strammer Otto mit Kresse 134
Süße Zwetschgen-Tortilla 166
Tomatensuppe mit Mais und
  Erdnüssen 138
Traubensalat mit Apfel-Zabaione 166
Überbackene Frikadellen-Rösti 136
Zimt-Apfelstreusel 170
Zwetschgen-Clafoutis 164
Zwiebel-Käse-Brötchen 127
Zwiebel-Speck-Muffins 128

Winter

Apfel-Milchreis-Pudding 212
Apfel-Mohn-Strudel 216
Aprikosen-Quark-Stollen 216
Arme Toast-Ritter 176
Avocado mit Krabbensalat 184
Beeren aus dem Eis 175
Blitz-Mürbteigplätzchen 220
Bratäpfel 214
Buntes Familienfondue 198
Chicorée-Käse-Schiffchen 180
Chinesischer Blätterteig 178
Cool Carotin 175
Feine Nußwürfel mit Guß 218
Feldsalat mit roter Bete 180
Fischstäbchen mit Joghurt-
  remoulade 202
Flugente mit süßer Rotkohl-
  füllung 192
Fruchtiges Wintermüsli 176
Gefüllte Gans mit Beifuß-
  Äpfeln 192
Gemüse-Couscous mit
  Entenbrust 192
Gestreifte Hochstapler 179
Gratiniertes Kabeljaufilet 202
Gratiniertes Linsenbrot 182
Grieß-Spaghetti mit Beeren-
  sauce 212
Hähnchenbeine à l'Orange 194
Herzhafte Tellersülze 184
Herzhafte Winter-Wähe 190
Honig-Vanillemilch 174
Hot Chocolate 175
Hühnersuppe mit Nudeln 186
Kalbsfilet mit Gorgonzola-
  sahne 194
Kartoffel-Gemüse-Torte 208
Kartoffelgulasch 210
Kartoffeln mit Béchamelsauce 188
Kartoffelpizza mit Lauch
  und Pilzen 190
Käsefrikadellen vom Blech 200
Kiwi Sauer 174
Klare Brühe mit Tortellini 186
Knusperwürfel mit Spinat
  und Ei 208
Kokos-Schoko-Würfel 218
Kräftiger Grünkohleintopf 188
Kräuterhexe 212
Lachs mit Zuckerschoten 196
Lachsragout mit Gurke 202
Lebkuchen-Kipferl 220
Lebkuchen-Mousse 214
Makkaroni mit grüner Sauce 204
Mandarinenquark mit
  Pumpernickel 176
Milder Linseneintopf 188
Milder Sauerbraten 198
Mildes Kokos-Fischcurry 196
Möhren-Apfel-Salat 180
Möhrencremesuppe mit
  Putenbrust 186
Möhren-Kartoffel-Püfferchen 182
Nudeln mit eingelegten
  Tomaten 204
Orientalische Lammpfanne 200
Pfannkuchen-Röllchen 212
Pikanter Tomatenreis 208
Pikantes Nizza-Baguette 179
Puten-Fleischsalat 177
Putenkeulen mit Apfel-
  Wirsing 194
Räucherlachs-Brötchen 177
Rosenkohl-Polenta-Gratin 206
Sauerkraut-Paprika 210
Sauerkraut-Quiche 210
Schafskäsepäckchen mit Spinat 182
Schinkenbraten mit Kastanien 198
Schinken-Käse-Croissants 177
Schnelle Florentiner 220
Schoko-Orangen-Napfkuchen 216
Schweinefilet mit Aprikosen 200
Selbstgemachte Käsespätzle 206
Spaghetti mit Hackfleischsauce 204
Spinatstrudel mit Tomaten-
  sauce 190
Spinat-Tortilla-Würfel 178
Steckrüben-Reis-Auflauf 206
Toastecken mit Forellendip 184
Walnuß-Aprikosen-Cookies 178
Weihnachts-Eistorte 214
Würstchen im Schlafrock 179
Zander im Kartoffelbett 196
Zarte Kokosmakronen 218

Kindergeburtstag

Feenschloß-Kuchen 228
Geburtstags-Schokoladen-
  torte 230
Gyros-Buffet 232
Hamburger-Buffet 232
Hot-Dogs 232
Nussige Bananenmuffins 230
Obstpizza mit Hüttenkäse-
  streuseln 230
Piratenschiff-Kuchen 228

IMPRESSUM

Susanne Bodensteiner
studierte Literatur, Zeitungs- und Theaterwissenschaft und fand durch die Mitarbeit an einem Gourmet-Magazin Geschmack an kulinarischen Themen. Sie war lange bei einer großen Publikumszeitschrift tätig, arbeitet seit 10 Jahren (seit der Geburt des ältesten Sohnes) als freie Autorin und Lektorin. Und natürlich als Hausfrau. Tagtäglich kocht sie für die Familie, oft und gerne für Gäste, sieben Jahre lang bereitete sie mindestens einmal im Monat ein Menü für 22 Kindergartenkinder zu. Ihr Trick, um auch Gesundes an den Mann bzw. das Kind zu bringen: Wenn's zeitlich paßt, gibt's vor dem Hauptgericht einen kleinen Salat, ein Gemüsegratin oder ein paar Rohkoststicks mit Dip. Denn wenn die beiden Söhne nach Schule oder Fußballtraining richtig Hunger haben, greifen sie auch bei frischem Grün, Gelb oder Orange eifrig zu.

Dagmar v. Cramm
ist Ernährungswissenschaftlerin und Mutter von drei Kindern. Seit vielen Jahren betreut sie für die Zeitschrift Eltern die Kochseiten. In zahlreichen Büchern widmet sie sich den Themen Ernährung und Gesundheit, vor allem in der Familie. Sie gewann zweimal den Journalistenpreis der Deutschen Gesellschaft für Ernährung und ist heute Mitglied des Präsidiums. Frau von Cramm ist außerdem regelmäßig im SWR als Spezialistin für Ernährungsfragen im Fernsehen zu sehen. Für GU hat sie zahlreiche Ratgeber zur richtigen Ernährung in Schwangerschaft, Stillzeit und fürs Baby verfaßt.

Martina Kittler
Nach dem Ökotrophologie- und Sportstudium machte sie ihre Leidenschaft Kochen zum Beruf. Fast acht Jahre lang arbeitete sie in der Redaktion der größten deutschen Kochzeitschrift. Seit 1991 schreibt sie freiberuflich Bücher und Artikel für Zeitschriften. Ihre Schwerpunkte: moderne und gesunde Ernährung sowie unkomplizierte Rezepte.

Christiane Kührt
studierte Kommunikationswissenschaften, Politik und Werbepsychologie in München und hatte schon immer eine Vorliebe für Genuß und Gastlichkeit. Nach ihrem Studium wurde sie Redakteurin im Kochressort einer großen deutschen Frauenzeitschrift und machte damit ihr Hobby zum Beruf. Mittlerweile arbeitet sie als freie Foodjournalistin. Ihr Ziel: möglichst viele Menschen fürs Kochen und Genießen zu begeistern.

Michael Brauner,
Food Fotografie
Nach Abschluß der Fotoschule in Berlin arbeitete er als Fotoassistent bei namhaften Fotografen in Frankreich und Deutschland und machte sich dann 1984 selbständig. Sein individueller, atmosphärereicher Stil wird überall geschätzt: in der Werbung ebenso wie in vielen bekannten Verlagen. In seinem Studio in Karlsruhe setzt er die Rezepte zahlreicher GU-Titel stimmungsvoll ins Bild.

Alle Aufnahmen entstanden auf Agfachrome 100 RS.

Die Temperaturstufen bei Gasherden variieren von Hersteller zu Hersteller. Welche Stufe Ihres Herdes der jeweils angegebenen Temperatur entspricht, entnehmen Sie bitte der Gebrauchsanweisung.

Abkürzungen:
TL = Teelöffel
EL = Eßlöffel
Msp. = Messerspitze
kJ = Kilojoule
kcal = Kilokalorien

© 2000 GRÄFE UND UNZER VERLAG GmbH, München. Alle Rechte vorbehalten. Nachdruck, auch auszugsweise, sowie Verbreitung durch Film, Funk, Fernsehen und Internet, durch fotomechanische Wiedergabe, Tonträger und Datenverarbeitungssysteme jeglicher Art nur mit schriftlicher Genehmigung des Verlages.

Redaktion: Dr. Stephanie v. Werz-Kovacs, Stefanie Poziombka
Lektorat: Claudia Schmidt
Korrektorat: Waltraud Schmidt
Fotografie: Michael Brauner

Bildnachweis:
Titelbild Mitte u. S. 1 rechts Picture Press/Frank Wartenberg; Dr. Bodo Bleinagel S. 8 oben, 72 unten, 73 unten, 125 unten, 224 oben, 226; Christian Grusa: S. 224 unten; Image Bank/Bard Martin S. 9, 10; Lambert S. 11 oben; Stock Food Eising S. 10, 174 unten; Tony Stone/Bruce Ayres S. 14 unten; Dan Bosler S. 222/223; Christian Bullinger S. 14 oben; Connie Coleman S. 21 unten; Jim Corwin S. 124 links; Donna Day S. 1,9 oben; Paul Redman S.9 unten; Kevin Horan S. 9; Laurence Monneret S. 2/3; Andrew Olney S. 227 Mitte; Chad Slattery S. 8 unten; Philip & Karen Smith S. 20 unten, S. 125 rechts; David Steward S. 175 unten; Nick Vedros S. 11; Peter Weber S. 15; Alle weiteren: Michael Brauner

Umschlaggestaltung:
Independent Medien Design
Typografie und Layout:
Kraxenberger Kommunikations-Haus, München
Satz und Gestaltung:
BuchHaus Robert Gigler GmbH, München
Reproduktion:
Repro Schmidt, Dornbirn
Produktion: Maike Harmeier
Druck: Appl, Wemding
Bindung:
Conzella Verlagsbuchbinderei

ISBN 3-7742-1695-9
ISBN 978-3-7742-1695-2

Auflage 10. 9.
Jahr 07 06

Das Original mit Garantie

Ihre Meinung ist uns wichtig. Deshalb möchten wir Ihre Kritik, gerne aber auch Ihr Lob erfahren. Um als führender Ratgeberverlag für Sie noch besser zu werden. Darum: Schreiben Sie uns! Wir freuen uns auf Ihre Post und wünschen Ihnen viel Spaß mit Ihrem GU-Ratgeber.

Unsere Garantie: Sollte ein GU-Ratgeber einmal einen Fehler enthalten, schicken Sie uns das Buch mit einem kleinen Hinweis und der Quittung innerhalb von sechs Monaten nach dem Kauf zurück. Wir tauschen Ihnen den GU-Ratgeber gegen einen anderen zum gleichen oder ähnlichen Thema um.

GRÄFE UND UNZER VERLAG
Redaktion Kochen & Verwöhnen
Postfach 86 03 25
81630 München
Fax 089/419 81-113
e-mail:
leserservice@graefe-und-unzer.de

Ein Unternehmen der
GANSKE VERLAGSGRUPPE